Bei einer der größten antijüdischen Razzien der NS-Zeit wurden Ende Februar/Anfang März 1943 über 10000 Menschen nach Auschwitz verschleppt. Während dieser heute als Fabrik-Aktion bekannten Vorgänge verbrachte die Berliner Gestapo 2000 Juden aus so genannten Mischehen in ein besonderes Sammellager in der Rosenstraße. Aus Furcht vor einer anstehenden Deportation versammelten sich dort tagelang viele nichtjüdische Angehörige, um eine Entlassung der Inhaftierten zu erreichen. Ihr mutiger Protest gilt als ein herausragendes Beispiel für erfolgreichen Widerstand gegen das NS-Regime.

Der Autor korrigiert irrige Ansichten über Hergang und Urheber dieser Aktion und weist anhand neuer Dokumente und Zeitzeugenaussagen nach, dass weder eine geplante Deportation der Grund für die Festsetzung gewesen ist noch der Protest Ursache für die Freilassung der Inhaftierten. Er schildert minutiös den Ablauf und die tatsächlichen Hintergründe der durch den Spielfilm »Rosenstraße« weithin bekannt gewordenen dramatischen Ereignisse. Die neuen Forschungsergebnisse ändern gleichwohl nichts an der Tatsache, dass dieser öffentliche Protest mutig und beispielhaft gewesen ist.

Wolf Gruner, geboren 1960 in Berlin (Ost), Studium der Geschichtswissenschaften, 1994 Dr. phil., anschließend wissenschaftlicher Mitarbeiter u. a. am Zentrum für Antisemitismusforschung (TU Berlin), Gastwissenschaftler und -professor in Israel, Japan und den USA. Zurzeit arbeitet Gruner am Institut für Zeitgeschichte (Abteilung Berlin) als Projektleiter der Dokumentenedition »Die Verfolgung und Ermordung der europäischen Juden durch das nationalsozialistische Deutschland«.

Er verfasste mehrere Bücher, darunter »Zwangsarbeit und Verfolgung. Österreichische Juden im NS-Staat« (2000), zuletzt »Öffentliche Wohlfahrt und Judenverfolgung. Wechselwirkungen lokaler und zentraler Politik im NS-Staat« (2002).

Unsere Adressen im Internet: www.fischerverlage.de
www.hochschule.fischerverlage.de

Wolf Gruner

Widerstand in der Rosenstraße

Die Fabrik-Aktion und die Verfolgung der »Mischehen« 1943

Fischer Taschenbuch Verlag

Die Zeit des Nationalsozialismus
Eine Buchreihe
Herausgegeben von Walter H. Pehle

Originalausgabe
Veröffentlicht im Fischer Taschenbuch Verlag,
einem Unternehmen der S. Fischer Verlag GmbH,
Frankfurt am Main, November 2005

Satz: Fotosatz Otto Gutfreund GmbH, Darmstadt
Druck und Bindung: Druckerei C. H. Beck, Nördlingen
Printed in Germany
ISBN-13: 978-3-596-16883-5
ISBN-10: 3-596-16883-X

Inhalt

Danksagung

Meine Forschungen zu diesem Thema sind über die Jahre besonders von Wolfgang Benz (Berlin) und Thomas Jersch (Berlin), aber auch von Götz Aly (Berlin) sowie anderen Kollegen und Kolleginnen ermuntert worden. Für Hinweise auf Literatur und Akten, für hilfreiche Überlegungen und Kritik danke ich außer den in den Fußnoten Erwähnten besonders Rainer Decker (Paderborn), Alfred Gottwaldt (Berlin), Beate Kosmala (Berlin), Konrad Kwiet (Sydney), Margit Naarmann (Paderborn), Susanne zur Nieden (Berlin), Christian Jansen (Bochum), Dieter Pohl (München), Sven Reichhardt (Berlin), Wolfgang Scheffler (Berlin), Claudia Schoppmann (Berlin), Stefanie Schüler-Springorum (Hamburg), Susanne Willems (Berlin) und Peter Witte (Hemer). Stellvertretend für die Hilfe aller von mir bemühten Mitarbeiterinnen und Mitarbeiter in Archiven und Bibliotheken danke ich Frau Welka vom Archiv der Stiftung »Neue Synagoge-Centrum Judaicum« sowie Frau Völschow vom Referat R des Bundesarchivs in Berlin. Michel Peschke (Berlin), Jürgen Gruner (Berlin) und Dieter Pohl (München) haben das Manuskript vor der Abgabe an den Verlag gelesen; ihre Kritik und ihre Hinweise haben mir die letzte Überarbeitung sehr erleichtert. Walter Pehle (Frankfurt am Main) danke ich für die Aufnahme des Buches in die »Schwarze Reihe« des S. Fischer Verlages.

Wolf Gruner — Berlin, im März 2005

Einleitung

Am 27. Februar 1943 verhaftete die Gestapo auf brutale Weise in ganz Deutschland über zehntausend jüdische Deutsche, Männer, Frauen und Kinder. Der ostdeutsche Landesrabbiner Martin Riesenburger bezeichnete diesen Tag später als »das große Inferno«.[1] In Berlin wurden dabei auch viele Menschen interniert, die nach der NS-Terminologie in so genannter Mischehe lebten. Sie wurden in Sammellagern aussortiert und in ein besonderes Gebäude in einer kleinen Straße in Berlin-Mitte gebracht. Vor dem Haus Rosenstraße 2–4, einem Verwaltungsgebäude der Jüdischen Gemeinde Berlin, versammelten sich bald viele ihnen nahe stehende Frauen, Männer und Kinder. Dass diese Angehörigen gegen die befürchtete Deportation ihrer jüdischen Partner vor dem Gebäude Rosenstraße protestierten, fand vor allem im letzten Jahrzehnt in der deutschen und internationalen Öffentlichkeit Beachtung. Der Protest wird als einmalige und vor allem erfolgreiche Widerstandsaktion gewürdigt, die den Abtransport dieser Juden aus »Mischehen« nach Auschwitz verhindert habe. In einer Rede vor dem deutschen Bundestag sagte z. B. der israelische Historiker Yehuda Bauer am 27. Januar 1998 über das NS-Regime: »Nicht daß die Diktatur so ganz totalitär gewesen wäre, so daß eine Protestbewegung prinzipiell unmöglich war! Nicht nur der Protest gegen den Mord an deutschen Behinderten, der im August 1941 in einen wenigstens teilweisen Stopp der sogenannten Euthanasie mündete, bezeugt das, sondern auch der Protest der deutschen Frauen in der Berliner Rosenstraße im Februar 1943, der zur Befreiung ihrer jüdischen Männer führte.«[2]

Während der Würdigung des Protestes Yehuda Bauer zuzustimmen ist, steht allerdings in Frage, ob dieser wirklich erfolgreich war und die Insassen befreite. Diverse Quellen legen seit geraumer Zeit nahe, dass

1 Martin Riesenburger, Das Licht verlöschte nicht. Ein Zeugnis aus dunkler Nacht des Faschismus, 2. erw. Aufl., (Originalausgabe 1960) Berlin (DDR) 1984, S. 18.

2 Deutscher Bundestag, 13. Wahlperiode (Protokolle), Bonn 1998, S. 19606. Vgl. Frankfurter Rundschau vom 4. 3. 1998.

eine Deportation der Internierten in der Rosenstraße von der Gestapo gar nicht geplant war. Die jüdischen Deutschen aus »Mischehen« hatte das Reichssicherheitshauptamt im Februar 1943, wie hier nachgewiesen werden wird, generell von den Massentransporten ausgenommen. Die in die Rosenstraße Verbrachten sollten deshalb zunächst überprüft werden, ob sie ihren »Mischehestatus« nachweisen konnten, um von den Transporten freigestellt zu werden. Das Reichssicherheitshauptamt verfolgte aber noch ein zweites, perfides Ziel: Insassen der Rosenstraße sollten Hunderte Mitarbeiter der Berliner jüdischen Einrichtungen ersetzen, damit diese gleich nach dem Austausch deportiert werden konnten. Diese These hatte ich zuerst 1994 in einem anderen Zusammenhang skizziert[3] und dann nach neuen, intensiven Recherchen im Jahr 2002 in einem Aufsatz ausführlicher entwickelt.[4] Dem Artikel folgte eine oft sehr polemisch geführte Diskussion, die – verstärkt durch den Film »Rosenstraße« von Margarete von Trotta – vor allem in und von den Medien ausgetragen wurde. Um diese Debatte zu versachlichen, sollen in diesem Buch ausführlich die Für und Wider der gegensätzlichen historischen Interpretationen diskutiert sowie neue Argumente präsentiert werden. Es geht im Folgenden also auch um die Erinnerung der Geschichte der Rosenstraße und um die Geschichte dieser Erinnerung.

Sowohl um den Hergang und die Hintergründe der Fabrik-Aktion als auch um den mit ihr verknüpften Protest in der Rosenstraße hat sich über die Jahre hin ein dichtes Geflecht von Behauptungen gelegt. Es besteht hauptsächlich aus folgenden Annahmen: 1. Die Fabrik-Aktion habe nur in Berlin stattgefunden. 2. Sie habe allein das Ziel verfolgt, die jüdischen Zwangsarbeiter aus der Rüstungsindustrie zu deportieren. 3. Alle Berliner Juden, die in »Mischehen« lebten und bisher als »ge-

3 Zuerst habe ich diese Argumente in meiner 1994 an der Technischen Universität eingereichten Dissertation zur jüdischen Zwangsarbeit (siehe Veröff. 1997) und dann 1995 in einem Aufsatz skizziert; vgl. Wolf Gruner, Die Reichshauptstadt und die Verfolgung der Berliner Juden 1933–1945, in: Jüdische Geschichte in Berlin. Essays und Studien. Hrsg. von Reinhard Rürup, Berlin 1995, S. 229–266, hier 251–254; sowie ders., Der Geschlossene Arbeitseinsatz deutscher Juden. Zur Zwangsarbeit als Element der Verfolgung 1938 bis 1943, Berlin 1997, S. 311–326.

4 Wolf Gruner, Die Fabrik-Aktion und die Ereignisse in der Berliner Rosenstraße. Fakten und Fiktionen um den 27. Februar 1943 – 60 Jahre danach, in Jahrbuch für Antisemitismusforschung, 11 (2002), S. 137–177. Bearb. Fassung in Englisch: The Factory-Action and the Events at the Berlin Rosenstrasse. Facts and fiction about 27 February 1943 – Sixty Years Later, in: Central European History, Vol. 36 (2003), Nr. 2, S. 179–208.

schützt« galten, sollten im Zuge dieser Aktion ebenfalls abtransportiert werden und seien deshalb interniert worden. 4. Letzteres habe Goebbels entschieden. 5. Der Abtransport der Juden aus »Mischehen« sei durch den öffentlichen Protest ihrer Ehepartner vor deren Internierungsstätte verhindert worden. 6. Es hätten nur Frauen protestiert. 7. Goebbels persönlich habe interveniert und die geplante Deportation gestoppt.

In diesem Buch werden deshalb folgende Fragen behandelt: Welche Ziele verfolgte die NS-Führung im Februar 1943 mit der Fabrik-Aktion? Wer hat die Großrazzia organisiert und wie ist sie durchgeführt worden? Wer sollte in die Deportationen einbezogen werden? Wie gestaltete sich die Politik gegenüber den »Mischehen« bis 1942 und welches waren die Ziele der NS-Führung im Frühjahr 1943? Weshalb sind in Berlin viele jüdische Partner aus solchen Ehen tagelang festgehalten worden? Was passierte im Lager Rosenstraße? Was geschah vor dem Gebäude? Was spricht gegen die bisher vorherrschende Auffassung, dass der Protest der Angehörigen die geplante Deportation der Insassen gestoppt habe? Welche Folgen hatten die Vorgänge für die künftige NS-Politik gegenüber den »Mischehen«?

In diesem Buch wird nachgewiesen, dass die NS-Führung im Februar 1943 nicht plante, die Insassen der Rosenstraße zu deportieren. Im Gegensatz zu den bisher veröffentlichten Büchern zu diesem Thema[5], die weitgehend auf nachträglichen Zeitzeugenaussagen basieren, stützt sich meine Argumentation auf unberücksichtigte und neu erschlossene Dokumente der Gestapo, der damaligen jüdischen Einrichtungen, der Berliner Schutzpolizei sowie der katholischen Kirche. Aussagen von damals Beteiligten und Erinnerungen von Überlebenden spielen in diesem Buch trotzdem eine gewichtige Rolle. Für die Darstellung und die Analyse der Vorgänge waren viele, darunter bisher unbekannte Zeugnisse von Überlebenden grundlegend. In diesem Buch werden also die Entwicklung, der Ablauf und die Folgen der Ereignisse um die Fabrik-Aktion und die Rosenstraße untersucht und in ihren geschichtlichen Hintergrund eingeordnet.

5 Stoltzfus, Nathan: Widerstand des Herzens. Der Aufstand der Berliner Frauen in der Rosenstraße – 1943, München – Wien 1999 (Originalausg. New York – London 1996, Paperback-Ausg. 2001). Vgl. die publizistisch aufbereiteten Interviews und Gespräche mit Zeitzeugen bei Nina Schröder: Die Frauen der Rosenstraße. Hitlers unbeugsame Gegnerinnen, Berlin 2001; sowie Gernot Jochheim, Frauenprotest in der Rosenstraße Berlin 1943. Berichte, Dokumente, Hintergründe. Berlin 2002 (erw. Neuauflage von 1993).

Thema des ersten Kapitels ist deshalb die Entstehung der heute dominierenden Auffassung über die Vorgänge in der Rosenstraße. Es wird dargestellt, dass die These von der Befreiung durch den Protest gleich nach dem Krieg entstanden ist und sich rasch in Wissenschaft und Öffentlichkeit verbreitet hat. Dabei wird sowohl ihre Wirkung in der Öffentlichkeit als auch in der Fachliteratur analysiert. Im zweiten Kapitel geht es um die Vorgeschichte und die Hintergründe der Ereignisse. Die Fabrik-Aktion wird in die Entwicklungsgeschichte der vom NS-Staat organisierten antijüdischen Massendeportationen eingeordnet. Anhand diverser Dokumente werden die Ziele dieser Großrazzia beleuchtet. Detailliert wird die Verhaftung von 11 000 jüdischen Deutschen, in ihrer Mehrheit Zwangsarbeiter, und ihre Unterbringung in Sammellagern am 27. Februar 1943 im Reich und in Berlin beschrieben. Ausführlich gehe ich auf die weithin unbekannte Tatsache ein, dass 4000 von den für die Deportation nach Auschwitz vorgesehenen Menschen in jenen Tagen in den Untergrund flüchteten, von denen es einem Teil gelang, bis Kriegsende zu überleben. Anschließend wird die Organisation der Massentransporte vom März 1943 nach Auschwitz untersucht. Das dritte Kapitel behandelt die viel diskutierte Frage nach den Ursachen der Internierung der Juden aus »Mischehen« in der Berliner Rosenstraße. Hierfür wird zuerst ein Blick auf die Entwicklung der NS-Politik gegenüber den »Mischehen« bis 1942 geworfen, danach gezeigt, mit welchen Zielen die jüdischen Partner aus »Mischehen« in die Großrazzia Ende Februar 1943 einbezogen wurden. Dargestellt wird, was mit dieser Gruppe in Berlin geschah, wie sie in allen Sammellagern aussortiert und dann in einem besonderen Lager in der Rosenstraße konzentriert wurden. Untersucht wird, wann und warum die ersten Insassen freikamen, wie lange sich die Entlassungen hinzogen und was mit den Freigelassenen passierte. Ausführlich zeige ich, wie die Insassen überprüft und mehrere hundert von ihnen für Tätigkeiten in den jüdischen Einrichtungen sowie für die Gestapo rekrutiert wurden. Im Mittelpunkt des vierten Kapitels steht der Protest der Angehörigen gegen die vermutete Deportation. Es geht um folgende Fragen: Wie viele Menschen versammelten sich in der Rosenstraße? Welche Motive hatten sie und wie gestaltete sich ihr Protest? War es eine machtvolle Demonstration oder eher ein stummer Protest? Abschließend werden noch einmal die Für und Wider der These vom Stopp einer geplanten Deportation der Mischehepartner analysiert. Im letzten Kapitel geht es um die Folgen der Ereignisse, die nach der Fabrik-Aktion verschärfte NS-Politik gegen Juden aus »Mischehen«: die zunehmenden Verhaftungen in einzelnen Regionen, die verschärfte Zwangsarbeit sowie die Deportationen in den Jahren 1944 und 1945.

Wenn die Ursachen der Internierung der jüdischen Partner aus »Mischehen« in der Rosenstraße und die Frage nach dem Erfolg des Protestes in diesem Buch kritisch diskutiert werden, geschieht das nicht, um die Handlungen der in der Rosenstraße protestierenden Menschen in Frage zu stellen. Ihr Mut ist und bleibt unbestritten! Meine langjährigen Forschungen sollen vielmehr dazu beitragen, die antijüdische Politik des NS-Staates nachvollziehbar zu analysieren. In der bisher vorherrschenden Interpretation der Ereignisse, die davon ausgeht, der Protest habe die von der Gestapo geplante Deportation nach Auschwitz gestoppt, stecken zu viele bisher ungeklärte Widersprüche. Wissenschaftliche Skepsis dieser Auffassung gegenüber bedeutet gleichfalls nicht, die Möglichkeit und Notwendigkeit von Widerstand im Dritten Reich etwa generell in Frage zu stellen. Es geht hier vielmehr darum, die historischen Bedingungen für solchen Widerstand besser auszuloten.

Die NS-Herrschaft ruhte auf einer viel breiteren gesellschaftlichen Basis als früher angenommen. Diese Diktatur ist nicht auf Führerbefehl und Terror von oben zu reduzieren, ebenso wenig auf radikale Kräfte in der Partei und der Gestapo, denn breite Kreise der deutschen Gesellschaft waren involviert und interessiert. Unzählige nichtjüdische Deutsche beteiligten sich seit 1933 aktiv und initiativ an der Verfolgung der jüdischen Deutschen. Sie profitierten mit Karrieren, Besitz, Prestige und Macht. Das erklärt die schnelle Radikalisierung der Verfolgungspolitik, zugleich aber auch die erschreckende Stabilität des NS-Regimes. Da deshalb individuelle Opposition gegen die antijüdische Politik eher die Ausnahme als die Regel darstellte, müssen die Bedingungen und Hintergründe, die den Widerstand in der Rosenstraße ermöglichten bzw. herausforderten, besonders sorgfältig analysiert werden.

Kapitel 1: Geschichte und Erinnerung

Die öffentliche Erinnerung der Ereignisse

Seit den 1990er Jahren gedenken in Berlin jeweils Ende Februar viele Menschen den 1943 nach Auschwitz verschleppten und dort ermordeten Opfern der so genannten Fabrik-Aktion. Dabei erinnern sie zugleich an den tagelangen Protest der Angehörigen der nach der NS-Rassenterminologie in so genannter Mischehe lebenden Juden und Jüdinnen, die in der Rosenstraße festgehalten wurden.[1] Im Jahr 2005 würdigte der Vorsitzende der Jüdischen Gemeinde, Albert Meyer, auf der Gedenkveranstaltung den erfolgreichen Protest von nichtjüdischen Frauen gegen die Deportation ihrer Männer und Verwandten als ein »historisches Ereignis, das nicht vergessen werden darf. Diese Frauen hätten Zivilcourage bewiesen, etwas, was viele andere in der NS-Zeit nicht gezeigt hätten.«[2]

Erst seit den 1990er Jahren, insbesondere seit dem 50. Jahrestag der Ereignisse von 1943, begann die deutsche Presse den Protest in der Rosenstraße als Thema aufzugreifen.[3] Bekannt war die Geschichte, dass die Frauen in der Rosenstraße eine geplante Deportation ihrer Männer verhinderten, allerdings schon seit dem Krieg. Rasch verschwand sie jedoch aus der öffentlichen Diskussion in Deutschland, die sich mit dem Widerstand im »Dritten Reich« beschäftigte. In Günther Weisenborns sehr detailliertem, umfassendem Bericht von 1953 über die Widerstandsbewegung, »Der lautlose Aufstand«, spielt die Rosenstraße keine Rolle mehr, obwohl in dem dort behandelten Spektrum vom kirchlichen über bürgerlichen bis hin zum Arbeiterwiderstand

1 Vgl. z. B. Berliner Zeitung vom 28. 2. 1996, 28. 2. 1997, 28. 2. 1998, 1. 3. 1999, 1. 3. 2002 und 28. 2. 2004.

2 Berliner Zeitung vom 1. 3. 2005 (online).

3 Z. B. Die Zeit vom 21. 7. 1989, S. 9–13; Der Spiegel, Nr. 8/1993, S. 58–68; Tagesspiegel vom 23. 2. und 6. 3. 1993; Berliner Zeitung vom 19. 10. 1995.

auch individuelle Opposition noch eingeschlossen war.[4] In jenem Jahrzehnt bildete in der jungen Bundesrepublik der Widerstand gegen den Nationalsozialismus ein sehr kontroverses Thema, denn gewaltsamer Widerstand wurde von so manchem weiter als Vaterlandsverrat gebrandmarkt.[5] In den 1960er Jahren fanden solche Töne zwar kaum noch öffentliches Gehör, doch verengte sich im Westen die Sicht auf den Widerstand allein auf die bürgerlichen Kreise, während in der DDR allein die Aktionen kommunistischer Gruppen zu zählen begannen.[6] Die öffentliche Diskussion in der Bundesrepublik konzentrierte sich nun auf die Hitler-Attentäter des 20. Juli 1944.[7] Die westdeutschen Prozesse gegen NS-Verbrecher in den 1950er und 60er Jahren beförderten parallel die beginnende öffentliche Anerkennung von Widerstand im »Dritten Reich«.[8] Das bereitete auch den Boden für die in den folgenden Jahrzehnten intensivierte öffentliche und auch wissenschaftliche Auseinandersetzung mit dem Widerstand gegen den Nationalsozialismus in Ost und West, doch unorganisierte Opposition bzw. gewaltlose widerständige Handlungen Einzelner blieben lange außerhalb des Fokus.

Dass an die Geschichte des Protestes in der Berliner Rosenstraße seit dem Jahr 1989 wieder öffentlich erinnert wird, hängt sicher mit dem Bedürfnis in Deutschland zusammen, sich nach der Vereinigung als ein neues und besseres Land nach außen und innen darzustellen. Hierbei hilft es, sich auf moralisch unangreifbare Traditionen zu berufen. In der Rosenstraße erinnert seit 1995 ein steinernes Mahnmal an das Ereignis. Das Denkmal hatte noch die DDR bei der Bildhauerin Ingeborg Hunziger 1989 in Auftrag gegeben.[9] Eine Litfaßsäule mit Bild- und Textdokumenten, die in der Straße aufgestellt wurde, widmete die Berliner Stiftung »Topographie des Terrors« den Geschehnissen unter dem Titel

4 Günther Weisenborn, Der lautlose Aufstand. Bericht über die Widerstandsbewegung des deutschen Volkes 1933–1945, 4. verbesserte Auflage, Frankfurt/Main 1974 (Originalausg. Hamburg 1953).

5 Vgl. Peter Steinbach, Widerstand im Widerstreit. Der Widerstand gegen den Nationalsozialismus in der Erinnerung der Deutschen. Ausgewählte Studien, 2. wesentl. erw. Aufl., Paderborn u. a. 2001, S. 105. Vgl. auch die Darstellung der kontroversen Diskussion bei Weißenborn, Der lautlose Aufstand, S. 29–42.

6 Steinbach, Widerstand, S. 224.

7 Höhepunkt war die öffentliche Würdigung 1964 zum am 20. Jahrestag des Attentats auf Hitler; Steinbach, Widerstand, S. 40–41.

8 Steinbach, Widerstand, S. 115.

9 Zur Einweihung vgl. Berliner Zeitung vom 19. 10. 1995.

»Protest gegen den NS-Terror«.[10] Die Vorgänge werden inzwischen auch in Schulbüchern thematisiert.[11] Ein weit verbreitetes Informationsheft der Bundeszentrale für politische Bildung charakterisierte 1994 den Protest der Frauen als einmaligen offenen Widerstand gegen den NS-Staat, der die Machthaber irritiert habe.[12] Mehrere Dokumentarfilme behandelten das spektakuläre Geschehen, zuerst in der DDR, dann in der BRD.[13] 1999 hatte im LOT-Theater in Braunschweig eine dokumentarische Aufführung von Gilbert Holzgang unter dem Titel »Rosenstraße '43« Premiere, die später auch in Berlin gezeigt wurde.[14]

Die anlaufenden Dreharbeiten zu einem Spielfilm der Regisseurin Margarethe von Trotta über die Rosenstraße beförderten im Herbst 2002 die öffentliche Diskussion. Sie hatte einen Film zu diesem Stoff bereits seit Jahren vorbereitet, doch erst zur Jahrtausendwende gelang es ihr, die Finanzierung zu sichern. Nun wurde das sensitive Thema um diese Geschichte und ihre Erinnerung von den Medien neu, intensiv und kontrovers diskutiert, zuerst von der Presse, bald auch von Radio und Fernsehen. Eine Rolle spielten dabei auch die damals vom Autor des hier vorzustellenden Buches in einem Aufsatz entwickelten Argumente, die entgegen der landläufigen Auffassung vom Erfolg des Protestes die Hintergründe der Festsetzung der Rosenstraßeninsassen nicht in einer geplanten Deportation sahen.[15] In ihrem Film »Rosenstraße« erzählt von Trotta ausführlich die Geschichte des Protestes und

10 Vgl. Tagesspiegel vom 5. 3. 1999, S. 11.

11 Vgl. dazu Jochheim, Frauenprotest (2001), S. 86.

12 Informationsheft zur politischen Bildung: »Deutscher Widerstand 1933–1945«, 243 (1994), S. 25.

13 Betrifft Rosenstraße (DDR 1988), 30 min/Dokumentarfilm, Regie: Berger-Fiedler, Rosa; Erinnern heißt Leben (DDR 1988), 55 min/Dokumentarfilm, Regie: Berger-Fiedler, Rosa; Gebt unsere Männer frei (BRD 1993), 15 min/Dokumentarfilm, Regie: Armin Steuer; Die Rettung der Berliner Juden aus der Rosenstraße (BRD 1993), Produzent: Hermann Schlenker; Befreiung aus der Rosenstraße (BRD 1994), 80 min/Dokumentarfilm, Brigitte Kirsche/Michael Muschner/Christian Neumann; Im Schatten der Männer – Rosenstraße (BRD 1994) 45 min/Dokumentarfilm, Regie: Daniela Schmidt; »Holokaust« (ZDF 2000), Teil V »Widerstand«. Seit Jahren ist ein Dokumentarfilm »Resistance of the Heart: Intermarriage and the Rosenstraße Protest in Nazi Germany« von Pierre Sauvage in Zusammenarbeit mit Nathan Stoltzfus angekündigt.

14 Jochheim, Frauenprotest (2001), S. 86.

15 Die Diskussion begann mit dem Artikel »Wunder und Wahrheit« von Christian Habbe, Der Spiegel, 49/2002. Vgl. dazu Wolf Gruner: Ein Historikerstreit? Die Internierung der Juden aus »Mischehen« in der Rosenstraße 1943 – Das Ereignis, seine Diskussion und seine Geschichte, in: Zeitschrift für Geschichtswissenschaft, 52 (2004), H. 1, S. 5–22.

deutet dessen Erfolg gegen die NS-Machthaber an. Nach neuen Mediendiskussionen im Frühjahr 2003 zum 60. Jahrestag der Ereignisse entwickelte sich schließlich im Herbst desselben Jahres eine heftige Diskussion sowohl auf den Kulturseiten der Printmedien, als auch in einigen Radio- und Fernsehprogrammen.[16] Den Anlass hierfür bildete die Uraufführung des Spielfilms, den in Deutschland danach Hunderttausende Zuschauer sehen sollten. Auch im Ausland debattierte man nun über die Ereignisse in der Rosenstraße, in den Niederlanden[17] ebenso wie in England[18], Spanien[19] und den USA.[20]

Kurz nach der Premiere von »Rosenstraße« spitzte sich die Auseinandersetzung im deutschen Feuilleton zu. Es ging dabei um den alten Widerspruch zwischen Kunst und Wissenschaft. Die Regisseurin von Trotta hatte im Vorspann des Films behauptet, diese Ereignisse hätten sich im Film ebenso abgespielt wie in der Geschichte. Der Historiker Wolfgang Benz warf der Regisseurin Margarethe von Trotta »Geschichtsklitterung« vor, vor allem wegen einer erfundenen Opferungsszene, die darauf hindeute, die Gefangenen seien wegen einer sexuellen Gefälligkeit durch Goebbels, nicht aber durch den Protest freigekommen.[21] Auch von anderer Seite kam Kritik. Unredlich sei es, so Christian Esch in der Berliner Zeitung, im Vorspann zu behaupten, das Gebotene sei authentisch, und dann neue Mythen zu erfinden.[22] Doch hinter dieser Auseinandersetzung verbarg sich mehr: »Tatsächlich geht

16 Vgl. z. B. Deutschlandfunk, Politische Literatur, Matthias Strässner, 28.4. 2003; »Mythenzerstörung« von Christian Esch, Berliner Zeitung online, 19.9.2003; »Ein Frauenheldenleben« von Hans-Dieter Seidel, Frankfurter Allgemeine Zeitung, 20.9. 2003 »Bewegung des Erinnerns, Gezielte Eindeutigkeit: Margarethe von Trottas historisches Filmdrama ›Rosenstraße‹« von Jan Distelmeyer, Frankfurter Rundschau online, 18.9. 2003.

17 »Protesteerden er vrouwen in de Rosenstraße«, von Wim Slagter, Trouw, Amsterdam, 24.2. 2003.

18 »Film casts doubt on the women who defied Hitler«; by Roger Boyes, The Times, London, 27.9. 2003 online.

19 »Las mujeres que se rebelaron contra Hitler« von Araceli Viceconte, in: www.Clarín.com vom 21.9. 2003.

20 Vgl. Germany's Remorse Code, Reordered by ›Rosenstraße‹ by Philip Kennicott, Washington Post, Sunday-Edition, 14.9. 2003. Zum Filmstart in den USA begann im Juli 2004 eine Internetforumsdiskussion auf H-German (http://www.h-net.org/~german/discuss/Rosenstrasse/Rosenstrasse_index.htm), außerdem erschienen weitere Artikel in Tageszeitungen, z. B. »Resistance at Rosenstrasse: Saving Jewish Husbands«, Regina Weinreich, The Forward vom 13.8. 2004; »The Women Who Stood up to Hitler«, Laura Winters, Financial Times, FT WEEKEND MAGAZINE – Arts, vom 14.8. 2004, S. 34.

21 »Kitsch as Kitsch can« von Wolfgang Benz, Süddeutsche Zeitung online, 18.9. 2003.

22 »Mythenzerstörung« von Christian Esch, Berliner Zeitung online, 19.9. 2003.

es also nicht um den Streit zwischen Kunst und Wissenschaft, streiten sich von Trotta und Benz noch nicht einmal wirklich um den Film, den auch der Historiker als autonomes Kunstwerk akzeptieren kann, sondern um den Eindruck, den er hinterlässt.«[23]

Die Ereignisse wurden und werden auch im Internet diskutiert[24] – vor allem als Lehrbeispiel.[25] Einhellig ist die aus dem angenommenen Erfolg des Protestes gewonnene Forderung, es hätten mehr Menschen so handeln müssen wie die Protestierenden, die damit den Tod ihrer Angehörigen verhinderten. Auf der Webseite »Erinnern für Gegenwart und Zukunft«[26] heißt es: »Um die Bedeutung der Protestaktion in der Rosenstraße, die heute vor 60 Jahren begann, ist jetzt unter Historikern eine Kontroverse ausgebrochen. Bislang konnte man nur spekulieren, warum die Menschen freigelassen wurden. Man ging davon aus, daß der tagelange Protest das NS-Regime offensichtlich beeindruckte.« Als Material für eine Auseinandersetzung mit dem Thema offerieren die Autoren der Webseite dem Betrachter allerdings lediglich einige Zitate aus dem Tagebuch des NS-Propagandaministers Joseph Goebbels, die nahe legen, er habe den Abbruch der Deportation veranlasst, aber kein einziges Dokument für mögliche andere Gründe der Freilassung der Insassen der Rosenstraße. Die kontroverse Mediendiskussion führte also zumindest dazu, dass inzwischen in aller Regel angedeutet wird, dass heute unterschiedliche Auffassungen über die Geschehnisse existieren, wie z. B. in der »Neuen Zürcher Zeitung«: »Dabei ist es unter Historikern zumindest umstritten, ob der stumm harrende, nur von einzelnen erbitterten Rufen durchzuckte Protest der Frauen (›Ich will meinen Mann wieder haben!‹) tatsächlich – wie es sich die Zeitzeugen

23 Gepflegtes Misstrauen, Kino und Historie – Schlagabtausch über die »Rosenstraße« von Stefan Koldehoff, Süddeutsche Zeitung online, 22.9. 2003. Vgl. auch »Tagesstand der Geschichtsschreibung«. Wie frei darf ein Spielfilm mit der Realität des Holocaust umgehen? Zum Streit um Margarethe von Trottas »Rosenstraße« von Sven Felix Kellerhoff, Die Welt vom 24.9. 2003; »Mythos Rosenstraße« von Ulrich Gutmair, Netzeitung-Voice of Germany, 24.9. 2003.

24 Eine gründlich recherchierte Zusammenfassung der bisherigen Forschungs- und Mediendiskussion bietet »Rosenstraße revisited« (http://www.korrespondenz.biz/077.html) vom 13.10. 2003 (mit Nachträgen aus 2004). Einzelne Webseiten beschäftigen sich mit dem Thema, z. B. www.berlin-judentum.de/frauenprotest/rosenstrasse; www.rosenstrasse-protest.de.

25 U. a. auf »A teachers guide to the holocaust« (http://fcit.coedu.usfedu/Holocaust/timeline/rosenstr.htm), »peacematters« (http://www.ppu.org.uk/peacematters/pm2001/pm200191b.html); vgl. http://www.friedenspaedagogik.de/themen/gewaltfr/aktionen/aktio03.htm; http://www.frieden-gewaltfrei.de/frauenp.htm.

26 www.erinnern-online.de.

erklären – zur Freilassung der Gefangenen geführt hat; oder ob in der Rosenstrasse nicht vielmehr [...] ein Aussiebungsverfahren stattfand, bei dem die ›reinen‹ Juden deportiert und die Juden aus Mischehen deren Arbeitsplätze übernehmen sollten.«[27] Auf diese Weise bleibt die Geschichte vom Erfolg des Protestes unbeschädigt. In den alten und neuen Medien, und nicht nur dort, lebt also diese These weiter.

Die Entstehung der These vom Erfolg

Wenn man die Hauptannahmen zur Entwicklung der Ereignisse in der Rosenstraße prüft, so stellt man fest, dass diese selbst eine lange Geschichte haben. Schon im Dezember 1945, also kurz nach dem Ende der NS-Diktatur, war in der »Sie«, einer Wochenzeitschrift »für Frauen- und Menschenrecht«, ein Artikel mit dem Titel »Aufstand der Frauen« erschienen, in dem es über die Ereignisse Ende Februar/Anfang März 1943 hieß:

»[...] wer kümmert sich um das Los der tapferen christlichen Eheliebsten des deutschen Juden [...], die sich weder durch Lockungen noch durch Bedrohungen irre machen ließen. Aber einmal hätte sich der Blick des gesamten Volkes auf das Schicksal der Geächteten lenken müssen. Das war an einem grauen Tage des Jahres 1943. Die Gestapo hatte sich zu einer Großaktion entschlossen. An den Portalen der Industriebetriebe hielten die Kolonnen der zeltplanverdeckten Lastwagen. Sie hielten auch vor vielen Privathäusern. Einen ganzen Tag lang sah man sie in den Straßen fahren, von SS mit Karabinern dicht eskortiert. [...] An diesem Tage wurden ausnahmslos sämtliche in Deutschland lebende Juden verhaftet und zunächst in Massenlager gebracht, es war der Anfang vom Ende. Die Umwelt senkte den Blick, mit Gleichgültigkeit die einen, andere vielleicht mit einem flüchtigen Gefühl des Schauderns und der Scham. [...] Und es entging der Öffentlichkeit das Auflodern einer kleinen Fackel, an der ein Feuer des allgemeinen Widerstands gegen die Tyrannenwillkür sich vielleicht hätte entzünden

27 Ein Triumph im Wasserglas, »Rosenstrasse« – ein Film von Margarethe von Trotta, von Alexandra Stäheli, NZZ online, 22.9. 2003. Vgl. »Ein Frauenheldenleben« von Hans-Dieter Seidel, Frankfurter Allgemeine Zeitung, 20.9.2003; »Bewegung des Erinnerns, Gezielte Eindeutigkeit«: Margarethe von Trottas historisches Filmdrama »Rosenstraße« von Jan Distelmeyer, Frankfurter Rundschau online, 18.9. 2003.

können. Die Geheime Staatspolizei hatte aus den riesigen Sammellagern der zusammengebrachten jüdischen Einwohnerschaft von Berlin die ›arisch versippten‹ aussortieren und in einen Sondergewahrsam in der Rosenstraße bringen lassen. Es lag völlig im unklaren, was mit ihnen geschehen würde. Da griffen die Frauen ein. Bereits in den Morgenstunden des nächsten Tages hatten sie den Aufenthalt ihrer Männer aufgespürt und wie auf Verabredung, wie auf einen Ruf hin erschienen sie in Massen vor dem improvisierten Gefängnis. Vergeblich bemühten sich die Beamten der Schutzpolizei, die Demonstrantinnen – etwa 6000 – abzudrängen und auseinanderzubringen. Immer wieder sammelten sie sich, drängten sie vor, riefen sie nach ihren Männern – die sich, strengen Verboten zum Trotz, am Fenster zeigten – und forderten Freilassung. Die Pflichten des Arbeitstages unterbrachen die Kundgebungen für Stunden. Aber am Nachmittag war der Platz wieder dicht übersät, und die anklägerischen, fordernden Rufe der Frauen wuchsen mächtig empor: leidenschaftliche Bekenntnisse zu einer Liebe, die sich in einem Leben der Bitternis gefestigt hatte. Das Hauptquartier der Gestapo lag in der Burgstraße, unweit des Platzes der Demonstrationen. Ein paar Maschinengewehre hätten die aufständischen Frauen davonfegen können, aber die SS schoß nicht, diesmal nicht. Erschreckt über einen Vorfall, der in der Epoche des Dritten Reiches nicht seinesgleichen hatte, ließ man sich in der Burgstraße auf Verhandlungen ein, man beschwichtigte, machte Zusicherungen und gab die Männer schließlich frei. In der Staatsdoktrin des Dritten Reiches stand als erster Artikel die These: Alle Menschen seien entweder durch Vorteile käuflich oder durch Drangsalierungen zu zermürben. Die christlichen Frauen, die während der letzten zwölf Jahre zu ihren jüdischen Männern hielten, haben diesen Lehrsatz widerlegt, indem sie jede Furcht vergaßen, sich durch Demütigungen und Terror nicht beugen ließen, wurden sie zu Lebensrettern ihrer Männer und ihrer Kinder und haben der Welt bewiesen, daß auch ein Hitler nicht alle Keime des Guten in Deutschland abtöten konnte.«[28]

Dieser Artikel stammte von dem Berliner Journalisten und Theaterkritiker Georg Zivier. Er war 1937 aus der Reichsschrifttumskammer ausgeschlossen worden und musste während des Krieges Zwangsarbeit

28 Sie. Die Wochenzeitung für Frauenrecht und Menschenrecht, zweite Dezemberausgabe 1945, (Berlin), S. 1–2.

leisten. Erst nach Kriegsende konnte er seine Arbeit als Journalist wieder aufnehmen. Er schrieb u. a. mehrere Reportagen über den Nürnberger Kriegsverbrecherprozess.[29]

Die in Berlin seit 1945 erscheinende Zeitschrift »Sie«, in der Georg Zivier den Artikel »Aufstand der Frauen« veröffentlicht hatte, gab damals Heinz Ullstein heraus. Nach eigener Aussage inspirierte Ullstein den Journalisten Zivier zu dessen Artikel und verfasste diesen sogar in Teilen mit. Ullstein war nämlich selbst in der Rosenstraße interniert und seine Frau sogar Teilnehmerin der Proteste gewesen.[30] An dem Artikel war möglicherweise auch die Mitherausgeberin der »Sie«, die Journalistin Ruth Andreas-Friedrich, nicht unbeteiligt. Sie hatte ein Tagebuch geschrieben, von dem in der Zeitschrift im Januar 1946 Auszüge veröffentlicht wurden.[31] Ein damals nicht veröffentlichter Eintrag in ihrem Tagebuch bezog sich auf die Ereignisse in der Rosenstraße. Ganz offensichtlich hat Ruth Andreas-Friedrich diesen Abschnitt ihres Tagebuchs Zivier und Ullstein als Grundlage für den Zeitungsartikel zur Verfügung gestellt. Beide Texte, Tagebuch und Zeitungsartikel, stimmen sowohl im Tenor wie in den meisten Details auffällig überein. Bei Andreas-Friedrich heißt es zum 7. März 1943:

»Wenigstens einige sind wiedergekehrt. Die sogenannten ›Privilegierten‹. Die jüdischen Partner rassisch gemischter Ehen. Abgesondert von den übrigen, hat man sie vergangenen Sonntag in ein Sammellager geschafft. Zur Prüfung und endgültigen Beschließung. Noch am selben Tag machten sich die Frauen jener Männer auf, ihre verhafteten Ehegefährten zu suchen. Sechstausend nichtjüdische Frauen drängten sich in der Rosenstraße, vor den Pforten des Gebäudes, in dem man die ›Arisch-versippten‹ gefangenhielt. Sechstausend Frauen riefen nach ihren Männern. Schrien nach ihren Männern. Heulten nach ihren Männern. Standen wie eine Mauer. Stunde um Stunde, Nacht und Tag. In der Burgstraße liegt das Hauptquartier der SS. Nur wenige Minuten entfernt von der Rosenstraße. Man war in der Burgstraße sehr peinlich berührt über den Zwischenfall. Man hielt es nicht für opportun, mit Maschinengewehren zwischen sechstausend Frauen zu schießen. SS-Füh-

29 Zivier, geb. 1897 in Breslau, gest. 1974 in Westberlin. Theaterkritiker, Feuilletonist, Essayist und Erzähler. Er veröffentlichte u.a. die Bücher »Das Romanische Café« (1965) und »Deutschland und seine Juden. Ein Buch gegen Vorurteile« (1971).

30 Heinz Ullstein, Spielplatz meines Lebens. Erinnerungen, München 1961, S. 334–335, 340.

31 Sie vom 6. 1. 1946, S. 6.

rerberatung. Debatte hin und her. In der Rosenstraße rebellieren die Frauen. Fordern drohend die Freilassung ihrer Männer. ›Privilegierte sollen in die Volksgemeinschaft eingegliedert werden‹, entscheidet am Montagmittag das Hauptquartier der SS. Wen das Zufallsglück traf, einen nichtjüdischen Partner geheiratet zu haben, der darf sein Bündel schnüren und nach Hause gehen. Die anderen werden in Güterzüge verladen und abtransportiert.«[32] Die Erzählweise ihres Tagebucheintrags deutet darauf, dass Ruth Andreas-Friedrich hier Gehörtes zusammengefasst hat und selbst keine Augenzeugin der Geschehnisse gewesen ist.

Tagebuch und Zeitungsartikel enthielten jedenfalls bereits die wichtigsten Elemente der Geschichte vom Protest in der Rosenstraße und seinem Erfolg, so wie sie heute überwiegend erinnert wird. Damit findet sich der historiographische Schlüssel zur heute vorherrschenden Erzählweise bereits in der frühen Nachkriegszeit. Beide Quellen fanden damals weite Verbreitung. Das Tagebuch von Ruth Andreas-Friedrich wurde zuerst 1947 in Deutschland und den USA als Buch veröffentlicht und danach wiederholt aufgelegt. Es ist heute eines der bekanntesten Zeugnisse zur NS-Zeit.[33] Der die Rosenstraße betreffende Eintrag zum 7. März 1943 wurde später in mehreren Publikationen in West- und Ostdeutschland als Quelle gedruckt bzw. zitiert.[34] Der Zivier-Artikel »Der Aufstand der Frauen« erlebte in der »Neuen Zeitung«, der von Hans Habe herausgegebenen und in München, Frankfurt und Berlin erscheinenden »amerikanischen Zeitung für die deutsche Bevölkerung« schon am 14. Januar 1946 einen ungekürzten Nachdruck.[35] Heinz Ullstein gab

32 Eintrag vom 7.3. 1943, in: Ruth Andreas-Friedrich, Der Schattenmann, Frankfurt/Main 1983, S. 103–104.

33 Originalausgabe des Tagebuches 1947 bei Suhrkamp Frankfurt/Main. In Engl.: Berlin underground, 1938–1945, New York 1947 sowie London 1948. Erschien auch unter dem Titel: Schauplatz Berlin. Ein deutsches Tagebuch, München 1962.

34 Vgl. Abdruck dieser Tagebucheintragung von Ruth Andreas-Friedrich z. B. in: Helmut Eschwege (Hrsg.), Kennzeichen J. Bilder, Dokumente, Berichte zur Geschichte der Verbrechen des Hitlerfaschismus an den deutschen Juden 1933–1945, 2. durchgesehene und erw. Aufl., Berlin (DDR) 1981, S. 339–340 (Originalausgabe von 1966, Ausgabe Frankfurt/Main 1979); sowie in: Schoenberner, Mira/Schoenberner, Gerhard: Zeugen sagen aus. Berichte und Dokumente über die Judenverfolgung im »Dritten Reich«, Berlin (DDR) 1988, S. 299 (Originalausgabe Hamburg 1962, Neuausgabe Gütersloh 1983, Neuausgabe Berlin 1998).

35 Die Neue Zeitung. Eine amerikanische Zeitung für die deutsche Bevölkerung, 14. 1. 1946, S. 3. Reaktionen auf den Artikel wurden nicht veröffentlicht. Bis März 1946 erschienen weder Leserbriefe noch weitere Artikel zu diesem Thema. Zum nächsten Jahrestag der Fabrik-Aktion 1947 gab es hierzu auch keine Veröffentlichungen mehr; vgl. die Ausgaben der Neuen Zeitung von Anfang Januar bis Ende März 1946 sowie Februar/März 1947.

1961 den Text in seinen Memoiren ebenfalls vollständig wieder.[36] Die Verbreitung und Kenntnis beider Texte hat in den folgenden Jahrzehnten nicht nur manche später befragte Zeitzeugen beeinflusst[37], sondern sie prägte lange auch entscheidend die Historiographie der Geschehnisse.

Die historische Forschung und die damaligen Ereignisse

Wie hat sich die historische Forschung zu den hier behandelten Ereignisse bisher geäußert? In der Zeitschrift »Judaica« schrieb erstmals 1948 der überlebende jüdische Jurist Bruno Blau in einem Aufsatz zur Geschichte der »Mischehe im Nazireich«, dass die Gestapo im Februar 1943 einen Vorstoß gegen die jüdischen Männer aus »Mischehen« geplant hätte, deren Freilassung aber durch den öffentlichen Protest ihrer Frauen erreicht worden sei. Allerdings gab er hierfür keine Belege an.[38] In seinem Standardwerk »Destruction of the European Jews« von 1961, das bis heute den wohl umfassendsten Überblick über die NS-Judenverfolgung bietet, verwies Raul Hilberg zwar auf die Fabrik-Aktion unter Bezug auf damals unveröffentlichte Einträge in den Goebbels-Tagebüchern, ohne jedoch die Ereignisse in der Rosenstraße zu erwähnen. Er nahm damals an, dass in Berlin das Reichssicherheitshauptamt eine Hand voll Juden aus »Mischehen« festgenommen und deportiert hätte. Eine Deportation aller »Mischehe-Partner« sei nicht zustande gekommen, weil ein geplantes »Scheidungsgesetz« von Hitler nicht abgesegnet worden war und sich in der NS-Führung das Gefühl breit gemacht habe, dass der Abtransport von Zehntausenden Juden[39] aus »Mischehen« das gesamte geheime Unternehmen der »Endlösung« gefährden würde. Auch in den erweiterten und bearbeiteten späteren Ausgaben

36 Ullstein, Spielplatz meines Lebens, S. 335–340. Auch Georg Zivier selbst ging 1971 noch einmal in seinem »Buch gegen die Vorurteile« kurz auf die Ereignisse ein; Georg Zivier, Deutschland und seine Juden. Ein Buch gegen Vorurteile. Zeichnungen von Wilhelm M. Busch, Hamburg 1971, S. 183.

37 Vgl. ähnliche Überlegungen bei Beate Meyer, Die Inhaftierung der »jüdisch Versippten« in der Berliner Rosenstraße im Spiegel staatsanwaltlicher Zeugenvernehmungen in der DDR, in: Jahrbuch für Antisemitismusforschung 11/2002, S. 178–197.

38 Bruno Blau, Die Mischehe im Nazireich, in: Judaica. Bd. 4, Zürich 1948, H. 1, S. 46–57, hier S. 53.

39 Hilberg gab als Zahl 28 000 an, das bezog sich auf die Gesamtzahl der »Mischehen« im Großdeutschen Reich und dem Protektorat.

seines Standardwerkes fehlte ein Rekurs Hilbergs auf die Rosenstraße.[40] Erstmals widmete er 1992 in seinem neuen Buch »Täter, Opfer, Zuschauer« dem Protest einige Zeilen, und zwar unter Verweis auf einen Aufsatz von Kurt Ball-Kaduri.[41]

Ball-Kaduri hatte lange zuvor, nämlich 1963, in einem Artikel über die Lage der Berliner Juden geschrieben, die Gestapo habe im Februar 1943 beabsichtigt, die Juden in »Mischehen« diesmal nicht mehr wie bislang von den Deportationen auszunehmen. Gegen diese Entscheidung hätten die »arischen« Frauen der verhafteten Männer demonstriert.[42] Ball-Kaduri zitierte hierzu als Beleg einen Nachkriegsbericht von Ernst Gross, der im Jahr 1943 Insasse des Lagers Rosenstraße gewesen war: »Am 28. Februar war eine ganz große Razzia. [...] Dieses Mal ließen sie die Mischehen nicht frei [...] und nachher wurden wir in das Lager Rosenstraße gebracht. Dort waren wir eine Woche, und niemand wußte, was mit uns werden würde. Sie wollten uns offenbar auch abtransportieren. Aber damals haben die Frauen gemeutert, das ist wohl das einzige Mal, daß so etwas vorgekommen ist. Da haben die christlichen Frauen tagelang vor dem Gebäude der Rosenstraße Skandal gemacht, und schließlich haben sie es erreicht, und uns wieder freigelassen. Darüber ist auch bald nach 1945 in der Zeitung geschrieben worden.«[43] Gross' Nachsatz lässt vermuten, dass seine Kenntnis über den Protest zumindest von den damaligen Presseberichten beeinflusst war. Er bewahrte nämlich den Nachdruck des Artikels von Zivier in der »Neuen Zeitung« noch Ende der fünfziger Jahre auf und stellte ihn Ball-Kaduri zur Verfügung, der diesen auszugsweise in seinem Aufsatz nachdruckte.[44] Ball-Kaduri verfügte noch über eine weitere Quelle zu den Ereignissen um die Fabrik-Aktion, den Bericht von Hildegard

40 Raul Hilberg, The Destruction of the European Jews, London 1961, S. 277. (Die Erstausgabe ist parallel 1961 in London und Chicago erschienen.) In der erweiterten dt. Ausgabe übernahm Hilberg seine Darstellung von 1961; ders., Die Vernichtung der europäischen Juden, Frankfurt/Main 1990, Bd. 2, S. 449.

41 Ders., Täter, Opfer, Zuschauer. Die Vernichtung der Juden 1933–1945, Frankfurt/Main 1992, S. 151. (Originalausg. New York 1992)

42 Kurt Jakob Ball-Kaduri, Berlin is »purged« of Jews. The Jews in Berlin 1943, in: Yad Vashem Studies V, Jerusalem 1963, S. 271–316; ders., Berlin wird judenfrei. Die Juden in Berlin in den Jahren 1942/1943, in: Jahrbuch für die Geschichte Mittel- und Osteuropas, Bd. 22, Berlin 1973, S. 196–241.

43 Zit. ebenda, S. 213. Vgl. ähnliche Aussage von Ernst Gross, in: Juden in Berlin 1671–1945. Ein Lesebuch, mit Beiträgen von Annegret Ehmann u. a., Berlin 1988, S. 310.

44 Vgl. Ball-Kaduri, Berlin, S. 213–214.

Henschel, einer ehemaligen Angestellten der Berliner Jüdischen Gemeinde. Ihr Report, Ende 1946 – also nur dreieinhalb Jahre nach den Ereignissen – auf Bitten von Ball-Kaduri verfasst, enthielt allerdings kein Wort über den Protest.[45]

Obwohl Ball-Kaduri in seinem Aufsatz nur relativ kurz auf die Geschehnisse einging und seine Einschätzung nur auf Nachkriegsaussagen aufbaute, sollten sich in den folgenden Jahrzehnten viele Historiker sowohl in der Darstellung der Fabrik-Aktion und der Geschehnisse in der Rosenstraße als auch in der Schlussfolgerung vom Erfolg des Protestes der Angehörigen meist nur auf seinen Aufsatz beziehen.[46] Ball-Kaduris plastische Beschreibung anhand der Zeitzeugen fand viel Resonanz. Hingegen beriefen sich nur wenige Forscher auf eine vergleichbare Stelle in H. G. Adlers Standardwerk »Der verwaltete Mensch« über die Deportationen. 1974 hatte Adler darin behauptet, eine »mutige Demonstration« der »arischen« Frauen jüdischer Männer habe die Gestapo zum Nachgeben bewogen.[47] Als Beleg lieferte Adler nur eine sehr vage Quelle. Martha Mosse, 1943 Mitarbeiterin der Jüdischen Gemeinde Berlin, hatte 1958 in einer Vernehmung ausgesagt: »Über die besondere Aktion gegen die jüdischen Partner von Mischehen, die von der Leibstandarte in einem Hause der jüdischen Ge-

45 Henschel, Hildegard: Aus der Arbeit der Jüdischen Gemeinde Berlin während der Jahre 1941–1943. Gemeindearbeit und Evakuierung von Berlin 16. Oktober 1941–16. Juni 1943, in: Zeitschrift für die Geschichte der Juden 9 (1972), H. 1/2, S. 33–52, hier S. 45–46. Teilabdruck bei Ball-Kaduri, Berlin wird judenfrei, S. 208–211. Auszug in: Die Grunewald-Rampe. Die Deportation der Berliner Juden, hrsg. von der Landesbildstelle Berlin, 2. korr. Auflage, Berlin 1993, S. 121.

46 Z. B. Monika Richarz (Hrsg.), Jüdisches Leben in Deutschland, Bd. 3: Selbstzeugnisse zur Sozialgeschichte 1918–1945, Stuttgart 1982, S. 64; Konrad Kwiet/Helmut Eschwege, Selbstbehauptung und Widerstand. Deutsche Juden im Kampf um Existenz und Menschenwürde 1933–1945, Hamburg 1984, S. 43; Dagmar Hartung von Doetinchem, Zerstörte Fortschritte. Das Jüdische Krankenhaus in Berlin 1756–1861–1914–1989, in: dies./Wienau, Rolf (Hrsg.): Zerstörte Fortschritte, Berlin 1989, S. 75–215, hier S. 190; Sybil Milton, Women and the Holocaust. The Case of German and German-Jewish Women, in: When Biology became Destiny. Women in Weimar and Nazi-Germany, ed. by Renate Bridenthal u. a., New York 1984, S. 297–333, hier S. 319; Claudia Koonz, Mothers in the Fatherland. Women, the Family, and Nazi Politics, London 1986, S. 337.

47 Adler, H. G.: Der verwaltete Mensch. Studien zur Deportation der Juden aus Deutschland, Tübingen 1974, S. 202 u. 340. Nach Adler: Maier, Dieter: Arbeitseinsatz und Deportation. Die Mitwirkung der Arbeitsverwaltung bei der nationalsozialistischen Judenverfolgung in den Jahren 1938–1945, Berlin 1994, S. 175. Erst in jüngster Zeit wird Adlers Interpretation vom »Vorstoß« zur Deportation der Juden in »Mischehen« verstärkt aufgegriffen; vgl. die Beiträge von Antonia Leugers und Joachim Neander im Sommer 2004 zum Internet-Forum zum Film »Rosenstraße« auf H-German.

meinde in der Rosenstraße untergebracht wurden, ist mir lediglich bekannt, daß durch Interventionen der arischen Partner der Abtransport dieser Gruppe unterblieb und das Durchgangslager wieder geräumt werden mußte.«[48]

Wie die Beispiele Ball-Kaduri und Adler zeigen, scheint schon in den 1960er bzw. 1970er Jahren das Narrativ von einem Erfolg des Protestes in der Rosenstraße auch in der Forschung wirkungsmächtig gewesen zu sein. In mehreren Abhandlungen aus jener Zeit findet sich der Topos vom Erfolg des Protestes sogar ohne jeden Nachweis von Quellen und Literatur.[49]

Die Ereignisse in der Rosenstraße sollten dann in Deutschland bis weit in die 1980er Jahre keine Rolle mehr spielen, weder in der Literatur zum Widerstand[50] noch in der zur NS-Judenverfolgung. Erst 1988 erwähnen Autoren in zwei Publikationen wieder den Erfolg des Protestes.[51] Auch in dem 1989 in dem von Wolfgang Benz herausgegebenen Standardwerk »Die Juden in Deutschland 1933–1945«, welches erstmals die Perspektive der Verfolgten auf der Grundlage vieler Tagebücher, Briefe und Erinnerungen einnimmt, werden die Ereignisse angesprochen.[52] 1990 erschien dann in Deutschland das erste Buch zur

48 Während in allen Berichten und Vernehmungen der Martha Mosse von der Fabrik-Aktion die Rede ist, redet sie nur in dem folgendem von der Rosenstraße: Bericht von Dr. Martha Mosse, aufgenommen am 23./24.7. 1958 (Scheffler-Archiv), Anlage zur Vernehmung Martha Mosse vom 13.7. 1965; Archiv der Staatsanwaltschaft im Landgericht (im Folg. AS LG) Berlin, 3 P Ks 1/71 gegen Otto Bovensiepen, Bd.VI, Bl. 173–179. Vgl. die anderen Berichte: »Bericht 23./24.7. 1958« zur Vernehmung Martha Mosse vom 13.7. 1965; AS LG Berlin, 3 P Ks 1/71 gegen Otto Bovensiepen, Bd.VI, Bl. 169–172 (auch in Leo Baeck Institute/Archive New York, Memoire Coll.); sowie Vernehmung Martha Mosse vom 11.7. 1968, S. 1–9; ebenda, Bd. XXXI, Bl. 91–95. In der Vernehmung vom 9.4. 1968 (S. 1–12) ist nur von der Aktion gegen die Gemeindemitarbeiter im Oktober 1942 die Rede; ebenda, Bd. XLI, Bl. 49–60.

49 Wolfgang Scheffler, Judenverfolgung im Dritten Reich 1933–1945, Frankfurt/Main u.a. 1965, S. 69; Robert M.W. Kempner, Die Ermordung von 35 000 Berliner Juden. Der Judenmordprozeß in Berlin schreibt Geschichte, in: Gegenwart und Rückblick. Festschrift, Berlin 1970, S. 180–205, hier S. 202.

50 Vgl. Richard Löwenthal/Patrick von zur Mühlen (Hrsg.), Widerstand und Verweigerung in Deutschland 1933 bis 1945, Berlin – Bonn 1982; Widerstand und Exil 1933–1945, hrsg. von der Bundeszentrale für Politische Bildung Bonn, Red.: Otto R. Romberg u. a., 3. Aufl. Bonn 1989 (Originalausgabe 1985); Jürgen Schmädeke/Peter Steinbach (Hrsg.), Der Widerstand gegen den Nationalsozialismus. Die deutsche Gesellschaft und der Widerstand gegen Hitler, 3. Aufl., Neuausg., München u. a. 1994 (Originalausgabe 1985).

51 Vgl. Juden in Berlin 1671–1945, S. 248; sowie bei Ferdinand Kroh, David kämpft. Vom jüdischen Widerstand gegen Hitler, Reinbek bei Hamburg 1988, S. 43–44.

52 Wolfgang Benz (Hrsg.), Die Juden in Deutschland 1933–1945. Leben unter nationalsozialistischer Herrschaft, München 1988, S. 593–594 sowie 688.

Rosenstraße. Die populärwissenschaftliche Publikation von Gernot Jochheim über den Erfolg des Protestes enthält einen fiktiven Bericht von Hans Grossmann, der aus diversen Erinnerungen von Überlebenden kompiliert ist.[53] In der zweiten Hälfte der 1990er Jahren verbreitete sich die Geschichte vom Erfolg des Protestes sehr rasch.[54] Hans-Rainer Sandvoß zitierte 1994 in seiner Darstellung zum Widerstand in Berlin-Mitte diverse Zeitzeugenaussagen zu den Vorgängen.[55] Die These vom geplanten Abtransport der »Mischehen« und dessen Verhinderung selbst gegen die Maschinengewehre der SS vertritt am vehementesten der amerikanische Historiker Nathan Stoltzfus, der dem »Aufstand der Frauen« mehrere Aufsätze und ein Buch gewidmet hat.[56] Sein zuerst 1996 auf Englisch, dann 1999 auf Deutsch erschienenes Buch hat viel zur Anerkennung des Protestes als zu würdigende Widerstandshandlung beigetragen. Auf seine Forschungen beriefen sich in der Folge bekannte Historiker in ihren Darstellungen und Schlussfolgerungen.[57] Stoltzfus behauptet, basierend auf von ihm seit den 1980er Jahren geführten Interviews sowie anderer von ihm ausgewerteter Zeitzeugenberichte, ein machtvoller Straßenprotest der »arischen« Frauen habe die NS-Führung im Februar 1943 zum Einlenken und zur Freilassung der Juden aus der Rosenstraße gezwungen. Allerdings gewinnt er diese

53 Gernot Jochheim, Protest in der Rosenstraße, Stuttgart–Wien 1990.

54 In mehreren historischen Abhandlungen erschien sie wieder ohne jeden Quellennachweis: Hermann Simon, Die Berliner Juden unter dem Nationalsozialismus, in: Der Bär von Berlin. Jahrbuch 1995 des Vereins für die Geschichte Berlins, Bonn 1995, S. 137–150, hier S. 145; ders., Die Zeit des Nationalsozialismus (1933–1945), in: Andreas Nachama/Julius H. Schoeps/Hermann Simon (Hrsg.), Juden in Berlin, Berlin 2001, S. 181–220, hier S. 212; Georg M. Hafner/Esther Schapira, Die Akte Alois Brunner. Warum einer der größten Naziverbrecher noch immer auf freiem Fuß ist, Frankfurt/M. 2000, S. 87–88.

55 Hans-Rainer Sandvoß, Widerstand 1933–1945. Mitte/Tiergarten, Berlin 1994, S. 320–328.

56 Nathan Stoltzfus, Widerstand des Herzens. Der Protest in der Rosenstraße und die deutsch-jüdische Mischehe, in: Geschichte und Gesellschaft 21 (1995), S. 218–247 (im folg. Protest); ders., Widerstand des Herzens. Der Aufstand der Berliner Frauen in der Rosenstraße – 1943, München–Wien 1999 (im Folg. Aufstand) (Originalausg. New York–London 1996, dt. Paperback-Ausg. 2001); ders., »Third Reich History as if the People mattered«. Eine Entgegnung auf Christof Dipper, in: Geschichte und Gesellschaft 26 (2000), S. 672–684; ders., Der »Versuch, in der Wahrheit zu leben« und die Rettung von jüdischen Angehörigen durch deutsche Frauen im »Dritten Reich«, in: Jana Leichsenring (Hg.), Frauen und Widerstand, Münster 2003, S. 74–88.

57 Ian Kershaw, Hitler. 1936–1945, Stuttgart 2000, S. 642 u. Anm. 115, S. 1212. Zuletzt sprach Eric Johnson unter Bezug auf Stoltzfus sogar von der Aufschiebung der Deportation der Juden aus »Mischehen« auch im übrigen Deutschland durch den Protest; Eric A. Johnson, Der nationalsozialistische Terror. Gestapo, Juden und gewöhnliche Deutsche, Berlin 2001, S. 455–457.

Meinung nicht allein aus einer historischen Analyse, denn wie er kürzlich in einem polemischen Zeitungsartikel schrieb, werde er auf seinem Standpunkt beharren, selbst wenn neu aufgetauchte zeitgenössische Dokumente etwas anderes besagten, denn man müsse »die Wahrheit jenseits der Akten« suchen.[58] Hinter seiner Polemik steckt der Vorwurf, die deutschen Historiker zögen allein aus den überlieferten Täter-Akten ihre Erkenntnisse und würden die Aussagen von Zeitzeugen zum NS-Staat völlig ignorieren. Es ist wohl wahr, dass sich die deutsche Geschichtswissenschaft lange schwer getan hat, auf die Stimmen der überlebenden Opfer zu hören. Doch nicht zuletzt dank Historikern wie Wolfgang Benz[59], gegen den sich Stoltzfus' Zeitungspolemik in besonderer Weise richtete, gibt es seit dem Ende der 1980er Jahre diverse Darstellungen zur NS-Judenverfolgung, die Zeitzeugen ausführlich zu Wort kommen lassen. Und es entstanden Archive, die eine Vielzahl an geführten Interviews und schriftlichen Zeugenberichten verwahren.[60]

Gerade in Deutschland wurde das Thema der Rosenstraße in den 1990er Jahren vor allem durch zwei wiederholt neu aufgelegte Darstellungen mit Zeitzeugenberichten und Interviews bekannt. Gernot Jochheims Buch von 1990, welches einen Gutteil zur Verbreitung der Geschichte in Deutschland beigetragen hat, erschien in erweiterten Fassungen 1993 und 2001.[61] Nina Schröder publizierte 1998 ein Buch zur

58 Nathan Stoltzfus, »Die Wahrheit jenseits der Akten«, Die Zeit, 45/2003. Stoltzfus veröffentlichte diese Meinung auch im Internet, z. B. auf History News Network und anderen Foren. Der Zeit-Artikel erschien als Beitrag in der Internetliste H-Holocaust.

59 Wolfgang Benz, Leiter des Zentrums für Antisemitismusforschung an der Technischen Universität Berlin, gab 1988 die oben bereits erwähnte erste Untersuchung zur NS-Judenverfolgung heraus, deren Beiträge sich stark auf Zeitzeugenaussagen, Briefe und Tagebücher stützten; vgl. Wolfgang Benz (Hrsg.), Die Juden in Deutschland 1933–1945, München 1988. 1991 begann Benz, eine Buchreihe »Lebensbilder. Jüdische Erinnerungen und Zeugnisse« (im Fischer Taschenbuch Verlag) mit Erinnerungen von Überlebenden des Holocaust herauszugeben sowie in Berlin eine Vorlesungs- bzw. Interviewreihen mit Zeitzeugen zu veranstalten.

60 Vgl. z. B. das Archiv der Werkstatt der Erinnerung an der Forschungsstelle für Zeitgeschichte in Hamburg, das aus einem 1989 begonnenen Oral-History-Projekt hervorgegangen ist und Ende 2002 mehr als 740 lebensgeschichtliche, größtenteils verschriftlichte Interviews zur NS-Verfolgung der Juden umfasste.

61 Seine Darstellung von 1990 veröffentlichte Jochheim 1993 um einige Dokumente erweitert und dann noch einmal 2001, jetzt um einige Zeitzeugenberichte und Reden aus den 1990er Jahren zur Ehrung des Protestes ergänzt; Gernot Jochheim, Frauenprotest in der Rosenstraße. »Gebt uns unsere Männer wieder«, Berlin 1993; ders., Frauenprotest in der Rosenstraße Berlin 1943. Berichte, Dokumente, Hintergründe, Berlin 2001. Vgl. auch ders. / Johannes Rösler, Die Rosenstraße. Gestern – heute, Berlin 1997.

Rosenstraße, welches aus mehreren von ihr geführten ausführlichen Interviews mit Überlebenden besteht. Sie bewertet eine mögliche Wirkung des Protestes als Ursache für die Freilassung der Insassen zurückhaltend, kritisiert gleichzeitig offensiv das lange Schweigen der deutschen Öffentlichkeit über den Protest und dessen verspätete Würdigung.[62] Alle Abhandlungen, die sich seit 1990 genauer mit der Fabrik-Aktion und vor allem dem Rosenstraßen-Protest beschäftigt haben, stützen sich vor allem auf viele Jahre nach den Ereignissen abgefasste Berichte und geführte Interviews. Zeitgenössische Akten des NS-Staates oder auch Dokumente aus den damaligen jüdischen Organisationen wurden bislang kaum für die historische Analyse herangezogen. Dieses Manko führte zu Fehlschlüssen. Entgegen allen bisherigen Erkenntnissen heißt es im »Handbuch für die Benutzung von Quellen der NS-Zeit« von 1997 unter dem Stichwort »Fabrik-Aktion«, dass mit dieser 1943 die »noch in Deutschland lebenden Juden, welche mit arischen Partnern verheiratet waren«, verschleppt worden seien.[63]

Heute gilt der Protest der Wissenschaft ebenso als Paradebeispiel für eine »gewaltlose« Opposition[64] wie für den geschlechtsspezifischen Widerstand von Frauen.[65] Neben Publizisten kommen auch manche Historiker zu der Schlussfolgerung: Hätten mehr Menschen so gehandelt wie jene in der Rosenstraße, so hätte man die Judenvernichtung aufhalten können.[66] Vor allem Nathan Stoltzfus verfocht diese These.[67] Ihm

62 Sie sieht die Ursache für beides in der in Deutschland lange dominierenden Geschichtsschreibung »von oben«; Nina Schröder, Hitlers unbeugsame Gegnerinnen. Der Frauenaufstand in der Rosenstraße (Orig.-Ausgabe München 1998), München 2001.

63 Ämter, Abkürzungen, Aktionen des NS-Staates. Handbuch für die Benutzung von Quellen der nationalsozialistischen Zeit. Amtsbezeichnungen, Ränge und Verwaltungsgliederungen, Abkürzungen und nichtmilitärische Tarnbezeichnungen. Im Auftrag des Instituts für Zeitgeschichte bearb. von Heinz Boberach u. a., München 1997, S. 379.

64 Vgl. Jochheim, Frauenprotest 1993; Jacques Semelin, Ohne Waffen gegen Hitler. Eine Studie zum zivilen Widerstand in Europa, Frankfurt/Main 1995, S. 209–210 (franz. Original 1989). Vgl. auch Günther Gugel, Wir werden nicht weichen, Tübingen 1996.

65 Milton, Women and the Holocaust, S. 319; Koonz, Mothers in the Fatherland, S. 337 (in der dt. Ausgabe, Mütter im Vaterland, Freiburg i. Br. 1991, fehlt der Abschnitt »Courage and choice. Women who said no«, in dem der Passus zur Rosenstraße platziert war); Christl Wickert, Widerstand und Dissens von Frauen, in: dies. (Hrsg.), Frauen gegen die Diktatur – Widerstand und Verfolgung im nationalsozialistischen Deutschland, Berlin 1995, S. 18–31, hier S. 24.

66 Vgl. diese Ansicht bei Ball-Kaduri, Berlin, S. 214; Kwiet/Eschwege, Selbstbehauptung, S. 43; Kwiet, Pogrom, S. 594; Schröder, Gegnerinnen, S. 57; Jochheim, Frauenprotest 1993, S. 27–28 und 136; sowie unter Verweis auf Stoltzfus' Forschungen: Semelin, Ohne Waffen gegen Hitler, S. 209.

67 Stoltzfus, Aufstand, S. 345.

schloss sich unter anderem auch Daniel Goldhagen in seinem viel diskutierten Buch »Hitlers willige Vollstrecker« an.[68] Auch diese programmatische Schlussfolgerung ist bereits kurz nach dem Krieg entstanden. 1948 schrieb Bruno Blau in seinem schon erwähnten Aufsatz: »Dieses Verhalten der Frauen zeigt, daß es nicht unmöglich war, mit Erfolg gegen die Macht der Nazis anzukämpfen. Wenn die verhältnismäßig geringe Zahl von Frauen jüdischer Männer es zuwege gebracht hat, deren Schicksal zum Guten zu wenden, so hätten diejenigen Deutschen, die sich jetzt in so großer Zahl als Gegner des Nazismus bezeichnen, auch die von ihnen angeblich nicht gewollten oder sogar verabscheuten Greueltaten verhindern können, sofern sie es ernstlich gewollt hätten.«[69]

Nur wenige Historiker zweifelten bisher an der bis heute gängigen Lesart eines erfolgreichen Widerstandes gegen die Deportationen. So kritisierte Christoph Dipper 1996 die Thesen von Nathan Stoltzfus in der Fachzeitschrift »Geschichte und Gesellschaft«.[70] Einige andere Historiker und Historikerinnen schlossen sich an.[71] Erst seit kurzem, angeregt durch die Mediendebatte, entstehen neue wissenschaftliche Untersuchungen zu Einzelaspekten der Ereignisse in der Rosenstraße.[72] Eine der letzten Veröffentlichungen zum Thema ist das Buch zum Film »Rosenstraße«. Der Historiker Felix Moeller hat darin einen Aufsatz zur Verteidigung der in Margarethe von Trottas Film verfochtenen Linie vom Erfolg des Protestes verfasst.[73] Auf einer vom Zentrum für Antisemitismusforschung der TU Berlin und vom Jüdischen Museum Berlin Ende April 2004 gemeinsam veranstalteten öffentlichen

68 Vgl. Daniel J. Goldhagen, Hitlers willige Vollstrecker. Ganz gewöhnliche Deutsche und der Holocaust, München 1996, S. 151.

69 Blau, Mischehe im Nazireich, S. 53–54. Zit. auch bei Schröder, Gegnerinnen, S. 34.

70 Christof Dipper, Schwierigkeiten mit der Resistenz, in: Geschichte und Gesellschaft 22 (1996), S. 409–416; Enzyklopädie des Nationalsozialismus, hrsg. von Wolfgang Benz u. a., Stuttgart 1997, S. 452–453.

71 Peter Longerich, Politik der Vernichtung. Eine Gesamtdarstellung der nationalsozialistischen Judenverfolgung, München 1998, S. 537; Beate Meyer, »Jüdische Mischlinge«. Rassenpolitik und Verfolgungserfahrung 1933–1945, Hamburg 1999, S. 57; Diana Schulle, »Gebt unsere Männer frei!«, in: Beate Meyer/Hermann Simon (Hrsg.), Juden in Berlin 1938–1945. Begleitband zur gleichnamigen Ausstellung in der Stiftung »Neue Synagoge Berlin – Centrum Judaicum« Mai bis August 2000, Berlin 2000, S. 167.

72 Vgl. die Beiträge von Beate Meyer und Jana Leichsenring in: Zeitschrift für Geschichtswissenschaft, 52 (2004), H. 1; sowie Moeller, Protest.

73 Felix Moeller, Der Protest in der Rosenstraße. Eine Woche im Berlin des Jahres 1943, in: Thilo Wydra (Hg.), Rosenstraße. Ein Film von Margarethe von Trotta. Die Geschichte. Die Hintergründe. Die Regisseurin, Berlin 2003, S. 25–60.

Tagung zum Thema »Rosenstraße« diskutierten erstmals Zeitzeugen und Historiker gemeinsam, wenngleich sehr kontrovers, die bisherigen Forschungsergebnisse.[74]

Lange Zeit wurde aber die Erzählung vom Erfolg des Protestes und dem Stopp der geplanten Deportation nicht hinterfragt, sondern als belegt hingenommen. Als Raul Hilberg in einem seiner letzten Bücher unter Bezug auf Ball-Kaduri über den Protest schrieb, erwähnte er unter Verweis auf einen Aufsatz von Sybil Milton überraschenderweise, dass sogar ein Foto des Protestes existiere.[75] Sybil Milton wiederum hatte sich auf ein Buch bezogen, in der Inge Unikover das Leben des jüdischen Berliner Fotografen Abraham Pisarek erzählt.[76] Ein Foto vom Protest in der Rosenstraße ist bei Unikover aber gar nicht erwähnt. Die Geschichte des nichtexistenten Fotos symbolisiert gleichsam das Dilemma, vor dem der Forscher heute bei der Analyse steht: Es gibt kaum Originalzeugnisse vom damaligen Geschehen, und es ranken sich viele Legenden um die Ursachen, den Verlauf und die Folgen der Ereignisse.

Begriffe und Quellen

Im Folgenden soll also den Fakten und Fiktionen um die Fabrik-Aktion, um die Internierung der Juden aus »Mischehen« und um den Protest in der Rosenstraße nachgegangen werden. Bevor sowohl die bisher benutzten Zeitzeugenaussagen als auch die wenigen bisher bekannten zeitgenössischen Dokumente kritisch geprüft und diskutiert und neue herangezogen werden können, muss hier kurz auf die Herkunft und Verwendung von Begriffen und Quellen eingegangen werden.

Oft wird in der Öffentlichkeit leichthin vom »Protest der deutschen Frauen« gegen die Deportation ihrer »jüdischen Männer« gesprochen. Auch Historiker benutzen im Zusammenhang mit den Ereignissen in

74 Vgl. den Tagungsbericht von Jana Leichsenring am 14.6.2004 auf www.hsozkult.geschichte.hu-Berlin.de/tagungsberichte. Vgl. die ausführliche Kritik von Akim Jah in: Bulletin für Faschismus- und Weltkriegsforschung, Heft 24/2005, S. 110–123. Während der Drucklegung dieses Buches ist ein Band zum Thema erschienen, der hier nicht mehr diskutiert werden konnte. Er enthält auch Beiträge von der Tagung und neue Details, aber nichts zur Revision der hier vertretenen Thesen; vgl. Leugers, Antonia (Hg.): Berlin, Rosenstraße 2–4. Protest in der NS-Diktatur. Neue Forschungen ... 1943, Annweiler 2005.

75 Hilberg, Täter, S. 322, Anm. 5.

76 Milton, Sybil: The Camera as Weapon: Documentary Photography and the Holocaust, in: Simon Wiesenthal Center Annual, Vol. 1, 1984, S. 45–68, hier S. 54. Die angeführte Stelle findet sich bei Unikover, Inge: Die Suche nach dem gelobten Land. Die fragwürdigen Abenteuer des kleinen Gerschon, Berlin 1978, S. 264–269.

der Rosenstraße das Begriffspaar »Juden und Deutsche« oder den Terminus deutsch-jüdische »Mischehen«.[77] Doch es handelte sich 1933 nicht um zwei getrennte Völker, sondern um Deutsche. Juden waren nicht nur deutsche Staatsangehörige, sondern sie verstanden sich in ihrer überwiegenden Mehrheit als Deutsche jüdischen Glaubens. Hinzu kam die Gruppe der Christen und Glaubenslosen jüdischer Herkunft. Erst die Nazis diskriminierten und verfolgten diese Deutschen dann als angeblich Fremde, zuerst als »Nichtarier«, später als »Rassejuden«. Deshalb wird in diesem Buch bevorzugt von jüdischen Deutschen oder deutschen Juden die Rede sein.

Die Großrazzia von Ende Februar 1943, die den Ereignissen in der Rosenstraße voranging, ist heute allgemein unter dem Namen »Fabrik-Aktion« bekannt und berüchtigt. Der Begriff »Fabrik-Aktion« wurde aber nicht von den Nazis »verharmlosend« geprägt, wie Gernot Jochheim behauptet.[78] In keinem zeitgenössischen Dokument ist dieser Terminus nachweisbar. Ebenso wenig ließ sich in damaligen Quellen der heute in den Medien gern für die Ereignisse verwendete Begriff »Schlussaktion« oder auch »Judenschlussaktion« finden. Beide Bezeichnungen stammen nicht aus der NS-Zeit, sondern wurden Anfang der fünfziger Jahre im Strafprozess gegen den Gestapo-Beamten Walter Stock geprägt.[79] Für die Großrazzia findet sich in den NS-Dokumenten nur eine einzige Bezeichnung. So heißt es in einigen im Berliner Landesarchiv überlieferten Tagebüchern von Berliner Polizeirevieren aus dem Jahr 1943 übereinstimmend »Großaktion Juden«.[80] Das war offenbar die offizielle Bezeichnung der Großrazzia vom 27. Februar 1943. Der heute für die Razzia benutzte Begriff »Fabrik-Aktion« ist dessen ungeachtet wohl noch im Krieg bzw. kurz danach als symbolträchtige Charakterisierung für die Razzia geprägt worden, bei der Tausende jüdischer Zwangsarbeiter aus den Fabriken geholt wurden. Und zwar erfanden ihn die Opfer selbst. Der Begriff findet sich nachweisbar erstmals in Briefen von Überlebenden, die 1945/46 Anträge auf Anerkennung als »Opfer des Faschismus« beim Berliner Magistrat stellten.

77 Vgl. generell bei Stoltzfus, Der Aufstand.
78 Jochheim, Frauenprotest (2001), S. 98.
79 Der Begriff wurde von Nathan Stoltzfus zuerst und später immer wieder benutzt; Stoltzfus, Nathan: »Jemand war für mich da«. Der Aufstand der Frauen in der Rosenstraße, in: Die Zeit, Nr. 30, 21. 7. 1989, S. 9–13. Vgl. zur Herkunft des Begriffes ders., Der Aufstand, S. 397, Anm. 3.
80 Landesarchiv Berlin (LAB), B Rep. 020, ebenda, Acc. 1093, Nr. 6937, Bl. 81–82: 129. Revier Charlottenburg, Nr. 89 und 90 »Betr. Großaktion Juden« vom 27. 2. und 1. 3. 1943.

So schrieb Käte Bandow in ihrem Lebenslauf am 20. Oktober 1945 von ihrer Verhaftung »bei einer Fabrikaktion am 27. Februar«.[81]

Im Gegensatz zu den bisher zur Fabrik-Aktion und zur Rosenstraße vorliegenden Arbeiten, die sich fast ausschließlich auf die Aussagen von Überlebenden stützten, werden im Folgenden zur Rekonstruktion der Ereignisse neben diversen Aussagen Überlebender bisher unberücksichtigte Dokumente der Gestapo, der Schutzpolizei, jüdischer Einrichtungen und der katholischen Kirche herangezogen. Insgesamt gestaltet sich die Quellenlage dennoch als äußerst schwierig, denn trotz aufwendiger Recherchen ließen sich in den im Bundesarchiv erhaltenen zentralen Beständen der SS, der SS-Leibstandarte »Adolf Hitler«, der Ordnungspolizei sowie des Reichssicherheitshauptamtes keine Dokumente zu den zu diskutierenden Ereignissen ermitteln. Akten der Berliner Gestapo bzw. der Schutzpolizei des Berliner Stadtbezirkes Mitte, wo sich die Rosenstraße befindet, sind im Landesarchiv Berlin nicht überliefert. Nur sehr verstreut blieben in unterschiedlichen Archiven Einzeldokumente der Gestapo, der Schutzpolizei sowie jüdischer Einrichtungen erhalten, die wie in einem Puzzle zusammengesetzt werden mussten. Diese ergänzen die zahlreichen, uns heute vorliegenden Zeitzeugenberichte zu den Ereignissen. An Aussagen überlebender Opfer wie auch Täter lagen uns bisher die Vernehmungen aus den Ermittlungsverfahren für die geplanten RSHA- und Gestapo-Prozesse in den 1960er Jahren vor. Darunter befinden sich Ermittlungs- und Prozessakten gegen die ehemaligen Berliner Gestapo-Angehörigen aus dem »Bovensiepen-Verfahren« vor dem Berliner Landgericht.[82] Außerdem

81 Archiv der Stiftung »Neue Synagoge Berlin – Centrum Judaicum« (im Folg. CJA) Berlin, 4.1 (OdF-Akten), Nr. 81, unfol. Vgl. auch Fragebogen Max Blumenthal (vom Juli 1946); ebenda, Nr. 208, unfol.

82 Archiv der Staatsanwaltschaft im Landgericht Berlin (eingesehen vom Autor in Kopie teils im Archiv der »Stiftung Topographie des Terrors«, teils im Archiv der Stiftung »Neue Synagoge – Centrum Judaicum« in Berlin). Im Landesarchiv Berlin befinden sich die Bestände aus dem Archiv der Staatsanwaltschaft seit 1996 unter B Rep. 057-01 (Generalstaatsanwaltschaft bei dem Kammergericht/Arbeitsgruppe RSHA). Nachdem jahrelang ermittelt und schließlich ein Prozess angestrengt worden war, wurde das Verfahren Anfang der siebziger Jahre wegen Krankheit des Hauptangeklagten eingestellt. Zum Ermittlungsverfahren und dem Prozess vgl. Kempner, Ermordung, S. 180–205. Allgemein zur Nachkriegsjustiz gegenüber dem Personal des RSHA und der Berliner Gestapo vgl. Michael Wildt, Generation des Unbedingten. Das Führungskorps des Reichssicherheitshauptamtes, Hamburg 2002, S. 814–845. Stoltzfus bezieht sich zum Beispiel grundlegend auf die Feststellung des Berliner Gerichts, dass der Protest die Freilassung der Internierten durch die Gestapo veranlasst habe; ders., Aufstand, S. 388–389.

haben Nathan Stoltzfus, Gernot Jochheim und Nina Schröder umfangreiche Interviews in den 1980er und 1990er Jahren geführt und aufgezeichnet. Während die Ersteren ausführliche Auszüge zitierten, publizierte Schröder ihre Gespräche wohl vollständig.[83] Sowohl die Aussagen in den Verfahren als auch die von den Historikern niedergelegten Berichte der Überlebenden müssen mit kritischem Blick benutzt werden. Zum einen sind die Aussagen von den Zeitzeugen oft Jahrzehnte nach den Ereignissen gemacht worden, zum anderen sind die Aussagen vor Gericht wie auch in manchen Interviews auf gezieltes Befragen zu den Ereignissen hin entstanden.

Neben diesem heterogen zusammengesetzten Material wird hier erstmals eine neu entdeckte, umfangreiche Quelle benutzt: die Anträge von Überlebenden auf die Anerkennung als »Opfer des Faschismus« aus den Jahren 1945/46 im Archiv der Berliner Stiftung »Neue Synagoge – Centrum Judaicum«. Diese Schriftstücke entstanden nur zwei oder drei Jahre nach den Vorgängen im Februar und März 1943, sind also sehr zeitnah niedergeschrieben worden. Von diesen Anträgen sind für die Untersuchung mehrere hundert durchgesehen worden. Diese Dokumente, darunter z. B. viele Lebensläufe von Juden aus »Mischehen«, enthalten überraschende unbekannte Informationen zu dem hier behandelten Zeitraum.[84] Zusätzlich hat die Hamburger Historikerin Beate Meyer jüngst umfangreiche, in der DDR für einen geplanten Globke-Prozess aufgenommene Zeitzeugenaussagen ausgewertet.[85]

Während man für den Protest vor dem Gebäude Rosenstraße aufgrund der disparaten Quellenlage weiter allein auf die oft widersprüchlichen Erinnerungen der Überlebenden angewiesen bleibt, lassen sich die Vorgeschichte, der Verlauf und die Nachwirkungen der Fabrik-Aktion sowie die Umstände und Ziele der Internierung der Juden aus »Mischehen« in der Rosenstraße mittlerweile durch Dokumente und Zeitzeugenaussagen detailliert rekonstruieren.

83 Stotzfus hat 21 Personen, die in der Rosenstraße protestierten, und acht Internierte zwischen 1985 und 1991 interviewt; Stoltzfus, Aufstand, S. 350.

84 CJA Berlin, Bestand 4.1. Für ihre Unterstützung danke ich der Leiterin des Archivs, Frau Barbara Welker.

85 Vgl. Meyer, Inhaftierung der »jüdisch Versippten«, S. 178–197.

Kapitel 2: Die Fabrik-Aktion

Die NS-Judenverfolgung und die Deportationen

Zu Beginn der NS-Diktatur 1933 lebten über 500 000 Menschen jüdischen Glaubens in Deutschland, nach dem Ende des Krieges 1945 nur noch etwa 15 000.[1] Eine gezielte Politik des NS-Staates von Vertreibung und Deportation hatte zum nahezu vollständigen Verschwinden der deutsch-jüdischen Bevölkerung geführt. Konnten bis 1938 noch viele Menschen flüchten, waren danach aus Deutschland Zehntausende Juden deutscher und anderer Staatsangehörigkeit mit Bussen, Lastwagen, Personen- oder Güterzügen verschleppt worden. Die Gestapo deportierte die Opfer u. a. in Kleinstädte bei Lublin, nach Gurs in den Pyrenäen, in die Ghettos Lodz und Warschau, nach Kowno, Riga und Minsk, in das Ghetto Theresienstadt und in das Vernichtungslager Auschwitz.[2]

Die Fabrik-Aktion vom Februar 1943 sollte den brutalen Auftakt zu dem von der NS-Führung geplanten Abschluss der Massendeportationen in Deutschland bilden, die bereits mehrere Jahre andauerten. Gemeinhin verstehen Forschung und Öffentlichkeit unter den Deportationen aus Deutschland diejenigen Massentransporte, die Mitte Oktober 1941 begannen. Doch deren Geschichte reicht mehrere Jahre zurück. Im Jahr 1938 drohte in den Augen der NS-Führung die seit 1933 betriebene Politik der Vertreibung zu scheitern, weil zum einen viele Länder kaum noch Flüchtlinge aus Deutschland aufnahmen und zum anderen nach allen Verfolgungen immer weniger jüdische Deutsche über genü-

1 Statistik des Deutschen Reiches. Neue Folge. Band 451: Volks-, Berufs- und Betriebszählung vom 16. Juni 1933. Heft 3: Die Bevölkerung des Deutschen Reichs nach der Religionszugehörigkeit. Berlin, 1936, S. 41–43; sowie Wolfgang Benz (Hrsg.), Dimension des Völkermords. Die Zahl der jüdischen Opfer des Nationalsozialismus, München 1991, S. 52.

2 Zu den Deportationen vgl. H. G. Adler, Der verwaltete Mensch. Studien zur Deportation der Juden aus Deutschland, Tübingen 1974; sowie Beiträge zur Geschichte des Nationalsozialismus, Bd. 20: Deportationen der Juden aus Deutschland. Pläne, Praxis und Reaktionen, hrsg. von Birthe Kundrus und Beate Meyer, Göttingen 2004.

gend Besitz verfügten, um eine kostspielige Emigration finanzieren zu können. Deshalb ordnete die NS-Führung im Jahr 1938 erstmals mehrere Kollektivvertreibungen an.[3] Die Sicherheitspolizei organisierte im Januar zuerst die Ausweisung der Juden sowjetischer Staatsangehörigkeit aus dem deutschen Staatsterritorium, später die Vertreibung der Juden aus dem österreichischen Burgenland und dem der tschechischen Republik abgenommenen Sudetengebiet. Ende Oktober 1938 wurden gewaltsam 17000 polnische Juden binnen weniger Tage mit Sonderzügen an die polnische Grenze abgeschoben. Die Gestapo sammelte dabei erste Erfahrungen, Massentransporte von zuerst Hunderten, später Zehntausenden Menschen zu organisieren. Allerdings stieß der NS-Staat auf Widerstand der Länder, in die die Opfer gewaltsam ausgewiesen oder über deren »grüne« Grenzen sie gebracht wurden, sodass weder die vollständige Ausweisung der Menschen mit sowjetischem Pass noch die derjenigen mit polnischer Staatsangehörigkeit gelang.[4]

Das weitgehende Scheitern dieser Kollektivausweisungen im Jahr 1938 führte zu einer Rekonzipierung der NS-Vertreibungspolitik. Kurz nach dem deutschen Überfall auf Polen fällte die NS-Führung im September 1939 eine grundlegende Entscheidung. Hitler wies an, 300000 deutsche und österreichische Juden in das nun von Deutschland beherrschte Territorium Polens zu deportieren. Die im Oktober 1939 im neu gegründeten Reichssicherheitshauptamt[5] von Adolf Eichmann zentral organisierte Deportation von 5000 Juden aus Österreich, aus dem Protektorat und aus dem Deutschland angegliederten Ostoberschlesien bildete dafür den Auftakt. Die Massentransporte nach Nisko am San stellten keine lokale Maßnahme dar, sondern den Beginn einer Gesamtdeportation der Juden aus dem Deutschen Reich. Deshalb enthielten die Transporte nach Nisko im Osten des Generalgouvernements Menschen aus Prag, Brünn, Wien, Mährisch-Ostrau und mehreren ostoberschlesischen Städten. Deportationen aus Deutschland wurden für den Monat November bereits vorbereitet. Doch Anfang

3 Schon H. G. Adler hatte früh auf ihre Bedeutung hingewiesen; Adler, Der verwaltete Mensch, S. 161.

4 Vgl. zu diesem Abschnitt und den folgenden ausführlich mit Literaturangaben: Wolf Gruner, Von der Kollektivausweisung zur Deportation der Juden aus Deutschland. Neue Perspektiven und Dokumente (1938–1945), in: Beiträge zur Geschichte des Nationalsozialismus, Band 20, S. 21–62, hier 23–30.

5 Vgl. zur Geschichte des RSHA, seines Personals und der für die Deportationen zuständigen Gruppe IV B: Wildt, Generation des Unbedingten, S. 209–697, bes. S. 358–364.

November 1939, kurz bevor der erste Transport aus dem Altreich abgehen sollte, musste – weil der Zielort aus Witterungsgründen nicht mehr erreicht werden konnte – Himmler die Aktion unterbrechen und auf Februar 1940 verschieben.[6]

Die Planung von antijüdischen Massendeportationen begann also bereits kurz nach dem Überfall auf Polen und nicht erst im Herbst 1941 nach dem Beginn des »Unternehmens Barbarossa«, wie meist angenommen. Die ersten Deportationen aus Deutschland fanden dann im Februar/März 1940 in der preußischen Provinz Pommern statt, organisiert von der Staatspolizeileitstelle Stettin. Mehr als 1000 Juden aus Stettin und vielen kleinen pommerschen Orten wurden nach Polen verschleppt und zwangsweise in überfüllten Kleinstädten bei Lublin »angesiedelt«. Viele der Deportierten starben dort rasch an Hunger und Kälte.[7] Weitere Massendeportationen aus dem übrigen Deutschland wurden parallel dazu vorbereitet. Ab Februar 1940 sollten laut Anweisung des Reichssicherheitshauptamtes an die Gestapostellen im Reich alle jüdischen Deutschen in jeweils drei bis fünf Städten in den Ländern bzw. preußischen Provinzen konzentriert werden, wie aus einem bisher unbekannten Erlass hervorgeht.[8] Doch die in Deutschland vor Ort getroffenen Vorbereitungen wurden vom Reichssicherheitshauptamt wieder gebremst, da man zunächst jüdische und nichtjüdische Polen aus den von Deutschland annektierten polnischen Gebieten deportieren wollte. Die nächste Teilaktion in Deutschland selbst fand im Herbst 1940 statt. Nach dem schnellen Sieg des NS-Staates über Frankreich hatten sich die Pläne geändert. Nun sollten nach Kriegsende sämtliche Juden aus dem von Deutschland beherrschten Europa auf die afrikanische Insel Madagaskar deportiert werden. In diesem Zusammenhang organisierte das RSHA Ende Oktober 1940 auf Anordnung Hitlers eine neue Aktion. Über 6500 Menschen aus Baden und der Saarpfalz verschleppte die Gestapo in Sonderzügen über die Grenze ohne Absprache mit der Vichy-Regierung in den unbesetzten Süden Frankreichs. Die Deportierten kamen in das Lager Gurs, von wo sie später offenbar weiterdeportiert werden sollten. Während aus Pommern, Baden und der Saarpfalz damit bereits fast alle jüdischen Deutschen deportiert

6 Gruner, Kollektivausweisung, S. 30–36.

7 Ebd., S. 36–40.

8 USHMM Washington, RG 11.01 M.04, Reel 74, OSOBI Moskau 503-1-385, Bl. 35–36 RS: Schnellbrief RSHA (IV D 3) mit Anhang »Übersicht« vom 12. 2. 1940.

worden waren, stockte die Gesamtplanung nicht zuletzt wegen der Vorbereitung auf den Krieg mit der Sowjetunion. Bis zu diesem Zeitpunkt hatte das Reichssicherheitshauptamt wegen des Krieges immer nur regionale Teil-Deportationen realisieren können.[9]

Im Frühjahr 1941 intensivierte das Reichssicherheitshauptamt – mit Blick auf den geplanten Krieg mit der Sowjetunion und auf mögliche neue Zielgebiete – die Vorbereitungen für den Abtransport der deutschen Juden. Nach dem Überfall auf die Sowjetunion sprach sich Hitler Ende Juli/Anfang August 1941 allerdings gegen eine von Reinhard Heydrich vorgeschlagene Gesamtdeportation noch während des Krieges aus. Zugleich fällte er jedoch eine Entscheidung über neue Teilaktionen, diesmal aus deutschen Großstädten. Weil die vorgesehenen Gebiete der Sowjetunion und auch das Generalgouvernement in jener Kriegsphase für Transporte unzugänglich waren, einigten sich die Verantwortlichen Anfang September auf den Kompromiss, Zehntausende Juden befristet in das Ghetto Lodz im annektierten Warthegau zu bringen, von wo sie später weiterdeportiert werden sollten. 20 000 Menschen deportierte die Gestapo daraufhin in wenigen Wochen im Oktober/November 1941 aus Berlin und anderen deutschen Städten sowie aus Prag und Wien.[10] Diese neue große Teilaktion von Mitte Oktober 1941 hatte man in Wissenschaft und Öffentlichkeit bisher immer als den Beginn der Deportationen der Juden aus Deutschland wahrgenommen. Als die Transporte im Herbst erstmals ohne größere Störungen abliefen, wollte Hitler die Deportation aller jüdischen Deutschen – auch vor dem Hintergrund gesamteuropäischer Planungen zur »Endlösung« – bald abgeschlossen wissen. Die NS-Führung entschied, in einer weiteren Teil-Aktion 50 000 Menschen bis Dezember erstmals in die besetzten Gebiete der Sowjetunion, nach Riga und Minsk, zu deportieren. Der Abtransport von schließlich weit über 30 000 Menschen in die beiden Zielorte zog sich aber bis Anfang Februar 1942 hin.[11]

Danach wurden die Deportationen für mehrere Wochen aufgrund von Transportproblemen unterbrochen. Noch während der Pause instruierte Eichmann am 6. März 1942 in Berlin Vertreter lokaler Gestapostellen über die kommende Wiederaufnahme der Transporte in Deutschland, Österreich und dem Protektorat. Ab Ende des Monats

9 Gruner, Kollektivausweisung, S. 40–42.
10 Ebd., S. 43–52.
11 Ebd., S. 52–53.

würden 55 000 Juden abtransportiert werden, davon aus dem »Altreich« 17 000 Menschen.[12] Jüdische Deutsche sollten nun in das Generalgouvernement »umgesiedelt« werden, wo gerade die systematische Ermordung der polnischen Juden begann.[13] Die im vorangegangenen Herbst in das Ghetto Lodz gebrachten deutschen Juden hätten jetzt weiter nach Osten verschleppt werden sollen, doch seit Mai 1942 tötete man auch Insassen aus dem Reich zu Tausenden in Chelmno.[14] Zwischen März und Juni deportierte die Gestapo schließlich Zehntausende Menschen aus Berlin, Breslau, aus Bayern, dem Rheinland, aus Schwaben, Hessen und aus Sachsen in das Generalgouvernement.[15] Der Mitte Juni 1942 vom RSHA wegen der neuen militärischen Offensive gegen die Sowjetunion angekündigte Stopp der Deportation der »Juden aus Deutschland in das östliche Operationsgebiet« war Hauptgrund für die veränderten Transportprioritäten.[16] So sollten in den nächsten Wochen vorzugsweise die Deportationen aus Deutschland in das Ghetto Theresienstadt gerichtet werden.[17] Damit weitete die NS-Führung die Massentransporte auf bisher noch verschonte deutsche Juden aus, wie auf die über 65-jährigen Menschen und die mit Auszeichnungen dekorierten Veteranen des Ersten Weltkrieges.[18]

Hunderttausende Menschen ohne Beeinträchtigung der Kriegswirtschaft zu deportieren war nur durch zentrale Koordination erreichbar. Entschieden wurde über die Massentransporte in der NS-Führung, Planung und Durchführung oblagen dem Reichssicherheitshauptamt. Aus

12 Bericht Gestapo Düsseldorf über Sitzung am 6. 3. 1942 im Amt IV B 4, in: Eschwege, Kennzeichen J, S. 193.

13 Longerich, Politik, S. 485–487.

14 Witte, Peter: Two Decisions Concerning the »Final Solution to the Jewish Question«: Deportations to Lodz and Mass Murder in Chelmno, in: Holocaust and Genocide Studies 9 (1995), S. 318–345, hier S. 333–336.

15 Longerich, Politik, S. 485–487.

16 Vermerk Dannecker über Konferenz im RSHA am 11. 6. 1942, in: Longerich, Peter (Hrsg.): Die Ermordung der europäischen Juden. Eine umfassende Dokumentation des Holocaust 1941–1945, München – Zürich 1989, Nr. 93, S. 240.

17 Nach Theresienstadt wurden aus dem Altreich 47 471 Juden deportiert, ein Teil kam von dort nach Auschwitz; BA Berlin, NS 19, Nr. 1570, unfol.: Inspekteur für Statistik beim RFSS, »Die Endlösung der europäischen Judenfrage. Statistischer Bericht«, Stand 1. 1. 1943 (im Folg. Korherr-Bericht, Langfassung), S. 10; vgl. Longerich, Politik, S. 490.

18 Michael Zimmermann, Die Gestapo und die regionale Organisation der Judendeportationen. Das Beispiel der Stapo-Leitstelle Düsseldorf, in: Gerhard Paul/Klaus-Michael Mallmann (Hg.), Die Gestapo. Mythos und Realität, Darmstadt 1995, S. 357–372, hier S. 358–359; Lozowick, Yaacov: Hitler's Bureaucrats. The Nazi Security Police and the Banality of Evil, London/New York 2000, S. 101–102.

beiden Gründen spielten lokale Initiativen – im signifikanten Gegensatz zur sonstigen antijüdischen Politik – für Entwicklung und Verlauf der Deportationen kaum eine Rolle. Vom Reichsicherheitshauptamt erhielten die lokalen Gestapostellen sowohl genaue Anweisungen, welche Opfergruppen zu verschleppen waren, als auch nach Orten aufgeschlüsselte Opferzahlen und Termine für die Bereitstellung von Sonderzügen übermittelt. Vor Ort organisierte die Gestapo dann Auswahl, Zusammenfassung, Behandlung und Abtransport der einzelnen Opfer. Nur hierbei konnten Gestapobeamte Handlungsspielräume nutzen.[19]

Lokale Gestapostellen sorgten in enger Kooperation mit Arbeitsämtern, Rüstungsinspektionen der Wehrmacht, Parteistellen sowie Stadtverwaltungen für die Zusammenstellung der zu Deportierenden. Sie kooperierten mit der Polizei und den regionalen Reichsbahndirektionen bei deren Abtransport, mit städtischen Grundbuchämtern, Finanzämtern und Amtsgerichten beim anschließenden Raub des Vermögens. Vor Ort wurde von Gestapostellen entschieden, wie die Betroffenen abgeholt, untergebracht und schließlich zu den Bahnhöfen transportiert wurden. In kleineren Orten nutzte die Gestapo zur Unterbringung städtische Gebäude, Schulen oder Privatgaststätten mit großen Räumlichkeiten. In größeren Orten, wie z. B. Düsseldorf, Frankfurt am Main und Stuttgart, von wo große Sammeltransporte abgingen, dienten städtische Schlachthöfe, Messeanlagen oder Veranstaltungshallen als Sammellager. In kleineren Orten wurden die Opfer meist zu Fuß durch die Stadt zu den Bahnhöfen getrieben. In größeren Ortschaften stellten Kommunen Busse und Lastwagen für diesen Weg. An der Durchführung der Massentransporte waren somit Tausende Menschen in ganz Deutschland aktiv beteiligt, neben den Gestapobeamten städtische Angestellte und Arbeiter, Finanzbeamte, Schutzpolizisten, Gerichtsvollzieher, Rotkreuzhelfer und Bahnangestellte.

Doch auch die nicht direkt involvierten nichtjüdischen Deutschen konnten den Abtransport von Zehntausenden Kindern und Alten, Frauen und Männern in ihren Städten und Gemeinden kaum ignorieren: die tagelange Sperrung von öffentlichen und privaten Gebäuden als Sammelunterkünfte für die zu Deportierenden, die unter Bewachung durch die Straßen zu den Zügen marschierenden Kolonnen von Menschen mit »Judensternen«, die unzähligen nach dem Abtransport

19 Gruner, Kollektivausweisung, S. 54–62.

versiegelten Wohnungen sowie die an vielen Orten öffentlich durchgeführten Auktionen des geraubten »Judengutes«.[20] Der Abtransport sprach sich trotz Geheimhaltung schnell herum. In manchen Städten verhöhnten Einwohner, darunter auch Kinder, in großer Zahl die Opfer, wenn diese sich auf öffentlichen Plätzen sammeln mussten oder zu den Bahnhöfen eskortiert wurden. Aber auch Kritik an den Deportationen wurde geäußert. Öffentliche Proteste gegen die Massentransporte in Deutschland sind allerdings für die Zeit bis Ende 1942 bisher nicht bekannt.[21]

Dagegen fanden sich in den Akten gleich zwei Protestaktionen im besetzten tschechischen Gebiet, dem Protektorat Böhmen und Mähren. Beide richteten sich gegen die »Nisko-Transporte« im Herbst 1939: Nachdem der erste Transport die Stadt Mährisch-Ostrau am 18. Oktober verlassen hatte, kam es dort vor dem geplanten zweiten Transport zu Protesten tschechischer Einwohner. Auf Befehl der Gestapo hatte die Jüdische Kultusgemeinde vor allem jüdische Frauen am 20. Oktober zu einer Versammlung aufgerufen. Tschechinnen blockierten den Eingang und »riefen den Jüdinnen zu, daß erst beabsichtigt sei, die Juden abzutransportieren, dann kämen die Tschechen dran«. Als direkte Folge flüchteten jüdische Frauen mit ihren Kindern nach Prag.[22] Der letzte Transport, bevor man die »Nisko-Aktion« unterbrach, ging am 1. November aus Mährisch-Ostrau ab. Der Zug enthielt über 300 am

20 Vgl. Barbara Materne, Die Deportation aus Düsseldorf am 11. Dezember 1941, in: Buch der Erinnerung. Die ins Baltikum deportierten deutschen, österreichischen und tschechoslowakischen Juden. Bearb. von Wolfgang Scheffler und Diana Schulle, München 2003, S. 601–604, hier S. 602; Gisela Möllenhof/Rita Schlautmann-Overmeyer, Die Deportation aus Münster – Osnabrück – Bielefeld, 13. Dezember 1941, in: ebd., S. 723–727, hier S. 724; Günther Högl/Thomas Kohlpoth, Die Deportation aus Dortmund am 27. Januar 1942, in: ebd., S. 833–834; Monika Minninger, Osnabrück, in: ebd., S. 726–727; dieselbe, Bielefeld, in: ebd., S. 728–732, hier 731; Monica Kingreen, Die Deportation aus Kassel am 9. Dezember 1941, in: ebd., S. 657–659, hier 658; dies., Kingreen, Monica: Gewaltsam verschleppt aus Oberhessen. Die Deportationen der Juden im September 1942 und in den Jahren 1943–1945, in: Mitteilungen des Oberhessischen Geschichtsvereins, NF 85 (2000), S. 5–95, hier S. 20–45.

21 Vgl. diverse interne lokale und regionale Lageberichte unterschiedlichster Behörden 1941/1942 in der CD-Version von Otto Dov Kulka/Eberhard Jäckel (Hrsg.), Die Juden in den geheimen NS-Stimmungsberichten 1933–1945, Düsseldorf 2004. Zusammenfassend zur Aufnahme der Transporte in der nichtjüdischen Bevölkerung vgl. Frank Bajohr, Von der langsamen Entwicklung eines schlechten Gewissens. Die deutsche Bevölkerung und die Deportationen (1941–1945), in: Beiträge zur Geschichte des Nationalsozialismus, Bd. 20, S. 180–195, hier besonders S. 183–190.

22 BA Berlin, R 70 Böhmen und Mähren, Nr. 9, unfol.: Vermerk Gestapo Mährisch-Ostrau vom 23. 10. 1939; vgl. ebd., unfol.: Tagesbericht 19. 10. 1939, S. 3.

28. Oktober aus Prag in Mährisch-Ostrau eingetroffene Juden meist polnischer Herkunft.[23] In Prag hatte es zuvor bei der Überführung von 230 Juden aus dem Kreisgericht zum Wilsonbahnhof ebenfalls Proteste gegeben. Dort demonstrierten zunächst 30 jüdische Frauen gegen den Abtransport, was »wiederum Anlaß zu einer Ansammlung tschechischer Passanten gab, die schließlich von der tschechischen Polizei zerstreut wurde«.[24]

Wie die Transporte in den einzelnen Städten und Gemeinden Deutschlands abgewickelt wurden, hing von den lokalen Verhältnissen und den dort Verantwortlichen ab. Die zentrale Planung und Steuerung erfolgte hingegen in Berlin und wurde wesentlich von den dort handelnden Personen, von Himmler, Heydrich und Eichmann geprägt.[25] Doch Himmler und das RSHA gestalteten die Deportationspläne nicht allein. Hitler nahm direkt an Konzeption und Umsetzung der Deportationen teil: Er legte persönlich Zeitpunkt, Umfang, Orte und Zielgebiete für diverse Massentransporte fest.[26] Der Verlauf der Deportationen demonstriert zugleich die Grenzen seiner Möglichkeiten. Während in einigen Regionen des Deutschen Reiches bereits alle jüdischen Deutschen deportiert worden waren, wohnten in der Hauptstadt, die nach dem erklärten Willen Hitlers als erste »gesäubert« werden sollte, im Herbst 1942 inzwischen die Mehrheit der jüdischen Bevölkerung des »Altreiches«, weil weit über zehntausend Menschen in der Rüstungsindustrie Zwangsarbeit leisteten. Volks- und kriegswirtschaftliche Interessen übten also einen starken Einfluss auf den Verlauf der Massentransporte aus.[27]

23 Yad Vashem Archives (im Folg. YV) Jerusalem, 051/Nr. 91 (Staatsarchiv Prag), Bl. 38: FS vom 3. 11. 1939 mit Tagesbericht (Dannecker) an Zentralstelle Wien vom 1. und 2. 11. 1939.

24 BA Berlin, R 30 Reichsprotektor in Böhmen und Mähren, Nr. 56 (Ermittlungssache Landgericht Düsseldorf), Bl. 45: RFSS/SD-Zentralstelle für Böhmen und Mähren, Tagesbericht Nr. 129 Prag, 28. 10. 1939, S. 5.

25 Vgl. für Heinrich Himmler, Der Dienstkalender Heinrich Himmlers 1941/42. Im Auftrag der Forschungsstelle für Zeitgeschichte in Hamburg bearbeitet, komm. und eingel. von Peter Witte u. a., Hamburg 1999.

26 Vgl. Gruner, Kollektivausweisung, S. 32, 41, 47 und 51.

27 Ausführlich zur Zwangsarbeit sowie zu den Einflüssen wirtschaftlicher Erwägungen auf die antijüdische Politik vgl. Gruner, Geschlossene Arbeitseinsatz deutscher Juden. Zur Zwangsarbeit als Element der Verfolgung 1938 bis 1943, Berlin 1997; sowie ders., Jewish Forced Labor under the Nazis. Economic Needs and Racial Aims 1938–1943/44. A Comparative View, New York – Oxford 2005.

Zwangsarbeit oder Deportation: Zur Situation seit Herbst 1942

Anfang September 1942 gab es nur noch 75816 jüdische Deutsche im »Altreich«, von denen nun zwei Drittel in Berlin lebten. In den nächsten vier Wochen deportierte die Gestapo weitere 12346 Menschen, davon allein 10212 vor allem Ältere nach Theresienstadt. Das war die größte Zahl aus Deutschland Verschleppter während eines Monats seit dem Herbst 1941.[28] Nach diesen Massentransporten galten die Deportationen von Juden in mehreren Regionen des Reiches, so in Hessen und Baden-Württemberg, sowie in mehreren Großstädten, z. B. Hamburg, Frankfurt am Main und München, als weitgehend abgeschlossen. Weil es sonst in Deutschland kaum noch jüdische Einwohner in nennenswerter Zahl gab, stammte die Mehrheit der in den zwei Folgemonaten knapp 8000 deportierten Menschen aus Berlin.[29] Lenkte das RSHA die Berliner Transporte im Oktober noch einmal nach Riga, so lautete das Ziel der von der Bahn bereitgestellten Sonderzüge ab November: Konzentrations- und Vernichtungslager Auschwitz.[30]

Die Gestapo deportierte inzwischen vor allem diejenigen, die Sozialunterstützung von jüdischen Stellen erhielten. Den Transporten fielen im Herbst 1942 damit nun viele Fürsorgeempfänger – besonders die in Heimen bzw. Anstalten Lebenden, also Waisenkinder, Alte und Kranke – zum Opfer. Dass das Reichssicherheitshauptamt jetzt auch auf die bisher zum Teil noch »geschützten« Gruppen zielte, zeigt die so genannte Gemeindeaktion in Berlin, mit der Mitte Oktober 1942 ein Drittel der 1500 Angestellten der Jüdischen Kultusvereinigung ausgewählt und abtransportiert wurden.[31] Die andere große, bisher weitgehend

28 YV Jerusalem, 08/Nr. 14, unfol.: Statistik der Reichsvereinigung für September 1942; Gruner, Reichshauptstadt, hier S. 250.

29 3272 wurden im Oktober nach Osten deportiert, im November 2144, nach Theresienstadt 1379 und 1141, YV Jerusalem, 08/Nr. 14, unfol.: Statistik der Reichsvereinigung für Oktober/November 1942.

30 Gedenkbuch Berlins der jüdischen Opfer des Nationalsozialismus. »Ihre Namen mögen nie vergessen werden!«, Hrsg. Freie Universität Berlin, Zentralinstitut für sozialwissenschaftliche Forschung, Geleitworte Ulrich Roloff-Momin/Jerzy Kanal, hrsg. i. A. des Senators für Kulturelle Angelegenheiten, Berlin 1995, S. 1420; Wolf Gruner, Judenverfolgung in Berlin 1933–1945. Eine Chronologie der Behördenmaßnahmen in der Reichshauptstadt, hrsg. von Reinhard Rürup, Berlin 1996, S. 99.

31 Gruner, Reichshauptstadt, S. 246–251; Beate Meyer, Gratwanderung zwischen Verantwortung und Verstrickung – Die Reichsvereinigung der Juden in Deutschland und die jüdische

»geschützte« Gruppe stellten die jüdischen Zwangsarbeiter. Zwar waren, u. a. in Berlin, auch schon Tausende Zwangsarbeiter deportiert worden. Aber vor allem in rüstungswichtigen Betrieben hatte man ihren Abtransport mehrfach verschoben. Ende November 1942 lebten nur noch knapp 54000 jüdische Deutsche – 29600 Frauen und 24400 Männer – in einigen Großstädten, darunter Berlin und Breslau, sowie – weniger bekannt – in Dutzenden Arbeitslagern konzentriert.[32]

Mehrmals hatte Hitler im Laufe des Jahres 1942 die Entfernung der jüdischen Zwangsarbeiter aus Deutschland gefordert.[33] Am 22. September betonte er in einer »Führerbesprechung« nochmals kategorisch »die Wichtigkeit der Herausziehung der Juden aus den Rüstungsbetrieben im Reich«.[34] Am 6. Oktober teilte deshalb das Reichssicherheitshauptamt dem Generalbevollmächtigten für den Arbeitseinsatz, Fritz Sauckel,[35] mit, dass im November mit der »Evakuierung« der letzten »noch in Arbeit eingesetzten Juden aus dem Reichsgebiet« und ihrem Austausch gegen nichtjüdische Polen aus dem Generalgouvernement begonnen werde.[36] Auch die für die Kriegsproduktion zuständige Rüstungsinspektion der Wehrmacht wurde Anfang November 1942 unterrichtet, dass »die Nichtarier – auch die in den Rü[stungs]-Betrieben eingesetzten jüdischen Arbeiter« – in der nächsten Zeit »aus Groß-Berlin evakuiert« werden würden.[37] Daher hatte das RSHA der »Reichsvereinigung der Juden in Deutschland« (RV)[38] unter Androhung staats-

Gemeinde zu Berlin 1938–1945, in: dies./Hermann Simon (Hg.), Juden in Berlin 1938–1945, Berlin 2000, S. 291–337, hier: S. 309ff.

32 YV Jerusalem, 08/Nr. 14, unfol.: Statistik der Reichsvereinigung für Oktober/November 1942.

33 Vgl. Gruner, Geschlossener Arbeitseinsatz, S. 299–307.

34 BA Berlin, R 3, Nr. 1505, Bl. 101: Vermerk Ministerbüro Speer vom 28. 9. 1942 über Führerbesprechungen am 20., 21. und 22. 9. 1942; Abdruck in: Willi Boelcke (Hrsg.), Deutschlands Rüstung im Zweiten Weltkrieg. Hitlers Konferenzen mit Albert Speer 1942–1945, Frankfurt/Main 1969, S. 189.

35 Fritz Sauckel, ab 1927 NSDAP-Gauleiter von Thüringen, 1932–1933 Ministerpräsident Thüringens, ab 1942 SS-Obergruppenführer, ab 1942 Generalbevollmächtigter für den Arbeitseinsatz, daneben weiter Gauleiter und Reichsstatthalter.

36 Erwähnt in: Der Prozeß gegen die Hauptkriegsverbrecher vor dem Internationalen Militärgerichtshof (im Folg. IMG), 14. November 1945 – 1. Oktober 1946, Nürnberg 1948, Bd. XXXVII, S. 496, Dok. L-061: GBA-Schnellbrief vom 26. 11. 1942.

37 BA-Militärarchiv (im Folg. MA) Freiburg i. Br., RW 20-3, Nr. 2, Bl. 18: Kriegstagebuch Rüstungsinspektion III vom 1. 10.–31. 12. 1942: Eintrag vom 9. 11. 1942.

38 Vgl. zur Geschichte der RV: Wolf Gruner, Armut und Verfolgung: Die Reichsvereinigung, die jüdische Bevölkerung und die antijüdische Politik im NS-Staat 1939 bis 1945, in: Juden und Armut in Mittel- und Osteuropa. Hrsg. im Auftrag des Simon-Dubnow-Instituts für

polizeilicher Maßnahmen befohlen, gerade in der Hauptstadt für die nächsten »Abwanderungs-Transporte« noch einmal alle Juden zu registrieren, einschließlich der »Geltungsjuden«, also Mischlinge I. Grades, die nach bestimmten Kategorien ebenfalls als Juden betrachtet wurden. Die Reichsvereinigung, der alle jüdischen Deutschen seit 1939 als Zwangsmitglieder angehörten, musste ihre Unterlagen anhand einer so genannten Abwanderungskartei sowie der Kartei des Berliner Arbeitsamts nachprüfen. Die Neuerfassung aller Berliner Juden sollte bis zum 1. Dezember 1942 abgeschlossen sein.[39]

Die letzte Phase des Abtransportes der noch verbliebenen Zwangsarbeiter und ihrer Angehörigen begann nach zeitgenössischer Einschätzung im Dezember 1942.[40] Im Reichssicherheitshauptamt befassten sich die Beamten jetzt offenbar konkret mit den Vorbereitungen für den Abschluss der Massendeportationen. Offenbar entwarfen sie schon damals die Richtlinien für die letzte Transportwelle sowie die Anordnungen zu einer großen Abschlussrazzia.[41] Für einen raschen Austausch der jüdischen Zwangsarbeiter trafen aber zu wenige polnische Arbeitskräfte im Reich ein.[42] Im Dezember wurden die Zwangsarbeitertransporte aus den besetzten Ostgebieten dann aufgrund der proble-

jüdische Geschichte und Kultur von Stefi Jersch-Wenzel in Verbindung mit François Guesnet u. a., Köln u. a. 2000.

39 Die Betroffenen mussten Karten in vierfacher Ausfertigung mit Adressen, Zwangsarbeitsgeber etc. ausfüllen und bis zum 1. Dezember 1942 abgeben; BA, ZwA Dahlwitz-Hoppegarten (im Folg. BA, ZwA-DH), R 8150, Nr. 3, unfol.: Vorstandssachen vom 22. 11. 1942, S. 6; Jüdisches Nachrichtenblatt, Berliner Ausgabe vom 27. 11. 1942, S. 1. Vgl. Gruner, Reichshauptstadt, S. 251.

40 Vgl. BA-MA Freiburg i. Br., RW 21–5, Nr. 4, Bl. 24: Bericht Rüstungskommando IV Berlin, 1. 1.–31. 3. 1943.

41 Die weiter unten zitierten RSHA-Richtlinien vom 20. 2. 1943 zur Deportation nach Auschwitz sowie nach Theresienstadt haben beide Tagebuchnummern von 1942: 2093/42 g (391) sowie 2537/42. Kopien in: Dokumentensammlung über die Deportierung der Juden aus Norwegen nach Auschwitz, Institute of Documentation for the Investigation of Nazi War Crimes, zusammengestellt von Toviyya Friedman, Haifa 1994 (ohne Seitenzählung) sowie Die zwei Stellvertreter Eichmanns in Berlin und Paris. Die Deportierung der Juden aus Griechenland und Bulgarien. Institute of Documentation for the Investigation of Nazi War Crimes, Dokumentensammlung zusammengestellt von Toviyya Friedman, Haifa 1999. Auch der Erlass der Gestapo Frankfurt/Oder zur Fabrik-Aktion vom 24. 2. 1943 hat eine hohe Tagebuchnummer von 1942: (1958/42); BLHA Potsdam, Pr.Br. Rep. 41 Großräschen, Nr 272, Bl. 84–85: Erlass der Gestapo Frankfurt/Oder vom 24. 2. 1943 in Runderlass des Landrats in Calau vom 25. 2. 1943.

42 Bis Dezember 1942 gerade 1310, weil sich im Umsiedlungsgebiet Zamosc des Generalgouvernements viele Polen den Gewaltmaßnahmen der SS durch Flucht entzogen hatten; Adler, Der verwaltete Mensch, S. 225.

matischen Kriegslage an der Ostfront fast gänzlich eingestellt.[43] Außerdem galt vom 15. Dezember 1942 bis zum 15. Januar 1943 im Generalgouvernement eine generelle Transportsperre, wodurch in den Augen der Verfolger die »Gesamtplanung Judenaussiedlung stärkstens gefährdet« wurde.[44] Gestapochef Heinrich Müller unterrichtete Himmler, dass die Reichsbahn nicht in der Lage sei, »infolge des verstärkten Wehrmachtsurlauberverkehrs Sonderzüge für die Evakuierung bereitzustellen«.[45]

Möglicherweise fand deshalb eine Verschiebung der letzten großen Deportationswelle auf das kommende Frühjahr statt, so wie es schon einmal zu Beginn des Jahres 1942 eine Verschiebung von Deportationen vom Januar auf Ende März gegeben hatte. Jedenfalls erfassten im Dezember 1942 die Transporte zunächst »nur« 2319 Juden und Jüdinnen, davon 2096 aus Berlin.[46] In der Reichshauptstadt, dem Ort mit der größten Anzahl jüdischer Zwangsarbeiter, wurden die Privatunternehmen dennoch bereits Anfang Dezember 1942 vorsorglich unterrichtet, dass »nach neuesten Informationen« die Frist für den Abzug der Zwangsarbeiter am 31. März 1943 ablaufen werde.[47] Angeblich wurden die – weit über hundert[48] – potenziell betroffenen Unternehmen durch die Stapoleitstelle Berlin direkt informiert.[49] Mitte Januar 1943 schrieb der Reichsverteidigungskommissar Berlin in seinem Lagebericht, den

43 BA-MA Freiburg i. Br., RW 21–5, Nr. 4, Bl. 23: Quartalsbericht Rüstungskommando IV Berlin v. 1. 1.–31. 3. 1943.

44 Telegramm des HSSPF Krüger an Himmler am 5. 12. 1942, in: Longerich, Ermordung, Nr. 83, S. 221. Vgl. BA-MA Freiburg i. Br., RW 21–5, Nr. 4, Bl. 23: Quartalsbericht Rüstungskommando IV Berlin v. 1. 1.–31. 3. 1943.

45 »Im Zuge der bis 30. 1. 1943 befohlenen verstärkten Zuführung von Arbeitskräften in die KL kann auf dem Gebiet des Judensektors wie folgt verfahren werden. Gesamtzahl: 45 000 Juden. Transportbeginn 11. 1. 1943, Transportende: 31. 1. 1943.« Die Zahl setzte sich zusammen aus 30 000 Juden aus Bialystok, 10 000 aus Theresienstadt sowie 3000 Juden aus den Niederlanden und nur 2000 Juden aus Deutschland, aus Berlin; FS RSHA IV A Müller an RFSS Himmler am 16. 12. 1942, in: IMG, Bd. XXVII, PS-1472, S. 252–253.

46 Gruner, Geschlossener Arbeitseinsatz, S. 306–313.

47 Tagung Siemens-Schuckert Werke AG vom 7.–8. 12. 1942; zit. bei Tilla Siegel, Industrielle Rationalisierung unter dem Nationalsozialismus, Frankfurt/Main – New York 1991, S. 389. Vgl. Kempner, Ermordung, S. 202.

48 Im April 1942 beschäftigten noch 230 Berliner Betriebe jüdische Zwangsarbeiter; BA, ZwA-DH, R 8150, Nr. 55, Bl. 203: JKV Berlin an Reichsvereinigung am 10. 4. 1942.

49 Vgl. Aussage von Alexander Rotholz, der erwähnt, dass die Firmen in die Gestapostelle Burgstraße eingeladen worden waren und dort den Termin 1. März erfuhren: AS LG Berlin, 3 P Ks 1/71 gegen Otto Bovensiepen, Bd. I, Bl. 94RS: Vernehmung vom 1. 2. 1965, S. 2. Vgl. Erwähnung nach selber Quelle bei Stoltzfus, Aufstand, S. 281. Vgl. zu dieser Ankündigung auch: Kempner, Ermordung, S. 202.

u. a. auch Göring erhielt: »Die noch im Arbeitsprozess stehenden Juden [...] sollen nach Ersatzgestellung von Polen im Laufe etwa eines halben Jahres nach und nach restlos evakuiert werden.«[50]

Um wie viele Zwangsbeschäftigte handelte es sich zu Beginn des Jahres 1943 in Berlin? Die SS registrierte in einer Statistik für die Reichshauptstadt 15100 zwangsarbeitende deutsche Jüdinnen und Juden. Eine weitere bedeutende Gruppe jüdischer Zwangsarbeiter lebte in Breslau, nämlich 2451, das war fast die Hälfte der 5306 außerhalb Berlins im übrigen Reichsgebiet noch Beschäftigten. Berlin und Breslau bildeten deshalb folgerichtig die Hauptzentren der kommenden Großaktion. Insgesamt gab es in Deutschland also 20406 Zwangsarbeiter, bei einer jüdischen Gesamtbevölkerung von nur noch 51327 Menschen.[51] Seit Januar 1943 trafen dann aber pro Monat mehr als hunderttausend zwangsrekrutierte ausländische Arbeiter in den Industriezentren ein.[52] Nachdem so der Weg frei zu sein schien für den Abzug selbst tausender zwangsarbeitender Juden, intensivierte die Gestapo ihre Anstrengun-

50 LAB, Rep. 239, Acc. 302, Nr. 7, unfol.: Reichsverteidigungskommissar/Kriegswirtschaftsstab Berlin an Göring (BVP), Wirtschaftlicher Lagebericht Nr. 1/43 (Geheim), am 15. 1. 1943, S. 11 (Abdruck).

51 Jüdische Zwangsarbeiter gab es noch in den Regionen Dresden (483), Düsseldorf (673), Duisburg (497), München (313), Kassel (259), Stuttgart (178), Wiesbaden (139), Braunschweig (110), Königsberg (96), Nürnberg (89) und Stettin (18); BA Berlin, NS 19, Nr. 1570, unfol.: Korherr-Bericht (Langfassung) Stand 1. 1. 1943, S. 13 (auch in LBI/A New York, Microfilms: Wiener Library, 500 series, Nr. 526). Allerdings müssen in den SS-Zahlen eine Anzahl Juden in »Mischehen« enthalten sein, denn in Stuttgart lebten schon im Herbst 1942 nur noch 300 Juden, davon 200 in »Mischehe«; Roland Müller, Stuttgart zur Zeit des Nationalsozialismus, Stuttgart 1988, S. 408. Hamburg und Frankfurt am Main hingegen tauchen in der SS-Statistik nicht auf, in beiden Städten waren die Deportationen weitgehend beendet. Die Mehrzahl der damals 441 in Hamburg im »Geschlossenen Arbeitseinsatz« registrierten Juden muss der Kategorie der »Mischehen« zugerechnet werden; Lorenz, Ina: Das Leben der Hamburger Juden im Zeichen der »Endlösung« (1942–1945), in: Verdrängung und Vernichtung der Juden unter dem Nationalsozialismus, Hamburg 1992, S. 207–247, hier S. 218. In Frankfurt am Main lebten Anfang 1943 nur noch 835 Juden, fast alle aus »Mischehen« bzw. Mitarbeiter jüdischer Einrichtungen; Dokumente zur Geschichte der Frankfurter Juden, hrsg. von der Kommission zur Erforschung der Geschichte der Frankfurter Juden, Frankfurt am Main 1963, XIII 6, S. 489: Bericht des Gestapobeauftragten vom 16. 4. 1943. Vgl. Kingreen, Monica: Gewaltsam verschleppt aus Frankfurt. Die Deportationen der Juden in den Jahren 1941–1945, in: dies. (Hrsg.), »Nach der Kristallnacht«. Jüdisches Leben und antijüdische Politik 1938–1945 in Frankfurt am Main, Frankfurt/Main – New York 1999, S. 357–402, hier S. 383.

52 Im Januar 1943 wurden ca. 120000, im Februar ca. 138000 Ausländer und Kriegsgefangene für die Kriegswirtschaft rekrutiert. Dazu kamen noch 15000 Männer und über 160000 Frauen, die mit der neuen Meldeordnung im Februar in die Industrie verpflichtet wurden; IMG, Bd. XXVI, S. 12–14: Sauckel an Hitler über den Arbeitseinsatz am 3. 6. 1943.

gen: Die Zahl der monatlich Deportierten stieg im Januar leicht auf 2821 an, davon 163 aus dem Rheinland und 2632 aus Berlin.[53] Da hierbei auch viele Zwangsarbeiter verschleppt wurden, zum Teil ohne bzw. ohne gleichwertigen Ersatz, registrierte die Berliner Wehrmacht-Rüstungsinspektion vermehrt Beschwerden, dass hierdurch kriegswichtige Industriefertigungen beeinträchtigt worden seien.[54] Trotzdem wollte das Reichssicherheitshauptamt nun den großen Schlag gegen die letzten bisher von den Deportationen verschonten Gruppen führen: die jüdischen Zwangsarbeiter in der Rüstung und das Personal der jüdischen Einrichtungen.

Die Entscheidung über den Abschluss der Deportationen

Nach dem Ende der auf Mitte Januar terminierten Transportsperre flog Goebbels nach Rastenburg und drängte bei Hitler am 22. Januar 1943 auf ein rasches Vorgehen bei den Deportationen. Angesichts der drohenden Niederlage vor Stalingrad einte beide jetzt der Wille, »die Judenfrage« im Altreich »schnellstmöglich« zu lösen: »Solange sich in Berlin noch Juden befinden, können wir von einer inneren Sicherheit nicht sprechen. [...] Wir sind uns natürlich alle klar darüber, daß die jetzt getroffenen Maßnahmen von entscheidender Bedeutung sind. Wir müssen jetzt etwas tun, um zu einer Wendung des Krieges zu kommen.«[55] Zu dieser radikalisierten Haltung[56] trug ganz sicher der propagandistische Übergang zum »totalen Krieg« bei. In seiner Berliner Rede zum 10. Jahrestag der »Machtergreifung« charakterisierte Goebbels am 30. Januar 1943 Deutschlands Stellung im Krieg: »Wie im Kampf um die innere Macht stürmt auch in diesem gigantischen Rin-

53 BA, ZwA-DH, R 8150, Nr. 69, Bl. 116: RV-Januar-Statistik vom 12. 2. 1943.

54 Probleme z. B. bei der Wehrmachtsfertigung von Pelzwesten und Mänteln; BA-MA Freiburg i. Br., RW 20-3, Nr. 3, Bl. 17: Kriegstagebuch Rüstungsinspektion III am 15. 1. 1943; vgl. ebd., RW 21-5, Nr. 4, Bl. 12: Kriegstagebuch Rüstungskommando IV Berlin am 19. 1. 1943. Oder allg. zum Januar; ebd., RW 20-3, Nr. 3, Bl. 23: Kriegstagebuch Rüstungsinspektion III am 27. 2. 1943.

55 Die Tagebücher von Joseph Goebbels. Hrsg. v. Elke Fröhlich im Auftrag des Instituts für Zeitgeschichte und mit Unterstützung des Staatlichen Archivdienstes Rußlands, Teil II: Diktate 1941–1945, Bd. 7: Januar–März 1943, München u. a. 1993, Bd. 7, S. 177: Eintrag vom 23. 1. 1943.

56 Kershaw weist auf ein neues Interesse Hitlers an der Judenfrage erst für April 1943 hin; Kershaw, Hitler. 1936–1945, S. 759.

gen das Judentum von zwei Seiten aus gegen uns an. Der Bolschewismus schickt seine Massenheere vor, und die Plutokratie läßt ein Trommelfeuer aus Lüge [...] auf uns nieder[...]prasseln.«[57]

Eine Woche nach der Niederlage der Wehrmacht in Stalingrad, am 7. Februar 1943, hielt Hitler vor den im Führerhauptquartier in Rastenburg zusammengerufenen NSDAP-Reichs- und Gauleitern eine zweistündige Rede zur Lage im Krieg mit der Sowjetunion. Die Krise sei zwar überwunden, doch der Krieg müsse nach außen und nach innen nun »ohne jede Sentimentalität« geführt werden. Die Feindseite habe einen Vorteil dadurch, dass sie durch das internationale Judentum zusammengehalten werde, daraus folge, dass »wir das Judentum nicht nur aus dem Reichsgebiet, sondern aus ganz Europa eliminieren müssen«. Den Reichs- und Gauleitern trug Hitler abschließend noch einmal ausdrücklich »Rücksichtslosigkeit [...] dem Judentum gegenüber« auf, wie Goebbels in seinem Tagebuch festhielt.[58] Diese Forderung trug propagandistischen Charakter, denn die Deportation und Ermordung von Juden aus mehreren europäischen Ländern hatte längst begonnen. Wichtig war für den NSDAP-Gauleiter Goebbels vor allem die Reichshauptstadt, wo noch die Mehrheit der letzten deutschen Juden lebte. Doch die Entscheidung über eine Intensivierung der Transporte aus Berlin fällte nicht er. Deshalb hieß es in seinem Tagebuch, Hitler habe sich in seiner Rede seinen Standpunkt zu Eigen gemacht, dass »zuerst Berlin an die Reihe kommt und daß in absehbarer Zeit in Berlin kein Jude mehr sich aufhalten dürfe«.[59]

Doch erst als die Transportsperre der Wehrmacht aufgehoben war und die zu deportierenden jüdischen durch ausländische Zwangsarbeiter ohne Probleme für die Produktion ersetzbar schienen, fiel die Entscheidung, die letzte große Deportationswelle im Altreich auszulösen. Da diese Transporte seit Herbst 1942 vorbereitet worden waren, handelte es sich bei der aktuellen Entscheidung also lediglich um den konkreten Termin für eine Abschlussaktion. Der Propagandaminister notierte in seinem Tagebuch daher recht unvermittelt am 18. Februar

57 Goebbels Reden, Bd. 2: 1939–1945, hrsg. von Helmut Heiber, Bindlach 1991, S. 163.

58 Tagebücher Goebbels, Teil II, Bd. 7, S. 289, 295 und 297: Eintrag vom 8. 2. 1943. Zit. auch bei Kershaw, Hitler. 1936–1945, S. 727. In der von Domarus veröffentlichten Kurzfassung der Hitler-Rede vom 7. 2. 1943 ist die hier nach dem Goebbels-Tagebuch zitierte Passage nicht enthalten; Domarus, Max: Hitler. Reden und Proklamationen 1932–1945. Kommentiert von einem deutschen Zeitgenossen, Bd. II, 2. Halbband 1941–1945, München 1965, S. 1987.

59 Tagebücher Goebbels, Teil II, Bd. 7, S. 295–296: Eintrag vom 8. 2. 1943.

1943 den Termin und die Verfahrensweise der großen Aktion zum Abschluss der Massendeportationen, den er offenbar am Vortag erfahren hatte: »Die Juden in Berlin werden nun endgültig abgeschoben werden. Mit dem Stichtag des 28. Februar sollen sie zuerst einmal alle in Lagern zusammengefaßt werden und dann schubweise, Tag für Tag bis zu 2000, zur Abschiebung kommen.«[60] Ohne in seinem Tagebuch etwas über kurz vorher stattgefundene Besprechungen zu erwähnen, hielt Goebbels hier lediglich die getroffene Entscheidung fest. Ob den Termin Hitler selbst oder aber Himmler bzw. der neue RSHA-Chef Ernst Kaltenbrunner[61], Nachfolger des 1942 nach einem Attentat verstorbenen Reinhard Heydrich, bestimmt hatten, bleibt im Dunkeln. Doch es spricht wenig für Goebbels, dem die Entscheidung oft zugeschrieben wird. Vier Wochen waren seit seinem letzten Drängen auf eine »Säuberung« Berlins bei Hitler ins Land gegangen. Zudem bezog Goebbels die bevorstehende Aktion, die er sich allerdings in seinem Tagebuch ganz zu Eigen macht, lediglich auf die ihn besonders interessierende Reichshauptstadt: »Ich habe mir zum Ziel gesetzt, bis Mitte, spätestens bis Ende März Berlin gänzlich judenfrei zu machen. Ich hoffe und glaube, daß wir damit auch wieder eine große Erleichterung in der psychologischen Lage erreichen werden.«[62] Im Gegensatz hierzu plante und organisierte das RSHA die Razzia zum Abschluss der Deportationen nicht nur für Berlin, sondern für alle Regionen im Reich, wo noch jüdische Deutsche lebten.

Am Tag seiner Tagebuch-Notiz, dem 18. Februar 1943, hielt Goebbels übrigens die berüchtigte Rede im Berliner Sportpalast zum »totalen Krieg«. Er tat das im Wissen um die gefallene Entscheidung und im Wissen um das Schicksal, welches die zu Deportierenden erwartete. In seiner von antijüdischen Ausfällen strotzenden Einführung sagte er – unter starkem Beifall – überdeutlich: »Wenn das feindliche Ausland gegen unsere jüdische Politik scheinheilig Protest erhebt [...], so kann uns das nicht daran hindern, das Notwendigste zu tuen. Deutschland hat jedenfalls nicht die Absicht, sich dieser jüdischen Bedrohung zu beugen, sondern vielmehr die, ihr rechtzeitig, wenn nötig unter vollkommener und radikalster Ausrott[...]ung des Judentums, entgegen-

60 Tagebücher Goebbels, Teil II, Bd. 7, S. 369: Eintrag vom 18. 2. 1943.

61 Zur Person: Black, Peter: Ernst Kaltenbrunner. Vasall Himmlers. Eine SS-Karriere, Paderborn u. a. 1991. Zu dessen Aktivitäten bei der Judenverfolgung: ebenda, S. 166–176.

62 Tagebücher Goebbels, Teil II, Bd. 7, S. 369: Eintrag vom 18. 2. 1943.

zutreten.«[63] In Dresden verstanden die Juden, wie Victor Klemperer in seinen Tagebüchern festhielt, die Goebbels-Tirade so, dass nun »mit den drakonischsten und radikalsten Mitteln« gegen die deutschen Juden vorgegangen werde.[64]

Das sollte sich bewahrheiten. Nur zwei Tage später, am 20. Februar 1943, veröffentlichte das Reichssicherheitshauptamt die als »Geheim« eingestuften, neuen »Richtlinien zur technischen Durchführung der Evakuierung von Juden nach dem Osten (KL Auschwitz)«. In den vom Amt IV B 4 stammenden Richtlinien, die der letzten großen Deportationswelle zugrunde gelegt werden sollten, hieß es unter »II. Bestimmung des zu evakuierenden Personenkreises«:

»Erfaßt werden können im Zuge dieser Evakuierungsaktion alle Juden (§ 5 der 1.Verordnung zum Reichsbürgergesetz vom 14. 11. 1935, RGBl. I, S. 1333), abgesehen von vorerst folgenden Ausnahmen:

1. In deutsch-jüdischer Mischehe lebende Juden sowie

   a) jüdische Ehegatten einer nicht mehr bestehenden deutsch-jüdischen Mischehe, die gemäß § 3, Abs. a der Polizeiverordnung über die Kennzeichnung der Juden vom 1. 9. 41 (RGBl. I, S. 547) vom Kennzeichnungszwang befreit sind.

   b) jüdische Mischlinge, die nach § 5 (2) der 1.Verordnung zum Reichsbürgergesetz vom 14. 11. 1935, RGBl. I, S. 1333) als Juden gelten, sofern sie nicht noch mit einem Juden verheiratet sein sollten.

2. Juden, die aufgrund besonderer Erlasse des Reichssicherheitshauptes, IV B 4, vorläufig von der Evakuierung zurückzustellen sind.

3. Juden im Alter von über 65 Jahren. Bei jüdischen Ehen, in denen ein Eheteil unter 65 Jahre und der andere über 65 Jahre alt ist, können beide Teile evakuiert werden.

4. Inhaber des Verwundetenabzeichens und Träger hoher Tapferkeitsauszeichnungen (EK I, Goldene Tapferkeitsmedaille).«[65]

63 In der bei Heiber abgedruckten Redefassung steht ein bezeichnender Versprecher, Goebbels sagte »Ausrott-,-schaltung«; vgl. Goebbels Reden, Bd. 2: 1939–1945, hrsg. von Helmut Heiber, Bindlach 1991, S. 182–183.

64 Zit nach Klemperer, Victor: Ich will Zeugnis ablegen bis zum letzten. Tagebücher 1933–1945, Bd. II: 1942–1945, hrsg. v. Walter Nowojski u. Mitarb. v. Hadwig Klemperer, 2. Aufl., Berlin 1995, S. 333: Eintrag vom 20. 2. 1943.

65 RSHA IV B 4, 2093/42 g (391) vom 20. 2. 1943; Dokument des Eichmannprozesses in Israel, Dok.Nr. 1282, Kopie in: Dokumentensammlung über die Deportierung der Juden aus Norwegen nach Auschwitz, Institute of Documentation for the Investigation of Nazi War Crimes, zusammengestellt von Toviyya Friedman, Haifa 1994 (ohne Seitenzählung). Gekürzter Abdruck nur der Ausnahmebestimmungen bei Adler, Der verwaltete Mensch, S. 199. Abdruck des Dokuments, aber ohne die Ausnahmebestimmungen, bei Pätzold, Kurt/Schwarz, Erika: »Auschwitz war für mich nur ein Bahnhof«. Franz Novak – Der Transportoffizier Adolf Eichmanns, Berlin 1994, Dok. Nr. 26, S. 139–140.

Ausgenommen von den kommenden Deportationen nach Auschwitz blieben also alle in »Mischehe« lebenden Juden, außer erstmals die kleine Gruppe Juden aus geschiedenen bzw. wegen Tod nicht mehr bestehenden »nichtprivilegierten Mischehen«, sowie alle »Geltungsjuden«, außer wenn sie mit einem Juden verheiratet waren. Am selben Tag gab das RSHA auch »vertrauliche« neue Richtlinien für die Transporte in das so genannte Altersghetto Theresienstadt heraus. Unter dem Titel »Wohnsitzverlegung von Juden nach Theresienstadt« hieß es dort unter »II. Bestimmung des abzubefördernden Personenkreises«:

»Im Zuge der Wohnsitzverlegung von Juden nach Theresienstadt sind nachstehende Judengruppen (Par. 5 der 1. Verordnung zum Reichsbürgergesetz vom 14. 11. 1935, RGBl. I, S. 1355), die von der Evakuierung nach dem Osten gemäß den Richtlinien für die technische Durchführung der Evakuierung von Juden ausgenommen sind, zu erfassen:
1) Über 65 Jahre alte Juden, soweit sie nicht in deutsch-jüdischer Mischehe leben, mit Ehegatten und Kindern unter 14 Jahren.
2) Juden
 a) Inhaber des Verwundetenabzeichens,
 b) Träger hoher Kriegsauszeichnungen (EK I, Goldene Tapferkeitsmedaille usw.), soweit sie nicht in deutsch-jüdischer Mischehe leben, mit Ehegatten und Kindern unter 14 Jahren.
3) Alleinstehende jüdische Mischlinge, die nach den gesetzlichen Bestimmungen als Juden gelten, d. h. Geltungsjuden, die
 a) weder Ehegatten noch Kinder haben und
 b) nicht mit einem deutschblütigen Elternteil einen gemeinsamen Haushalt führen.
Von diesen unter 1–3 genannten Juden sind vorläufig von der Abbeförderung auszunehmen:
1) Jüdische Ehegatten einer nicht mehr bestehenden deutsch-jüdischen Mischehe, die gemäß Par. 3. Abs. a), der Polizeiverordnung über die Kennzeichnung der Juden vom 1. 9. 41 (RGBl. I, S. 547) vom Kennzeichnungszwang befreit sind. [...]«[66]

Auch die Richtlinien für die Transporte nach Theresienstadt klammerten Juden in »Mischehen aus, ebenso alle »Geltungsjuden«, die mit

66 RSHA IV B 4, 2537/42 (gez. Günther) vom 20. 2. 1943; Kopie des Dokuments Nr. 541 des Eichmannprozesses in Israel in: Die zwei Stellvertreter Eichmanns in Berlin und Paris. Die Deportierung der Juden aus Griechenland und Bulgarien. Institute of Documentation for the Investigation of Nazi War Crimes, Dokumentensammlung zusammengestellt von Toviyya Friedman, Haifa 1999 (ohne Seitenzählung). Gekürzter Abdruck nur der Ausnahmebestimmungen bei Adler, Der verwaltete Mensch, S. 200. Für den Hinweis auf das Dokument aus dem Eichmann-Prozess danke ich Alfred Gottwaldt, Berlin.

nichtjüdischen Angehörigen zusammenlebten. Alle anderen jüdischen Deutschen, insbesondere die bislang noch »geschützten« jüdischen Zwangsarbeiter in rüstungswichtigen Betrieben, sollten nach diesen Richtlinien also restlos abtransportiert werden. Ganz offensichtlich vor dem Hintergrund dieser Entscheidung erhöhte die Gestapo die Zahl der Deportierten – unter ihnen immer mehr Zwangsarbeiter[67] – im laufenden Monat Februar von zuletzt um die 2000 monatlich auf fast das Doppelte. 3657 Juden wurden abtransportiert, davon 2914 aus Berlin. 366 davon verschleppte man nach Theresienstadt, fast 3300 hingegen nach Auschwitz.[68]

Um die Deportationen möglichst rasch abzuschließen, sollte dieses Mal eine koordinierte Großrazzia im ganzen Reich alle vorgesehenen Opfer binnen weniger Tage erfassen. In diese Aktion wollte die Gestapo auch andere staatliche Behörden, wie Arbeitsämter und Schutzpolizei, einbinden. Nur wenige Tage nachdem das Reichssicherheitshauptamt die hinsichtlich der Zwangsarbeiter modifizierten Transportrichtlinien für die letzte Deportationsphase im Altreich herausgegeben hatte, schickte es deshalb Anweisungen an die Gestapo im Reich heraus, die den konkreten Ablauf der geplanten Großaktion festlegten.

Neben dem Ziel, die Massentransporte abzuschließen, gab es noch einen weiteren Grund für eine solche Großrazzia. Um die Forderung Hitlers nach Entfernung aller jüdischen Zwangsarbeiter, die dieser als Risikofaktor im Krieg ansah, aus der Rüstungsindustrie zu bedienen und um langfristig Auseinandersetzungen mit der Industrie wegen einzelner Juden bei einer späteren Deportation vorzubeugen, sollten auch diejenigen Zwangsarbeiter aus den Firmen entfernt werden, die in »Mischehen« lebten. Die Großrazzia richtete sich deshalb nicht nur gegen die zu deportierenden »volljüdischen« Zwangsarbeiter, sondern das RSHA hatte befohlen, wie aus einem Erlass der Gestapo Frankfurt/Oder vom 24. Februar 1943 hervorgeht, »sämtliche noch in Betrieben beschäftigten Juden zum Zwecke der Erfassung aus den Betrieben« zu entfernen. Diese Anweisung betreffe auch »die in Mischehe lebenden

67 Jochheim gibt ohne Quellenangabe als Zahl für Ende Februar 17000 »volljüdische« und »arisch versippte« Zwangsarbeiter an; Jochheim, 2001, S. 25. Doch diese Zahl scheint weit überhöht, denn schon Ende 1942 waren in Berlin wie oben gezeigt nur etwa 15000 jüdische Zwangsarbeiter registriert worden, darunter auch die meisten Juden aus »Mischehen«, und im Januar und Februar 1943 waren zudem noch mehrere tausend Menschen deportiert worden, mit Sicherheit in ihrer Mehrheit Zwangsarbeiter.

68 BA, ZwA-DH, R 8150, Nr. 69, Bl. 81: RV-Statistik für Februar 1943, vom 12. 3. 1943.

Juden«. Ihr Zwangseinsatz sollte reorganisiert, sie selbst durften aber nicht deportiert werden.

Da eine solche reichsweite Groß-Aktion keinen Vorläufer bei den bisherigen Massendeportationen in Deutschland kannte, erhielt der Erlass von der Gestapo den Vermerk »Ohne Vorgang«. Unter dem Betreff: »Evakuierung bezw. Entfernung von Juden aus Betrieben« hieß es in dem an alle Polizeibehörden in der Region übermittelten Runderlass[69]:

»Nachdem die im hiesigen Dienstbereich wohnhaft gewesenen Juden mit Ausnahme der in deutsch-jüdischer Mischehe lebenden Juden fast restlos umgesiedelt worden sind, hat das Reichssicherheitshauptamt in Berlin angeordnet, dass sämtliche noch in Betrieben beschäftigten Juden zum Zwecke der Erfassung aus den Betrieben zu entfernen sind. Infrage kommen für diese Aktion vor allem die in Mischehe lebenden Juden. Irgendwelche Einsprüche des Betriebsführers sind in entsprechender höflicher Form zurückzuweisen mit dem Bemerken, dass die Maßnahme im Einverständnis mit dem Rüstungskommando und den für den Arbeitseinsatz und für die Produktion verantwortlichen Stellen getroffen [worden] ist.

Die Unterrichtung des Betriebsführers erfolgt durch das zuständige Arbeitsamt. Desgleichen wird von diesem die Frage der Ersatzgestellung von Arbeitskräften geregelt. Die Zusammenfassung der Juden in den Betrieben hat unauffällig, ev[t]l. unter Einschaltung des Abwehrbeauftragten und des Werkschutzes zu erfolgen. Jedoch ist darauf zu achten, dass hierbei Ausschreitungen und Fluchtversuche seitens der Juden vermieden werden. Es dürfen aber auf keinen Fall Übergriffe seitens der Beamten oder der mit der Bewachung beauftragten Männer erfolgen, insbesondere nicht in der Öffentlichkeit oder im Betrieb selbst. Freches Benehmen von Juden, die in noch bestehender Mischehe leben[,] ist dadurch zu ahnden, dass diese in Schutzhaft genommen und Anträge auf Unterbringung in einem Konzentrationslager gestellt werden. Es kann hierbei sehr großzügig verfahren werden, jedoch muss der Eindruck vermieden werden, dass bei dieser Aktion das Mischeheproblem gleichzeitig grundlegend bereinigt werden soll. Soweit keine Gründe vorhanden sind, die eine Inhaftierung des in Mischehe lebenden jüdischen Eheteiles rechtfertigen, sind diese in ihre Wohnung zu entlassen. Sie dürfen auf keinen Fall wieder in diese[m] oder eine[m] anderen Betrieb beschäftigt werden. Über ihre weitere Verwendung ergeht noch Anweisung.

Die in Betrieben beschäftigten Juden, soweit sie in geschlossenen Lagern, wie Neuendorf i. S., Forsteinsatzlagern usw. untergebracht sind, sind bei dieser Aktion nicht zu erfassen. Auch die in verschiedenen Betrieben des Regierungsbezirks Frankfurt/Oder geschlossen eingesetzten polnischen Juden, die jeweils

69 BLHA Potsdam, Pr.Br. Rep. 41 Großräschen, Nr 272, Bl. 84–85: Erlass der Gestapo (B.Nr. II B 4-1958/42) Frankfurt/Oder vom 24. 2. 1943 in Runderlass des Landrats in Calau vom 25. 2. 1943.

in geschlossenen Lagern untergebracht sind, dürfen hierbei nicht erfasst werden. Soweit Juden, die in Mischehe leben, nach ihrer Entfernung aus den Betrieben entlassen werden, dürfen sie nicht wieder in Arbeit vermittelt werden. Die Aktion ist auf Anordnung des Reichssicherheitshauptamtes sch[la]gartig am *27. 2. 1943* bei Beginn der Arbeitszeit durchzuführen. Zweckmässigerweise ist den beauftragten Beamten ein dem Betriebsführer vorzulegendes Schreiben mitzugeben, etwa des Inhalts, dass der beauftragte Beamte berechtigt ist, sämtliche im Betriebe beschäftigten Juden zum Zwecke der Erfassung aus dem Betriebe zu entfernen.

Die Zahl der aus den Betrieben entfernten Juden und die Zahl der festgenommenen Juden, sind unter Angabe der Personalien am 27. 2. 1943, bis 16 Uhr, der Geheimen Staatspolizei Frankfurt/Oder, Telefon 2870/71 fernmündlich zu melden. Die angegebene Frist ist in jedem Falle einzuhalten.

Fehlanzeige ist erforderlich.

Für die festgenommenen Juden, die in Mischehe leben und evtl. in einen Konzentrationslager untergebracht werden sollen, sind verantwortliche Vernehmungen der Genannten umgehend der hiesigen Dienststelle zu übersenden, damit das Weitere von hier veranlasst werden kann.
gez. Wolff[70]«

Die von der Entfernung aller ihrer jüdischen Zwangsarbeiter betroffenen Firmen sollten also durch das zuständige Arbeitsamt informiert werden. Die Aktion war »auf Anordnung des Reichssicherheitshauptamtes schlagartig am 27. 2. 1943 bei Beginn der Arbeitszeit durchzuführen«. Da die vollständige Herauslösung von Juden aus dem Industrieeinsatz erreicht werden sollte, erstreckte sich die Razzia auf das ganze Altreich. Die RSHA-Anweisungen übermittelte die Gestapo Frankfurt/Oder in ihrem Regierungsbezirk den Polizeibehörden, darunter auch den diese Funktion in kleinen Gemeinden ausübenden Landräten, am 24. Februar 1943. Das war also drei Tage vor der geplanten Razzia, sodass genügend Zeit blieb, alle beteiligten Stellen über deren Doppelziel zu unterrichten, soweit sie nicht durch andere Kanäle bereits davon erfahren hatten. In Bielefeld ordnete die Gestapo nach Erhalt der Anweisungen am 25. Februar ein Beschäftigungsverbot für sämtliche jüdisch-deutschen Zwangsarbeiter in mehreren Stadt- und Landkreisen

70 Reinhard Wolff, geb. 26. 7. 1909 in Chemnitz, studierte Jura und Philosophie in München und Hamburg. Seit November 1930 Mitglied der NSDAP und der SS, seit 1934 bei der Gestapo, von 1936 bis 1939 an Gerichten als Referendar und Assessor tätig. Von April 1941 bis März 1943 Leiter der Stapoleitstelle Frankfurt/Oder, danach Leiter Gestapo Weimar, ab März 1944 Referent im Amt VI des RSHA, am 16. Mai 1945 verhaftet; Eidesstattliche Erklärung vom 14. 11. 1945 in Oberursel, Kopie in: Museum Viadrina Frankfurt/Oder. Dem Museum danke ich herzlich für die Überlassung dieses Dokuments.

an.[71] In Dortmund übermittelte die örtliche Gestapo am 26. Februar den Landräten und Oberbürgermeistern ihres Bezirks ebenfalls »ohne Vorgang« die vom Reichssicherheitshauptamt aufgestellten Regeln: »Im Zuge der vorgesehenen Entjudung des Reichsgebietes sind mit Wirkung vom 27. Februar aus dem Regierungsbezirk Arnsberg die im Arbeitseinsatz befindlichen Juden aus dem Arbeitsprozess mit dem Ziele ihrer *teilweisen* Evakuierung nach dem Osten« herauszunehmen.[72]

Damit liegen drei regionale Gestapo-Erlasse vor, die zwar in unterschiedlicher Gestalt, aber im Großen und Ganzen übereinstimmend die RSHA-Anweisungen zur Fabrik-Aktion an die Ortsbehörden vermitteln. Aus diesen Dokumenten geht das Doppelziel der Großrazzia sehr deutlich hervor: die Deportation der »ungeschützten« Juden sowie die Entfernung der noch »geschützten« Juden aus »Mischehen« aus den Unternehmen, und zwar nicht nur in Berlin, sondern im ganzen Reichsgebiet.

Die Durchführung der reichsweiten Großrazzia

Die Reichsarbeitsverwaltung wurde ebenfalls vor der geplanten Großaktion verständigt. Um »die Schlagartigkeit dieser Maßnahme nicht zu gefährden«, informierte der Generalbevollmächtigte für den Arbeitseinsatz, Fritz Sauckel, allerdings nur diejenigen Landesarbeitsämter, »in deren Bezirken in größerer Zahl« noch deutsche Juden zwangsbeschäftigt waren.[73] Das galt vor allem für Berlin mit seinen über zehntausend jüdischen Zwangsarbeitern sowie für München, Dresden, Kassel, Düsseldorf und Duisburg mit je mehreren hundert Zwangsbeschäftigten.[74]

71 Margit Naarmann, Die Paderborner Juden 1802–1945. Emanzipation, Integration und Vernichtung. Ein Beitrag zur Geschichte der Juden in Westfalen im 19. und 20. Jahrhundert, Paderborn 1988, S. 353.

72 (Hervorhebung d. A.) Polizeiarchiv Dortmund, B 1802, Bl. 201–202: Vertraulicher Erlass vom 26. 2. 1943 in Erlass des Landrats von Meschede vom 1. 3. 1943. Für die Überlassung danke ich Alexander Primavesi. Faksimile des Gestapo-Erlasses in: Harmann-Schütz, Irmgard/Blome-Drees, Franz: Die Geschichte der Juden in Sundern. Eine geschuldete Erinnerung an die Familie Klein, Sundern 1988, S. 84–85.

73 Erwähnt in: GBA Sauckel an Landesarbeitsämter am 26. 3. 1943 (Nürnberger Dok. L-156, in Engl.), in: Nazi Conspiracy and Aggression, Office of United States Chief of Counsel for Prosecution of Axus Criminality, Washington 1946, Vol. VII, S. 905. Auszug in Deutsch bei Adler, Der verwaltete Mensch, S. 228.

74 BA Berlin, NS 19, Nr. 1570, unfol.: Korherr-Bericht (Langfassung), Stand 1. 1. 1943, S. 13.

Der für die Rüstung zuständige Minister Albert Speer erklärte später, dass Goebbels ihn telefonisch in der letzten Februarwoche darüber verständigt hätte, dass »keine Juden noch länger in Berlin verbleiben könnten« und Sauckel »soeben die endgültige Zusage gegeben« habe, »für diese jüdischen Arbeitskräfte polnischen Ersatz zu stellen«.[75] Mit dieser Sauckel-Zusage konnte Speer aber nicht den Abzug jüdischer Zwangsarbeiter im Rahmen des Deportationsfinales meinen, denn für sie lagen solche Abmachungen schließlich seit Monaten vor. Es handelte sich dabei vermutlich um die Entlassung mehrerer Tausend in »Mischehe« lebender Juden, welche seit 1940 ebenfalls in der Rüstungsindustrie zwangsbeschäftigt waren, über deren Entlassung man bisher nicht gesprochen hatte.[76] Das Vorgehen, radikal alle Juden nun binnen Tagen – nicht wie bisher im Laufe von Wochen oder Monaten – zu deportieren sowie die kurzfristige Entscheidung, auch die »geschützte« Gruppe der »Mischehen« aus den Betrieben zu entfernen, könnte die oft zitierte »Überraschung« mancher Instanzen und Firmen über den »schlagartigen«, in Wirklichkeit ja lange zuvor avisierten Zwangsarbeiterabzug erklären.[77]

Im Osten Deutschlands übermittelte der Landrat in Calau am 25. Februar 1943 den Erlass der Gestapo Frankfurt/Oder vom Vortag den Amtsvorstehern der Gemeinden in seinem Landkreis, die als Ortspolizeibehörden fungierten.[78] Im Westen Deutschlands erhielt z. B. der Amtsbürgermeister in Meschede die entsprechende Verfügung der Gestapo Dortmund vom 26. Februar noch am selben Tag.[79] Nicht nur Groß- und Kleinstädte waren betroffen, sondern auch die vielen Zwangsarbeiterlager, die für Männer oder Frauen seit 1939 und vor allem für jüdische Familien seit Sommer 1941 überall im Land eingerichtet worden waren.[80] In Höringhausen informierte man die jüdischen Insassen

75 Speer, Albert: Der Sklavenstaat. Meine Auseinandersetzungen mit der SS, Stuttgart 1981, S. 351.

76 Zum Zwangseinsatz dieser Gruppe vgl. Gruner, Geschlossener Arbeitseinsatz, S. 163.

77 Vgl. z. B. die für Berlin zuständige Rüstungsinspektion; BA-MA Freiburg i. Br., RW 20-3, Nr. 3, Bl. 23: Kriegstagebuch Rüstungsinspektion III am 27. 2. 1943; Abdruck bei Kwiet, Pogrom, S. 592.

78 BLHA Potsdam, Pr.Br. Rep. 41 Großräschen, Nr 272, Bl. 84–85: Erlass der Gestapo Frankfurt/Oder vom 24. 2. 1943 in Runderlass des Landrats in Calau vom 25. 2. 1943.

79 Tröster, Helga: Geschichte und Schicksal der Juden in Schmallenberg, in: Schmallenberger Heimatblätter, 55. Ausgabe, Jge. 1983–1985, S. 51–102, hier 94 b.

80 Ausführlich zu den verschiedenen Zwangsarbeitslagern vgl. Gruner, Geschlossener Arbeitseinsatz, Kap. 5.

des dortigen Arbeitslagers noch am 26. Februar 1943, dass sie sich am nächsten Tag – zur Überprüfung ihrer Arbeitspapiere – in Dortmund zu melden hatten. In der Stadt angekommen, wurden sie von der Gestapo inhaftiert und in einem Gasthaus im Ortsteil Brakel untergebracht. Hier wurden am 27. und 28. Februar alle nach den RSHA-Richtlinien nicht bzw. nicht mehr »geschützten« Männer und Frauen aus Dortmund und Umgebung konzentriert.[81] Im Arbeitslager für Juden in Paderborn, das 1939 per Vertrag mit der Stadtverwaltung eingerichtet worden war, erfuhr der jüdische Lagerleiter durch die Gestapo gleichfalls am Abend des 26. Februar 1943 vom Ende der Zwangsbeschäftigung. Alle Lagerinsassen erhielten Ausgehverbot, das Lager wurde abgesperrt.[82] Die Staatspolizeileitstelle Münster informierte am 27. Februar die Gestapo in Paderborn, dass alle Lagerinsassen in Bielefeld für die Deportation abzuliefern seien.[83] 99 jüdische Zwangsarbeiter aus Paderborn wurden daher am Morgen des 1. März geschlossen nach Bielefeld gebracht.[84] Im Westen Deutschlands wurden also offenbar im Zuge der Großrazzia alle Arbeitslager für Juden aufgelöst.

Unklar bleibt deswegen bisher, ob die im Erlass der Gestapo Frankfurt/Oder enthaltene Anweisung des RSHA, Männer und Frauen in Zwangsarbeitslagern von der Deportation zunächst auszunehmen, nur für bestimmte Regionen galt oder gar lediglich für Brandenburg. Dort hatte es geheißen: »Die in Betrieben beschäftigten Juden, soweit sie in geschlossenen Lagern, wie Neuendorf i. S., Forsteinsatzlagern usw. untergebracht sind, sind bei dieser Aktion nicht zu erfassen.«[85] Ein vergleichbarer Passus fehlt in den überlieferten Gestapo-Erlassen in Westdeutschland, und die dortige Praxis der Lagerauflösung spricht eigentlich dagegen. Doch obwohl in Brandenburg jüdische Arbeitslager ausdrücklich von der Großrazzia ausgenommen wurden, handhabte die

81 Hans Frankenthal, Verweigerte Rückkehr. Erfahrungen nach dem Judenmord. Unter Mitarbeit von Andreas Plake u. a., 2. Aufl. Frankfurt am Main 1999, S. 43–46. Der im Arbeits- und Wohnlager für Juden in Neheim-Hüsten wohnende Hugo Klein hatte ebenfalls eine Vorladung zur »Überprüfung seiner Arbeitspapiere« erhalten. Ihn wies die Gestapo in ein Sammellager ein, als er sich am 27. Februar bei der Behörde in Dortmund einfand; Harmann-Schütz/Blome-Drees, S. 85.

82 Naarmann, Die Paderborner Juden, S. 353.

83 Faksimile des Fernschreibens (dort fälschlich als an Stapoleitstelle Bielefeld); ebenda, S. 352.

84 Naarmann, Die Paderborner Juden, S. 353.

85 BLHA Potsdam, Pr.Br. Rep. 41 Großräschen, Nr 272, Bl. 84–85: Erlass der Gestapo Frankfurt/Oder vom 24. 2. 1943 in Runderlass des Landrats in Calau vom 25. 2. 1943.

Gestapo es zumindest uneinheitlich. Während den meisten Lagerinsassen in Brandenburg, darunter denen der Arbeitslager Hangelsberg, Hasenfelde, Kaisermühl, Kersdorf, Neuendorf, Radinkendorf, Schönfelde, Teuplitz, Boosen und Behlenfelde, noch eine Galgenfrist von gut einem Monat blieb, wurden die Lager Gut Winkel und Skaby im Zuge der Aktion am 27. Februar geräumt und geschlossen, ebenso das schlesische Lager Groß-Breesen.[86] In Schlesien wurden die Arbeitslager Grüssau und Riebnig, in denen seit Sommer 1941 jüdische Familien ghettoisiert worden waren, ebenfalls jetzt aufgelöst.[87]

Seit November 1942 lebten die meisten Dresdner Juden im Zwangsarbeitslager Hellersberg auf dem Gelände der Zeiss-Ikon AG, das man jetzt auch absperrte und zum Sammellager für sächsische und thüringische Orte umfunktionierte.[88] Die so genannte Fabrik-Aktion erfasste außer denen in Arbeitslagern auch die noch in den Städten lebenden jüdischen Deutschen. In Braunschweig erhielten sie am 27. Februar 1943 ihre Deportationsaufforderung für den 1. März.[89] In Essen wurden an diesem Tag über 50 Personen verhaftet, die dann nach Düsseldorf in den zum Sammellager deklarierten städtischen Schlachthof gebracht wurden.[90] Die zu Deportierenden wurden landesweit für den Abtransport zumeist in größeren Städten konzentriert. Nach Dresden brachte man z. B. die letzten jüdischen Einwohner von Halle/Saale, Leipzig, Plauen, Chemnitz und Erfurt.[91]

War in den bisher angesprochenen Fällen die Vorbereitung der Deportationen oft noch nach altem Muster gelaufen, also die Betroffenen über den bevorstehenden Abtransport benachrichtigt worden, so unterschied sich das Vorgehen in den Städten, in denen noch eine größere

86 Gruner, Geschlossener Arbeitseinsatz, S. 267–269.

87 Gruner, Geschlossener Arbeitseinsatz, S. 268–269.

88 Markus Gryglewski, Zur Geschichte der nationalsozialistischen Judenverfolgung in Dresden 1933–1945, in: Norbert Haase/Stefi Jersch-Wenzel/Hermann Simon (Hrsg.), Fotografien und Dokumente zur nationalsozialistischen Judenverfolgung in Dresden 1933–1945, Leipzig 1998, S. 87–150, hier S. 138–140 und 178. Vgl. Victor Klemperer, Ich will Zeugnis ablegen bis zum letzten. Tagebücher Bd. 2: 1942–1945, hrsg. v. Walter Nowojski, 2. Aufl., Berlin 1995, S. 334–340.

89 Vgl. Telegramm Rosa Seckel vom 27. 2. 1943 zit. bei Kwiet, Pogrom, S. 657.

90 Ca. 40–50 Personen nach Vernehmung Bruno Waag vom 14. 5. 1965; AS LG Berlin, 3 P Ks 1/71 gegen Otto Bovensiepen, Bd. XVI, Bl. 127–128. 58 Personen nach Vermerk Landeskriminalamt vom 21. 4. 1965 im Verfahren gegen Angehörige der Gestapo Düsseldorf wegen Deportationen bei Berschel, Holger: Bürokratie und Terror. Das Judenreferat der Gestapo Düsseldorf 1935–1945, Essen 2001, S. 363, Anm. 665.

91 Gryglewski, Judenverfolgung in Dresden, S. 138–140; Klemperer, Tagebücher, Bd. 2, S. 338.

Anzahl von Juden lebte, hiervon erheblich. In Breslau verhafteten Gestapo und Schutzpolizei Hunderte Menschen am Morgen des 27. Februar, viele von ihnen noch in ihren Wohnungen. Die Festgenommenen wurden in drei Sammellager transportiert.[92] Die Breslauerin Karla Wolf erinnerte sich an diesen Tag: »27. Februar 1943. Ich weiß gar nicht mehr, wie es begann. Aber plötzlich wußten es alle – das ist der Tag der vollkommenen Liquidierung der jüdischen Gemeinde. Das ist der letzte Abschnitt. [. . .] Die Tore der Synagoge waren offen und schnell füllte[n] sich der Hof und [die] Synagoge mit Hunderten von blassen Menschen, gelber Judenstern auf der linken Brustseite und ihr armseliges Gepäck hinter sich her schleppend. [. . .] Am nächsten Tag kamen die Lastautos. Stundenlang wurden die Menschen mit ihrem armseligen Rucksack oder Koffer verladen.«[93]

Der »Tag des Infernos« – Die »Großaktion Juden« in Berlin

Während die Abschlussaktion in den meisten Orten im Reich nur ein bis zwei Tage dauerte, benötigte die Gestapo in der Reichshauptstadt eine ganze Woche, denn hier lebten noch über zehntausend Zwangsarbeiter und ihre Angehörigen, die alle deportiert werden sollten. Die hiesige Staatspolizeileitstelle organisierte die Razzia.[94] Am Freitag, den 26. Februar 1943 befahl man der Reichsvereinigungs-Bezirksstelle Berlin (der ehemaligen Berliner Jüdischen Gemeinde), fünf bis sechs Gruppen mit Personal für Büroarbeiten sowie zur Krankenversorgung am nächsten Tag bereitzuhalten. Insgeheim ließ die Jüdische Gemeinde

92 Anhand von Dokumenten und Augenzeugenberichten: Jonca, Karol: Die Deportation und Vernichtung der schlesischen Juden, in: Die Normalität des Verbrechens. Bilanz und Pespektiven der Forschung zu nationalsozialistischen Gewaltverbrechen. Festschrift für Wolfgang Scheffler zum 65. Geburtstag. Hrsg. v. Helge Grabitz u. a., Berlin 1994, S. 150–169, hier S. 156–161.

93 Karla Wolf, Ich blieb zurück. Die Überlebensgeschichte der Tochter einer christlichen Mutter und eines jüdischen Vaters im Nazideutschland und ihr Neuanfang in Israel, Heppenheim 1990, S. 30.

94 Erwähnung eines Funkspruchs der Staatspolizeileitstelle in mehreren Polizei-Tagebüchern; LAB, B Rep. 020, Acc. 1124, Nr. 6941, unfol; ebenda, Acc. 5179, Nr. 8496, Bl. 241; vgl. ebenda, Acc. 1093, Nr. 6937, Bl. 81–82. Vgl. auch die Unterschrift »Geheime Staatspolizei, Staatspolizeileitstelle Berlin« auf dem Entlassungsschein von Else Kahan aus dem Lager Clou vom 28. 2. 1943; Faksimile, in: Elkin, Rivka: Das jüdische Krankenhaus in Berlin zwischen 1938 und 1945, Berlin 1993, S. 50.

daraufhin auch Verpflegung für den nächsten Tag vorbereiten.[95] Die Firmen, die noch jüdische Zwangsarbeiter beschäftigten, wurden ebenfalls informiert. Bei der Berliner Firma Zeiss-Ikon mobilisierte man den Werkschutz am Vorabend der Großrazzia.[96] Die Aktion war für einen Sonnabend angesetzt worden, was für die betroffenen Firmen nur den Ausfall eines halben Arbeitstages bedeutete, außerdem in der Stadt weniger Aufsehen erregte.

Am frühen Morgen des 27. Februar 1943, dem Tag der Großrazzia, bestellte die Berliner Gestapo Moritz Henschel, damals Vorsitzender der Reichsvereinigung und der Jüdischen Gemeinde, zu sich. Die Gestapo hielt ihn von zwei Uhr morgens bis um sechs oder halb sieben Uhr fest. »Das waren die Mittel, um die Nervenkraft lahmzulegen«, schrieb Henschel kurz nach dem Krieg. Dann befahl die Gestapo Henschel, um sieben Uhr die Gemeindeangestellten antreten zu lassen.[97] Gegen acht Uhr gab die Staatspolizeileitstelle Berlin schließlich per Funkspruch »Nr. 5620« den Revieren der Berliner Schutzpolizei Anweisungen für eine »Großaktion Juden«. Ihnen wurde befohlen, auf der Straße angetroffene bzw. auf den Revieren auftauchende Juden festzunehmen und nach Bezirken aufgeteilt in bestimmte, mit Nummern gekennzeichnete Sammellager einzuliefern.[98] Gleichzeitig erfuhr die Berliner Schutzpolizei hierbei vermutlich schon, dass ein Lager in der Rosenstraße für »arisch Versippte« vorgesehen war.[99] Zwischen neun und zehn Uhr alarmierte die Jüdische Gemeinde schließlich das Personal im Jüdischen Krankenhaus, dass »der gesamte jüdische Arbeitsein-

95 Henschel, Arbeit, S. 45–46. Siehe auch: Bericht anonym (Lausanne Ende 1943), in: Schoenberner/Schoenberner, Zeugen sagen aus, S. 326. Vgl. Bericht Frau Kahan bei Hartung von Doetinchem, Zerstörte Fortschritte, S. 189. Über die Deportationen seit 1941 und die erzwungene Mitwirkung der Gemeinde an der Vorbereitung vgl. Gruner, Reichshauptstadt, S. 247–252; sowie Meyer, Gratwanderung, S. 291–337.

96 Vernehmung von Gerda Kühnel am 30. 9. 1966; AS LG Berlin, Js 9/65 Bovensiepen-Verfahren, ZH 75 (Gerda Kühnel), Bl. 5–6.

97 YV Jerusalem, 01/Nr. 51, unfol.: Moritz Henschel, »Die letzten Jahre der Jüdischen Gemeinde Berlin« (Vortrag Tel Aviv 13. 9. 1946), S. 4.

98 Der Funkspruch lag mir nicht vor, ist aber in mehreren Polizei-Tagebüchern angeführt. Mehrfach hieß es »laut Fs. Stl. Nr. 5620 v. 27. 2. 1943. 08,16 Uhr«; LAB, B Rep. 020, Acc. 1124, Nr. 6941, unfol.: 173. Revier Schöneberg, Einträge Nr. 158–160 vom 27. 2. 1943; ebenda, Acc. 5179, Nr. 8496, Bl. 241: 205. Revier Tempelhof, Einträge Nr. 53 ff. vom 27. und 28. 2. 1943; vgl. ebenda, Acc. 1093, Nr. 6937, Bl. 81–82: 129. Revier Charlottenburg, Einträge Nr. 89–90 »Betr. Großaktion Juden« vom 27. 2. und 1. 3. 1943.

99 Bericht Charlotte Israel über die Auskunft des Reviers Grolmannstraße am 27. 2., das sie direkt in die Rosenstraße verwies; Grunewald-Rampe, S. 147. Vgl. Bericht Gad Beck bei Schröder, Gegnerinnen, S. 147.

satz an den Arbeitsplätzen verhaftet worden sei, daß die Menschen auf SS- Autos in vier neue Sammellager gebracht worden seien (Konzerthaus Clou, 2 Kasernen und Rosenstr. 2), und daß sofort die Sanitätsmannschaften, verstärkt durch möglichst viele Schwestern sich dorthin zu begeben hätten«.[100]

Aufgrund der großen Zahl abzutransportierender Juden führte die Gestapo in der Reichshauptstadt die Razzia mit Hilfe der Waffen-SS durch.[101] Die Gestapo war für die Auswahl der Abzuholenden in den Firmen und Betrieben verantwortlich, die SS für das Absichern der Verhaftungen und des Transports. Der Einsatz der mit Stahlhelmen und Gewehren bewaffneten SS hinterließ einen tiefen Eindruck bei den Opfern und Zeugen dieser Tage. Manche nahmen deshalb an, die SS-Leibstandarte »Adolf Hitler« habe die Razzia initiiert und durchgeführt. Martha Mosse sagte später vor Gericht aus: »Auch die Fabrikaktion, die von der Leibstandarte durchgeführt worden ist, ist ohne Beteiligung der Berliner Gestapo erfolgt. Die Gestapo war vielmehr nur eingeschaltet, als es um die Unterbringung der Betroffenen und die Zusammenführung ihrer Familien ging.«[102]

Die Großrazzia wurde jedoch von der Berliner Gestapo seit dem Arbeitsbeginn am frühen Morgen in wahrscheinlich weit mehr als einhundert Berliner Firmen durchgeführt. Mit Hilfe der SS riegelten die Gestapobeamten überfallartig das jeweilige Werksgelände ab und nahmen alle jüdischen Zwangsarbeiter noch an den Arbeitsplätzen fest. Die jüdischen Zwangsarbeiterinnen und Zwangsarbeiter wurden in ihren Werks-Abteilungen festgehalten bzw. auf den Firmenhöfen versammelt und dann registriert. In der Firma Hellmut Korth[103] mussten sich die 25 jüdischen Zwangsarbeiter auf dem Hof aufstellen. Curt Radlauer schilderte später, was passierte: »Dann kam ein Zivilist, vermutlich ein Gestapoangehöriger, auf uns zu und stellte anhand einer Liste unsere Namen fest. Einer fehlte; ihm gelang es, an der Außenfassade hinunter-

100 Henschel, Arbeit, S. 46.

101 In den Erinnerungen wird immer wieder die Leibstandarte SS »Adolf Hitler« genannt, die zu dieser Zeit aber in der Sowjetunion eingesetzt war. Möglicherweise handelte es sich deshalb um Teil- oder Ersatzeinheiten. Für den Hinweis danke ich Dieter Pohl, München.

102 Vernehmung vom 11. 7. 1967, S. 7; AS LG Berlin, 3 P Ks 1/71 gegen Otto Bovensiepen, Bd. XXXI, Bl. 94; vgl. LBI/A New York, Memoir Coll.: »Bericht 23./24. 7. 1958« von Martha Mosse, S. 13.

103 Fa. Hellmut Korth Berlin, Fabrik für Feinmechanik und Optik-Mikroskopebau, Kesselstraße 9.

zuklettern und zu entkommen. [Cir]ca sechs SS-Leute wurden sofort abgesandt, um ihn zu suchen, jedoch fanden sie ihn nicht.«[104] Zwar wurde nach seiner Aussage in diesem Betrieb niemand geschlagen, doch der psychische Druck, die Angst vor der Deportation, die Sorge um die Angehörigen reichten aus, um einen Mann umzubringen. Noch während der Razzia starb einer der jüdischen Zwangsarbeiter der Firma Korth, Manfred Keins, infolge eines Herzinfarktes, wie aus einem Polizeitagebuch hervorgeht.[105]

Siegfried Cohn beschrieb die Situation in der Fabrik Osram am Morgen des 27. Februar: »Ein klarer, milder Wintertag. [...] Die Arbeitszeit beginnt um 7.00 Uhr. [...] Plötzlich kommt ein arischer Arbeiter zu mir und flüstert mir zu: ›Du, Ihr werdet jetzt alle abgeholt, die Gestapo ist im Hause!‹ [...] Als ich nach oben komme, bemerke ich ein unruhiges Hin- und Herlaufen und als ich einen Arbeitskollegen, einen früheren Amtsgerichtsrat, frage, was los ist, sagt er mir, dass alle Juden ihre persönlichen Sachen nehmen sollen und sich unten im Parterre im Casino zu versammeln haben. Ich nehme meine Mappe, in der ich mein Frühstück habe, meine Joppe und Mütze und begebe mich in den vorbezeichneten Raum. Dort sitzen an einem Tisch mehrere Herren (Gestapo-Beamte) und eine Anzahl SS-Leute läuft hin und her. Nachdem alle jüdischen Zwangsarbeiter, Frauen und Männer, in diesem Raum versammelt sind, die Zahl beträgt wenn ich mich recht erinnere ungefähr 150 bis 200 Personen, wird jeder einzelne aufgerufen und von der Gestapo leibesvisitiert. Bei dieser Gelegenheit nimmt man mir ein Taschenmesser ab und bringt uns zu zwei großen, auf dem Hof befindlichen Lastkraftwagen, und dann fahren die vollbesetzten Wagen, in denen man so dicht gedrängt stehen muß, daß eine Bewegung unmöglich ist, nach einer Kaserne in Moabit.«[106]

Während bei Osram den Opfern noch Zeit blieb, die eigenen Habseligkeiten und den Mantel mitzunehmen, transportierte man aus anderen Betrieben die Festgenommenen ungeachtet der Februarkälte oft nur mit ihren dünnen Arbeitskitteln bekleidet auf Lastwagen ab. In einem Bericht von Anfang März 1943 an den katholischen Erzbischof

104 AS LG Berlin, Js 9/65, ZH 110, Bl. 11: Vernehmung Curt Radlauer vom 10. 11. 1966.

105 LAB, B Rep. 020, Acc. 5179, Nr. 8496, Bl. 240–41: Tagebuch 205. Revier Tempelhof, Eintrag Nr. 52 vom 27. 2. 1943.

106 Bericht Siegfried Cohn zit. bei Kwiet, Pogrom, S. 593.

von Breslau, Adolf Kardinal Bertram[107], hieß es über die Berliner Razzia: »Die Menschen wurden zu Hunderten und Tausenden aus den Betrieben geholt, wo sie arbeiteten, nur ein kleiner Teil wurde aus den Wohnungen abgeholt. Bewaffnete SS-Männer holten die Arbeitenden aus den Werken. Sie wurden auf Lastautos geladen und in große Säle (Ballsäle) und Kasernen gebracht, ohne daß sie selbst oder die jüdischen Helfer die erforderliche Kleidung aus den Wohnungen hätten holen dürfen. [...] Gerade dieser Umstand, daß in keiner Weise für die Zukunft der Tausende gesorgt werden darf, macht die Sorge, daß sie keine Zukunft haben sollen, zur Gewißheit.«[108] Entgegen den expliziten Vorschriften des RSHA gegen Gewaltanwendung bei der Aktion herrschte an einigen Plätzen große Brutalität. Manche SS-Männer prügelten schon bei der Abholung in den Firmen, andere bei der Einlieferung in die Sammelstätten.[109]

Die Brutalität, mit der die Razzia von Gestapo und SS durchgeführt wurde, hinterließ tiefe Spuren bei den Überlebenden. Der ostdeutsche Landesrabbiner Riesenburger behauptete noch 15 Jahre nach Kriegsende: »Der berüchtigte Brunner aus Wien ließ die groß angelegte und schlagartig erfolgte sogenannte Fabrik-Aktion starten.«[110] Den österreichischen SS-Obersturmführer Alois Brunner hatte man, nachdem er in Wien die Deportationen durchgeführt hatte, im Spätherbst 1942 nach Berlin beordert, um hier für mehrere Monate die Massentransporte voranzutreiben. Brunner galt vielen Zeitgenossen als Personifizierung der Brutalität. Er hatte im November 1942 in Berlin die straßenweise Deportation der Juden eingeführt und hierfür das jüdische Altersheim in der Großen Hamburger Straße zu einem Gefangenenlager ausgebaut.[111] Zum Zeitpunkt der Februarrazzia war Brunner allerdings längst aus Berlin abgereist. Sein Name galt aber als Programm,

107 Zu Bertrams Person vgl. Hürten, Heinz: Deutsche Katholiken 1918–1945, Paderborn 1992; eher apologetisch: Stasiewski, Bernhard: Adolf Kardinal Bertram. Sein Leben und Wirken auf dem Hintergrund der Geschichte seiner Zeit, Teil 1: Beiträge, Köln u.a. 1992; ders., Adolf Kardinal Bertram. Sein Leben und Wirken auf dem Hintergrund der Geschichte seiner Zeit, Teil 2: Schrifttum, Köln u.a. 1994.

108 Abdruck, in: Akten deutscher Bischöfe über die Lage der Kirche 1933–1945. Bd.VI: 1943–1945, bearb. von Ludwig Volk, Mainz 1985, Dok. 817, S. 19–21. Für den Hinweis auf dieses Dokument danke ich Rainer Decker.

109 Bericht Erika Lewin bei Schröder, Gegnerinnen, S. 115. Vgl. außerdem LBI/A New York, Memoir Coll.: »Bericht 23./24.7.1958« von Martha Mosse, S. 13.

110 Riesenburger, Das Licht verlöschte nicht, S. 18.

111 Gruner, Reichshauptstadt, S. 251; Stoltzfus, Aufstand, S. 251–253.

sodass eine Reihe von Überlebenden die Fabrik-Aktion vom Februar 1943 unauflöslich mit Brunner verbindet. Er soll im Sammellager die Menschen sortiert[112], ja sogar persönlich im Hof der Rosenstraße in Reitstiefeln und mit Peitsche einen Appell abgehalten haben.[113] Offenbar verwechselten ihn die Insassen mit dem österreichischen SS-Mann Krell, der im Gebäude der Rosenstraße Dienst tat.

Die Aktion beschränkte sich aber auch in Berlin nicht nur auf die Massenfestnahmen in den Betrieben. Zwangsarbeiter aller Firmen, die am Freitagabend ihre Schicht gehabt hatten und deshalb nicht in den Werken waren, außerdem die Angehörigen der Zwangsarbeiter, wurden an diesem Tag und in den Folgetagen in ihren Wohnungen festgenommen.[114] Im einzigen Zwangsarbeitslager für Juden innerhalb Berlins, welches der Siemens AG gehörte, die dort weit über einhundert hessische Frauen untergebracht hatte, erschienen ebenfalls an diesem Tag die Häscher. Gestapo und SS holten diejenigen jungen Frauen, die zur Zeit der Firmenrazzia nicht auf Siemensgelände weilten, direkt aus dem Lager ab.[115] Menschen, die einen »Judenstern« trugen, wurden außerdem nach den Anweisungen der Sicherheitspolizei durch Schutzpolizisten in vielen Fällen auf den Straßen angehalten und dann von diesen in den Sammellagern abgeliefert. Im Tagebuch des 173. Polizeireviers in Berlin-Schöneberg vermerkte ein Polizist, dass am Tag der Fabrik-Aktion um 9.45 Uhr zwei Jüdinnen und ein Jude in der Grunewaldstraße sowie um 14.40 Uhr eine Jüdin auf dem Bayerischen Platz festgenommen und jeweils dem Revier zugeführt wurden. Alle Verhafteten lieferte später ein Schutzpolizist in das Sammellager »Konzerthaus Clou« ein.[116] Ein Polizist im Revier 205 in Berlin-Tempelhof notierte, man habe gemäß

112 Bericht Miriam Rosenberg bei Schröder, Gegnerinnen, S. 171–172.

113 Bericht Lilo Merten über Erzählung ihres Vaters bei Schröder, Gegnerinnen, S. 260. Andere Überlebende verbinden mit Brunner die Deportationsaktion gegen Gemeindeangestellte vom Oktober 1942. Zu Letzterem vgl. nach Erinnerungsberichten die Darstellung (fälschlich für November 1942) bei Stoltzfus, Aufstand, S. 254–255.

114 Henschel, Arbeit, S. 45–46; Bericht anonym (Lausanne Ende 1943), in: Schoenberner/Schoenberner, Zeugen, S. 326–327.

115 Zahn, Christine: Jüdische Zwangsarbeiterinnen im »Siemenslager«. Kommandantenstr. 58/59, in: Juden in Kreuzberg. Fundstücke, Fragmente, Erinnerungen; hrsg. von der Geschichtswerkstatt, Berlin 1991, S. 167–170, hier 168–169. Zum Lager vgl. auch Gruner, Geschlossener Arbeitseinsatz, S. 226–227.

116 LAB, B Rep. 020, Acc. 1124, Nr. 6941, unfol.: Tagebuch 173. Polizeirevier Schöneberg, Einträge Nr. 158 und 160 vom 27. 2. 1943. Faksimile des Eintrages 158, in: Jüdische Geschichte in Berlin. Bilder und Dokumente. Hrsg. v. Reinhard Rürup, Berlin 1995, S. 323. Vgl. auch Bericht Henschel, Arbeit, S. 47.

des Funkspruchs der Staatspolizeileitstelle Berlin um 15.50 Uhr die Jüdin Franziska Bock, beschäftigt als Zwangsarbeiterin in der Werkküche der Deutschen Lufthansa, auf der Kreuzung Berliner Str./Immelmann Str. angehalten und »der Sammelstelle im Clou zugeführt«.[117] Manche jüdischen Deutschen traf ihr Schicksal auch auf Polizeirevieren. Sie wurden verhaftet bei zufällig oder bewusst auf diesen Tag anberaumten Vorladungen bzw. wenn sie infolge der Razzia auf der Suche nach Angehörigen in den Dienststellen auftauchten. Auf dem 205. Revier in Tempelhof erschien am 28. Februar 1943 gegen 17.00 Uhr Lydia Wolfram mit ihrem zwanzigjährigen Sohn Gerd Wolfram, um nach ihrem Ehemann zu forschen, der seit dem Vortag nicht von seiner Arbeit zurückgekehrt war. Beide wurden sofort festgenommen und in ein Sammellager gebracht.[118] Auch die »Sonderdienststelle« des Arbeitsamtes, die die Zwangsarbeit der jüdischen Berliner organisierte, wurde eingespannt.[119] Gad Beck, der beim Kartoffelverladen am Stettiner Bahnhof eingesetzt war, hatte man am 26. Februar zum nächsten Tag auf das Arbeitsamt bestellt, ebenso seinen Vater. Als beide dort ankamen, wartete schon ein Lastwagen.[120] Auch auf den Kartenstellen, die die Lebensmittelkarten verteilten, gab es offenbar Festnahmen.[121]

Um Tausende Festgenommene unterzubringen, hatte die Gestapo fünf große Sammelstätten eingerichtet.[122] Gesichert scheint, dass erstmals eine Fahrzeughalle der Hermann-Göring-Kaserne (Reinickendorf)[123], die Pferdeställe der Kaserne Rathenower-Straße (Moabit), das Verwaltungsgebäude der Jüdischen Gemeinde in der Rosenstraße

117 LAB, B Rep.020, Acc 5179, Nr. 8496, Bl. 241: Eintrag Nr. 53.

118 LAB, B Rep.020, Acc 5179, Nr. 8496, Bl. 241–242: Eintrag vom 28.2. 1943; vgl. ebenda, Acc. 1124, Nr. 6941, unfol.: Tagebuch 173. Revier Schöneberg, Eintrag Nr. 159 vom 27.2. 1943; sowie Bericht Charlotte Israel in: Grunewald-Rampe, S. 147 und Stoltzfus, Aufstand, S. 287.

119 In Berlin hatte Ende 1938 der Leiter der Arbeitsverwaltung eine »Zentrale Dienststelle für Juden« errichtet; Christine Roik-Bogner, »Gesondert von den übrigen Dienststellen ... « – Arbeitsamt Berlin, Zentralstelle für Juden, Fontanepromenade 15, in: Juden in Kreuzberg. Fundstücke, Fragmente, Erinnerungen, Berlin 1991, S. 252–266.

120 Bericht Gad Beck, in: Kroh, Ferdinand: David kämpft. Vom jüdischen Widerstand gegen Hitler, Reinbek bei Hamburg 1988, S. 148. Vgl. Und Gad ging zu David. Die Erinnerungen des Gad Beck 1923 bis 1945, hrsg. von Frank Heibert, Berlin 1995, S. 96–97. Vgl. zusätzliche Angaben bei Stoltzfus, Aufstand, S. 289.

121 Interview ..mit ..Herrn .. K. .. auf...http://www.rosenstrasse-protest.de/interviews/interview.b.b.html.

122 Henschel, Arbeit, S. 47.

123 Vgl. Messerschmidt, Hans-Peter: Wie ein Optimist das sogenannte Tausendjährige Reich überlebte, Typoskript, Berlin 1993, S. 51.

(Mitte) sowie der Saal des Vergnügungslokales »Clou« in der Mauerstraße (Mitte) als Konzentrationsplätze benutzt wurden, außerdem die Synagoge in der Levetzowstraße (Moabit), die schon zuvor als Sammellager gedient hatte.[124] In die Synagoge, die offiziell als Lager II der Großaktion galt, brachte man die Festgenommenen u.a. aus Charlottenburg[125], in das Clou, dem Lager IV, u.a. die Juden aus Tempelhof und Schöneberg.[126] Hinzu kamen die kleineren Lager Gerlachstraße, wo die für Theresienstadt Bestimmten konzentriert wurden, und das ehemalige jüdischen Altersheim Große Hamburger Straße (beide in Berlin-Mitte).[127]

Es herrschte ein »unvorstellbares Chaos«, so Hildegard Henschel drei Jahre nach den Ereignissen. Für die Jüdische Gemeinde war es unmöglich festzustellen, wo wer war, »es gab noch keine Listen von den in die Lager Verbrachten, in den Fabriken waren die Telefone durch SA besetzt, also bekam man keinerlei Auskünfte«. Henschel berichtete weiter: »Dazu kam die Sorge der Lagerinsassen um ihre Angehörigen. Soweit diese auch im Arbeitseinsatz waren, konnten sie in einem anderen Lager sein. Die jüdischen Lagerleiter taten, was sie konnten, um die zusammengehörigen Menschen ausfindig zu machen, in vielen Fällen ist es aber nicht gelungen. Eine furchtbare Sorge waren die in den Wohnungen befindlichen Kinder, die zum Teil eingeschlossen waren. Da es Sonnabend war, hatten die im Arbeitseinsatz tätigen Eltern, die am Sonnabend um 2 Uhr frei waren, die Kinder nicht in den Hort oder in den Kindergarten geschickt, sondern sie in der Wohnung auf sie warten lassen, manche waren auch bei Nachbarn, wo vielleicht eine noch nicht evakuierte alte Großmutter sich ihrer annahm, untergebracht.«[128] Angestellte der Fürsorgeabteilung der Jüdischen Gemeinde und Kranken-

124 Die bisher angegebene Zahl der Sammellager schwankt: 5 sind es bei Martha Mosse; LBI/A New York, Memoir Coll.: »Bericht 23./24.7. 1958«, S.13 und bei Moritz Henschel; YV Jerusalem, 01/Nr.51, unfol.: »Die letzten Jahre der Jüdischen Gemeinde Berlin« (Vortrag Tel Aviv 13.9. 1946), S.4; sowie bei Kempner, Ermordung, S.202; Jochheim, Frauenprotest 1993, S.116. 7 Lager sind es nach Kahan bei Hartung von Doetinchem, Zerstörte Fortschritte, S.190. 8 Lager bei Schoenberner/Schoenberner, Zeugen, S.326–327.

125 LAB, B Rep.020, Acc. 1093, Nr. 6937, Bl.81–84: 129. Revier Charlottenburg, Einträge 89–90, 94 vom 27. 2.–5. 3. 1943.

126 Ebenda, Acc. 1124, Nr. 6941, unfol.: 173. Revier Schöneberg, Einträge Nr.158–160 vom 27.2. 1943; ebenda, Acc. 5179, Nr. 8496, Bl.241: Tagebuch 205. Revier Tempelhof, Eintrag Nr.53 vom 27.2. 1943.

127 Bericht Henschel, Arbeit, S.47–49. Zit. bei Ball-Kaduri, Berlin wird judenfrei, S.209–211.

128 Henschel, Arbeit, S.47. Zit. bei Ball-Kaduri, Berlin wird judenfrei, S.210.

schwestern aus dem Jüdischen Krankenhaus fuhren in der Nacht vom Sonnabend zum Sonntag kreuz und quer durch ganz Berlin, um die Kinder aus den angegebenen Wohnungen zu holen und in den jeweiligen Sammelstätten bei ihren Eltern abzugeben, denn deren Sorgen wegen der bevorstehenden Deportation wurden immer quälender.[129]

Da die Gestapo die Hilfsdienste der jüdischen Einrichtungen während der Großrazzia benötigte, hatte sie an deren Mitarbeiter »gelbe Scheine« ausgegeben. Angestellte der Jüdischen Gemeinde und der Reichsvereinigung sowie ihre Angehörigen galten damit zunächst wieder als vor dem Abtransport geschützt und wurden – wenn durch Zufall verhaftet – rasch entlassen.[130] So war Nanny Behrendt bei der Fabrik-Razzia festgenommen und in die Synagoge Levetzowstraße eingeliefert worden. Die Gestapo ließ sie nach einer Nacht frei, weil ihr Mann Ernst Behrendt bei der Reichsvereinigung angestellt war. Behrendt selbst wurde erst am nächsten Tag bei einer Straßenrazzia inhaftiert. Auch er wurde nach einer Nacht im Lager Levetzowstraße freigelassen.[131]

Die Jüdische Gemeinde erhielt erst im Laufe des 27. Februar von der Gestapo die Erlaubnis, für die Verpflegung der ca. 9000 Razziaopfer in den Sammellagern zu sorgen.[132] Aufgrund von Transportschwierigkeiten erhielten viele der Menschen trotz aller Bemühungen erst am Abend bzw. am nächsten Tag etwas zu essen.[133] In den Lagern fehlte es an allem. Die Mehrheit hatte die Gestapo aus den Fabriken geholt, sie hatten also im Gegensatz zu früheren Deportationen keine Chance, auch nur minimale Vorkehrungen für eine Reise zu treffen, geschweige denn einen Koffer mitzunehmen. Hildegard Henschel schrieb später: »Noch vor dem Abend verteilte die Kleiderkammer [der Jüdischen Gemeinde Berlin] nach Möglichkeit warme Sachen und Decken, aber es war alles zu wenig, das Elend war unbeschreiblich.«[134] Charlotte Israel erhielt per Postkarte einen Hilferuf ihrer Freundin Edith Kopf, die bei Osram

129 Henschel, Arbeit, S. 47. Zit. bei Ball-Kaduri, Berlin wird judenfrei, S. 210. Vgl. Bericht anonym (Lausanne Ende 1943), in: Schoenberner/Schoenberner, Zeugen, S. 326–327.

130 Henschel, Arbeit, S. 47. Zit. bei Ball-Kaduri, Berlin, S. 210.

131 Brief Ernst Behrendt vom 2. 3. 1943, in: Hiob, Hanne/Koller, Gerd (Hrsg.): »Wir verreisen …« In die Vernichtung. Briefe 1937–1944, eingel. und mit Erläuterungen von Kurt Pätzold und Erika Schwarz, Hamburg 1993, S. 112.

132 Bericht anonym (Lausanne Ende 1943), in: Schoenberner/Schoenberner, Zeugen, S. 326–327.

133 Nach Bericht Frau Kahan; Hartung von Doetinchem, Zerstörte Fortschritte, S. 190; sowie Henschel, Arbeit, S. 45–47, zit bei: Ball-Kaduri, Berlin, S. 208–210.

134 Henschel, Arbeit, S. 47. Zit bei Ball-Kaduri, Berlin, S. 210.

Zwangsarbeit geleistet hatte und von dort in das Lager »Clou« eingeliefert worden war. Edith hatte am 2. März 1943 geschrieben: »Liebe Lotte, [...] Was ist mit Mutti... Ich bin im Clou, Mauerstr., habe gar keine Sachen. Schicke das Notwendigste, Zahnbürste, Wäsche, etc. Meine Sachen Balkonzimmer [...] Komme recht bald, solange ich noch da bin [...] Heutige nacht gut überstanden. [...] (Vor allem Stopfgarn und Nadel). Hautcreme, Mundwasser, Zellstoff, Watte, Hansaplast. Möglichst alles.Vielen herzlichen Dank, vielleicht auch Decke, Kissen, steht alles da. Bestecke, Eßgefäß. Herzl. Küßchen. Auf baldiges Wiedersehen von deiner, eurer Edith.«[135]

In den Sammellagern beschäftigten sich unterdessen Dutzende Berliner Finanzbeamte bereits mit dem Raub des Vermögens der Festgenommenen.[136] Gerichtsvollzieher überreichten im Auftrag der Gestapo den zur Deportation bestimmten Menschen Urkunden, nach denen ihr gesamtes Vermögen als volks- und staatsfeindlich deklariert und zugunsten des Deutschen Reiches eingezogen wurde.[137] Hans Oskar Löwenstein, damals »Geltungsjude«, bekam den Schein mit seinem per Hand eingetragenen Namen in der Levetzowstraße noch am Tag der Großrazzia, wie aus dem ebenfalls handschriftlich eingetragenen Datum 27. Februar hervorgeht. Das Formular selbst war auf der Rückseite bereits am 1. Februar 1943 abgestempelt und maschinenschriftlich mit Namen und Adresse versehen.[138] Auch das verweist auf eine längerfristige Vorbereitung dieser ganzen Deportationsaktion. Den Opfern nahmen die Gestapobeamten nicht nur Wertsachen und Papiere ab, sondern auch ihre Wohnungs- und Hausschlüssel. Tausende Schlüssel verwahrte die Gestapo Berlin noch Wochen nach der Großrazzia. Ein

135 Faksimile und Transkription (Auszug) in »Schon damals fingen viele an zu schweigen ...« Quellensammlung zur Geschichte Charlottenburgs von 1933–1945, Berlin 1986, S. 199.

136 Anklageschrift Bovensiepen-Prozess von 1969 zit. bei Jochheim (2001), S. 59.

137 Die Gestapo bediente sich hier eines Gesetzes von 1933; Gesetz über die Einziehung volks- und staatsfeindlichen Vermögens vom 14. 7. 1933; RGBl., 1933 I, S. 293 Da das Vernichtungslager Auschwitz im dem dem Deutschen Reich angegliederten Gebiet Ostoberschlesien lag, konnten die nach dort Deportierten nicht nach der 11. Verordnung zum Reichsbürgergesetz vom 25. 11. 1941 enteignet werden, denn sie sah den Vermögensverfall nach Überschreiten der Reichsgrenze vor; RGBl., 1941 I, S. 722.

138 Nach bisherigen Kenntnissen sollten »Geltungsjuden« mit Familie in aller Regel nicht deportiert werden, weshalb ungeklärt bleibt, wieso Löwenstein diese Urkunde ausgehändigt bekam und dann aber in die Rosenstraße überstellt wurde. Möglich scheint, dass die Urkunden nach Betriebs- oder anderen Listen, die den Status der Betroffenen nicht enthielten, vorbereitet wurden; Faksimile der Urkunde bei Schröder, Gegnerinnen, nach S. 216.

Polizeirevier in Berlin-Charlottenburg erhielt erst genau einen Monat später von der Gestapo (IV D 1) gegen Quittung über 40 Schlüssel. Die Wohnungen wurden versiegelt und die Schlüssel an die Hauswarte übergeben, die den Erhalt ebenfalls bestätigen mussten.[139]

In den überfüllten Sammelstellen, wo primitivste sanitäre Verhältnisse herrschten, erlebten die Inhaftierten ungeschützt einen der ersten sehr schweren Bombenangriffe auf Berlin.[140] Die Luftattacke der Alliierten am späten Abend des 1. März dauerte nur eine halbe Stunde, doch über 300 Flugzeuge warfen 600 Tonnen Spreng- und Brandbomben ab, die viele Gebäude, darunter die St. Hedwigs-Kathedrale, in Schutt und Asche legten – und das am »Tag der Luftwaffe«.[141] Dieser Bombenangriff wurde von manchem in der nichtjüdischen Berliner Bevölkerung sogar in einen kausalen Zusammenhang mit der brutalen Fabrik-Aktion gebracht. In einem Brief schrieb Friedrich Munding am nächsten Tag, dem 2. März 1943: »Sie werden gelesen haben, daß es ein jüdischer Terrorangriff war. Am Samstag sind nämlich alle Juden von ihren Arbeitsstellen mit Lastautos abgeholt worden. Man macht jetzt nicht mehr langen Prozeß. Im Hinterhaus sitzt Frau Mendelsohn seit Samstag hinter verschlossenen Läden. Ihr Mann und ihre Kinder kamen nicht mehr zurück.«[142] Eine Razzia gegen zehntausend Menschen konnte eben auch an einem Sonnabend in der Bevölkerung nicht unbemerkt bleiben.

Noch Tage nach der eigentlichen Großrazzia wurden bisher Nichterfasste bzw. vor der Aktion Geflüchtete von Gestapo und Schutzpolizei offen gejagt.[143] Im Tagebuch des 129. Polizeireviers findet sich beispielsweise folgende Notiz: »Betr. Großaktion Juden. Am 1. 3. 43 gegen 07.30 Uhr, wurde der Jude Franz Israel Meyer, 1. 8. 02 Nürnberg geb. und seine Ehefrau Stephanie Sara Meyer, geb. Wachtel, 31. 1. 07 Wittlich geb. beide Wilmersdorferstr. 54 wohnh[aft] auf der Straße festgenommen und durch R[evieroberwachtmeister der Reserve] Witte der Synagoge

139 LAB, B Rep. 020, Acc. 1093, Nr. 6937, Bl. 100–107: 129. Revier Charlottenburg, Einträge vom 27. 3. und 4. 4. 1943.

140 Henschel, Arbeit, S. 45–47; Bericht anonym (Lausanne Ende 1943), in: Schoenberner/Schoenberner, Zeugen, S. 326–327; Bericht Frau Kahan; Hartung von Doetinchem, Zerstörte Fortschritte, S. 190.

141 Vgl. dazu Demps, Laurenz: Die Luftangriffe auf Berlin, in: Jahrbuch des Märkischen Museums, 4 (1978), S. 53.

142 Brief vom 2. 3. 1943, in: Munding, Friedrich: Daß ich nur noch selten schreibe. Briefe aus Berlin 1940–1943, hrsg. von Walter Trapp, Berlin 1985, S. 47.

143 Henschel, Arbeit, S. 49; LAB, B Rep. 020, Acc. 1093, Nr. 6937, Bl. 82: 129. Revier Charlottenburg, Einträge Nr. 89–90 vom 28. – 1. 3. 1943.

Levetzowstr. zugeführt.«[144] Nachdem jedoch der Abtransport aus den großen Sammellagern nach Auschwitz begonnen hatte, wurden die jetzt noch auf den Straßen Aufgegriffenen von den Schutzpolizisten nicht mehr in die Sammellager, sondern in das Lager Große Hamburger Straße eingeliefert.[145]

Der folgende Fall illustriert jene Änderung der Taktik. Eine nichtjüdische Frau hatte offenbar vor der Großrazzia geflüchtete Menschen, die bei ihr untergekommen waren, bei der Polizei angezeigt. Die Denunziation und ihr Ausgang wurden vom 173. Polizeirevier in Schöneberg unter dem Titel »Jüdinnen ohne Stern« aufgezeichnet: »Am 10. 3. 1943 gegen 16.15 Uhr, wurde das Revier fernmündlich benachrichtigt, daß in der Wohnung der Frau Franke, Bln-Schöneberg, Landshuter Str. 25, die Jüdinnen Toni Sara Langzomer, 2.1. 94 in Berlin geboren, Bln-Wilmersdorf, Babelsberger Str. 52, bei Mayer wohnhaft, und deren Tochter Jeanette Sara Langzomer, 24. 12. 1930 in Berlin geboren, sich aufhalten (Anrufer war Frau Franke). Beide Jüdinnen wurden dem Revier zugeführt und gegen 18.00 in das Judenlager Große Hamburger Str. 26 eingeliefert.«[146]

Auch Denunziationen halfen also den Verfolgern. Doch in anderen Fällen erlebten sie Misserfolge. Aus Furcht vor der Verschleppung begingen viele Menschen Selbstmord, manche der Festgenommenen noch während der Razzia. Laut Hildegard Henschel gab es »Fensterstürze, man warf sich unter Autos, man nahm Veronal, auch Zyankali, [...] es war grauenhaft«.[147] Andere entzogen sich noch in den Sammellagern dem Leben. So vergiftete sich Stella Rau in der Synagoge Levetzowstraße mit Schlaftabletten und starb am 1. März im jüdischen Krankenhaus.[148] Allein das Tagebuch des 173. Polizeireviers Schöneberg verzeichnet ein Dutzend Suizide jüdischer Deutscher in diesen Tagen, darunter den Selbstmord der Eheleute Jacoby in ihrer Wohnung am 8. März 1943, nachdem ihre Mitbewohnerin »evakuiert« worden war.[149]

144 LAB, B Rep. 020, Acc. 1093, Nr. 6937, Bl. 82: 129. Rev. Charlottenburg, Eintrag vom 1. 3. 1943.

145 Nach den hier zitierten Polizeitagebüchern stimmt offenbar die Beobachtung von Henschel nicht, dass auch in den ersten Tagen die bei Straßenjagden Aufgegriffenen immer in der Großen Hamburger konzentriert wurden; vgl. Bericht Henschel, Arbeit, S. 49. Zit. bei Ball-Kaduri, Berlin wird judenfrei, S. 211.

146 LAB, B Rep. 020 Acc. 1124, Nr. 6941, unfol.: Eintrag im Tagebuch 173. Polizeirevier Schöneberg, Nr. 209 vom 10. 3. 1943.

147 Bericht Henschel, Arbeit, S. 47. Zit. bei Ball-Kaduri, Berlin wird judenfrei, S. 210.

148 LAB, B Rep. 020, Acc. 1124, Nr. 6941, Bl. 66: 173. Revier Schöneberg, Eintrag vom 5. 3. 1943.

149 LAB, B Rep. 020 Acc. 1124, Nr. 6941, Bl. 54–73: Einträge vom 28. 2.–9. 3. 1943.

Massentransporte nach Auschwitz

Während die Jagd in Berlin noch andauerte, wurden sowohl hier als auch im Reich von der Gestapo bereits die ersten Transporte zusammengestellt, in größeren Städten zu Sonderzügen vereinigt und mit der Reichsbahn nach Auschwitz geschickt. Um zu klären, wie das genau vor sich ging, fehlen allerdings genauere Untersuchungen, insbesondere eine genaue Auflistung aller deutschen Transporte. Lediglich aus der lokalen Forschungsliteratur lassen sich einige spärliche Angaben herausfiltern: Am 1. März 1943 verließen z. B. kleinere Transporte Düsseldorf,[150] Dortmund,[151] Frankfurt am Main[152] und Stuttgart.[153] Die Stuttgarter Juden sollen dann einem Trierer Transport angeschlossen worden sein, offenbar auch die letzten fünf ungeschützten Juden aus Ulm.[154] Aus Trier deportierte die Gestapo an jenem Tag 69 Personen »nach unbekannt«.[155] In Baden-Württemberg gab es noch einen Transport von 44 Personen nach Auschwitz[156], in ganz Oberhessen keinen.[157] Aus dem Lager Ahlem bei Hannover deportierte die Gestapo 37 Personen am 2. März nach Auschwitz.[158] In der Nacht vom 2. zum 3. März verschleppte sie 200 Personen aus Bielefeld, offenbar mehrheitlich die Insassen der jüdischen Arbeitslager Bielefeld und Paderborn.[159] In Schlesien kam es in Gleiwitz schon am 28. Februar zu einem Transport, in Oppeln dann Anfang März. Die Stadt Breslau verließ ein Deportationszug mit Hunderten Menschen offenbar am 4. oder

150 Neben ca. 50 Essener Juden wurden Juden aus Düsseldorf deportiert; Berschel, Bürokratie und Terror, S. 363.

151 Frankenthal, Verweigerte Rückkehr, S. 43–46.

152 Dokumente Frankfurter Juden, XIII 6, S. 489; Kingreen, Gewaltsam verschleppt aus Frankfurt, S. 387.

153 Bei Müller sind es 17 Personen; Müller, Stuttgart, S. 409; Bei Sauer sind es 33 Personen; Sauer, Paul: Die Schicksale der jüdischen Bürger Baden-Württembergs während der nationalsozialistischen Verfolgungszeit 1933–1945, Stuttgart 1969, S. 393.

154 Sauer, Schicksale, S. 305; Keil, Heinz: Dokumentation über die Verfolgungen der jüdischen Bürger von Ulm/Donau. Hergestellt im Auftrage der Stadt Ulm, Ulm 1961, S. 279.

155 Juden in Trier. Katalog einer Ausstellung von Stadtarchiv und Stadtbibliothek März – November 1988, bearbeitet von Reiner Nolden, Trier 1988, S. 127.

156 Sauer, Schicksale, S. 393.

157 Kingreen, Gewaltsam verschleppt aus Oberhessen, S. 46.

158 Buchholz, Marlis: Die hannoverschen Judenhäuser. Zur Situation der Juden in der Zeit der Ghettoisierung und Verfolgung 1941 bis 1945, Hildesheim 1987, S. 214 u. 232.

159 Meynert, Joachim: Was vor der »Endlösung« geschah. Antisemitische Ausgrenzung und Verfolgung in Minden-Ravensberg 1933–1945, Münster 1988, S. 246 und 263.

5. März.[160] Über das Vorgehen in Dresden notierte Victor Klemperer am 2. März 1943: »Morgen früh geht der Transport hinaus, das Judenlager nebst hinzugekommenen Auswärtigen aus Halle und Erfurt. Es ist nicht anzunehmen, dass wir einen der Massen wiedersehen.«[161] Aus der Elbestadt wurden in der Nacht vom 2. zum 3. März 293 jüdische Einwohner zusammen mit anderen Opfern aus Sachsen und Thüringen Richtung Auschwitz deportiert.[162]

Aus Berlin verschleppte die Gestapo seit dem 1. März binnen sechs Tagen ungefähr 7000 Menschen nach Auschwitz. Am 1. März 1722 Personen, am 2. März 1756 Personen, am 3. März 1726 Personen, am 4. März 1120 Personen und am 6. März 664 Personen.[163] Im Transport vom 1. März stammten alle Insassen aus Berlin, außer 88 Männer und Frauen aus den brandenburgischen Arbeitslagern Gut Scaby, Schneeberg bei Beeskow, Eberswalde, Garzau, Strausberg, Gut Winkel und dem Neuvorwerk Werneuchen.[164] Der Transport am 2. März enthielt neben den Berlinern wenige Menschen aus Magdeburg, 60 aus Ostpreußen sowie 157 jüdische Norweger.[165] Im Transport vom 3. März nach Auschwitz befanden sich außer jüdischen Einwohnern Berlins noch die hessischen Frauen und Mädchen, deren jüngste 17 Jahre alt war, aus dem oben schon erwähnten Berliner Zwangsarbeitslager der Siemens AG.[166] Die nächsten Transporte vom 4. und 6. März enthielten dann nur noch Berliner Opfer und eines aus Tilsit.[167]

160 Jonca, Deportation und Vernichtung der schlesischen Juden, S. 156. Ein Hinweis auf den Transport aus Breslau findet sich schon bei Adler, Der verwaltete Mensch, S. 228. Jonca gibt die Zahl von 1405 Breslauer mit diesem Transport deportierten Juden an. Doch in dem Breslauer Transport fanden sich bei der Ankunft in Auschwitz auch Juden aus Berlin und anderen Städten; Czech, Danuta: Kalendarium der Ereignisse im Konzentrationslager Auschwitz-Birkenau 1939–1945. Reinbek bei Hamburg 1989, S. 434.

161 Klemperer, Tagebücher 1942–1945, S. 338–240.

162 Gryglewski, Judenverfolgung in Dresden, S. 138–140, außerdem S. 178; Klemperer, Tagebücher 1942–1945, S. 339–340.

163 Zahlen nach: Gedenkbuch Berlins, S. 1420. Vgl. mit abweichenden Zahlen: Gruner, Judenverfolgung in Berlin, S. 99.

164 BA Berlin, Zsg 138, Nr. 337, Bl. 159–250: Liste der Gestapo vom 31. Osttransport am 1. 3. 1943. Diese an den OFP gesandte Liste enthielt 1838 Namen. Zu den Insassen der Arbeitslager, vgl. ebd., Bl. 234–248.

165 BA Berlin, Zsg 138, Nr. 338, Bl. 159–250: Liste der Gestapo zum 32. Osttransport am 2. 3. 1943. Diese an den OFP gesandte Liste enthielt 1873 Namen. Zu den Nichtberlinern vgl. u. a. ebd., Bl. 530–590, 1554–1711.

166 BA Berlin, Zsg 138, Nr. 66, Bl. 1–97: Liste der Gestapo zum 33. Osttransport am 3. 3. 1943. (Liste mit 1886 Namen) Zu den hessischen Frauen vgl. ebd., Bl. 68–70.

167 BA Berlin, Zsg 138, Nr. 66, Bl. 100 ff.: Liste der Gestapo zum 34. Osttransport am 4. 3. 1943 (Liste mit 1159 Namen); ebd., Bl. 207–240: Liste der Gestapo zum Transport (662 Namen) vom 6. 3. 1943.

Wie schon während der Razzia, kam es auch bei der Überführung der Opfer von den Sammellagern in die Züge zu Prügelorgien. In einem Fall beschwerten sich sogar SS-Angehörige über den allzu öffentlichen Exzess. Mitarbeiter des SS-Organs »Das Schwarze Korps« hatten aus den Fenstern ihrer Berliner Redaktion Einblick auf den Notausgang des Sammellagers »Clou«. SS-Hauptsturmführer Rudolf aus den Ruthen beklagte sich bei »Kamerad Dr. Brandt« im Persönlichen Stab des Reichsführers SS: »Seit einigen Tagen sitzen hier bei uns im ›Clou‹ [...] scharenweise die Juden, die auf ihren Weitertransport warten. [...] Während die Heranbringung durch Lastwagen ordnungsgemäß vor sich ging, wurde ich am gestrigen Mittwoch von meinen schreckensbleichen Sekretärinnen gebeten, doch einmal schnell [...] zu kommen. [...] Ich stellte durch Augenschein folgendes fest: [...] Als ungefähr die Hälfte auf dem Wagen war (schneller ging es wirklich nicht) kam ein Zivilist, mit der Zigarette im Mund, eine große Hundepeitsche schwingend, ebenfalls aus dem ›Clou‹ gelaufen und schlug wie ein Wildgewordener auf die zum Einsteigen drängenden Juden ein. Ich muß bemerken, daß sich unter diesen Jüdinnen mit kleinen Kindern auf dem Arm befanden. Der Anblick war entwürdigend und beschämend zugleich.« Der Vorfall habe sich mehrmals in dieser Weise bei jedem Aufladen der Lastwagen wiederholt, später prügelten noch andere Polizeibeamte mit Stöcken auf die Juden ein, so der SS-Redakteur. Und unzählige Angestellte aus den umliegenden Gebäuden hätten Notiz von den Vorgängen genommen. Erst nachdem aus den Ruthen bei der Gestapo interveniert hatte, die daraufhin das Sammellager kontrollieren ließ, beruhigte sich das Geschehen. Allerdings ging es dem SS-Schriftleiter bei seiner Kritik nicht um die Opfer, sondern um das Ansehen der deutschen Beamten. Im Schreiben an Brandt hieß es, man wolle keineswegs den Eindruck »blindwütiger Sadisten« erwecken, die vielleicht noch persönliche Befriedigung bei solchen Szenen empfinden würden.[168] Auch beim Verladen der Opfer von den Lastwagen in die Züge setzte das Wachpersonal von SS und Gestapo offensichtlich regelmäßig ihre Peitschen ein.[169]

168 Brief Rudolf aus den Ruthen (Schwarzes Korps) an Brandt (Persönl. Stab des RFSS) am 4. 3. 1943; Abdruck bei Scheffler, Judenverfolgung, S. 69 sowie bei Kempner, Ermordung, S. 200–201. Vgl. auch Bericht Mosse und Brief Rudolf aus den Ruthen vom 4. 3. 1943; Adler, Der verwaltete Mensch, S. 227–228.

169 Vgl. Bericht Henschel, Arbeit, S. 48. Zit. bei Ball-Kaduri, Berlin wird judenfrei, S. 211.

In Auschwitz registrierte die SS in den ersten Märztagen des Jahres 1943 die Ankunft von insgesamt acht Großtransporten. Sieben sind als Transporte des RSHA aus Berlin verzeichnet, ein Transport aus Breslau, Berlin und anderen Städten: Am 2. März kamen zwei als Transporte des RSHA aus Berlin deklarierte Züge mit je 1500 Personen an. Vom ersten Zug wurden die Mehrzahl, nämlich 973 Menschen, sofort ermordet. Nur 142 Männer und 385 Frauen wies die SS in das Lager ein. Vom zweiten Berliner Transport wurden noch mehr sofort umgebracht, während 1350 Menschen starben, selektierte die SS nur 150 Männer für das Lager.[170] Am 3. März registrierte die SS wieder zwei Transporte des RSHA aus Berlin mit je 1500 Personen. Vom ersten wurden 535 Männer und 145 Frauen ins Lager eingegliedert, während vom zweiten nur 50 Männer und 164 Frauen in Lager gelangten. Alle anderen Deportierten wurden gleich in den Gaskammern getötet. In beiden Zügen gelangten nicht nur Berliner, sondern auch norwegische Juden und möglicherweise auch Dortmunder und Dresdner Juden nach Auschwitz.[171] Der fünfte Zug ist in Auschwitz am 4. März als Transport aus Berlin mit 1750 Insassen registriert worden (632 Männer und 1118 Frauen und Kinder). 517 Männer und 200 Frauen kamen ins Lager, 1033 wurden gleich ermordet. Die hohe Mordquote begründete die SS damals intern mit dem hohen Anteil von Frauen, Alten und Kindern.[172] Am 5. März erreichte der sechste Transport aus Berlin mit 1128 Personen (540 Männer und 588 Frauen und Kinder) Auschwitz, davon wurden 643 sogleich ermordet. 389 Männer und 96 Frauen kamen ins Lager zur Zwangsarbeit. Am selben Tag ist dann der siebente Transport, diesmal im Unterschied zu den vorigen als aus Breslau, Berlin und anderen deutschen Städten stammend, mit 1405 Personen registriert worden. Davon wurden 809 (125 Männer und 684 Frauen und Kinder) ermordet, 406 Männer und 190 Frauen kamen ins Lager, die Männer zur Zwangsarbeit ins Bunawerk.[173] Der achte Transport der Fabrik-Aktion

170 Czech, Kalendarium, S. 427.

171 Czech, Kalendarium, S. 429. Ende November 1942 waren erstmals norwegische Juden per Schiff nach Stettin gebracht und von dort per Bahn weiterdeportiert worden. Am 25. 2. 1943 deportierte man aus Norwegen rund 160 Menschen ebenfalls via Stettin, doch ohne dass dort ein Zug bereitgestellt wurde. Offenbar gelangten sie dennoch nach Berlin und wurden dort den Berliner Groß-Transporten angegliedert; vgl. Lozowick, Hitler's Bureaucrats, S. 106. Vgl. auch S. 72 dieses Buches.

172 Czech, Kalendarium, S. 430.

173 Fernschreiben vom 8. 3. 1943 an das WVHA, in: Dokumenty i Materialy, Tom I: Obozy, Bearb. N. Blumental, Lodz 1946, S. 110. Vgl. Abdruck Fernschreiben, in: Topographie des Terrors. Gestapo, SS und Reichssicherheitshauptamt auf dem »Prinz-Albrecht-Gelände«.

erreichte das Lager Auschwitz am 7. März. Er galt wieder als Transport aus Berlin. Von 665 Deportierten (183 Männer und 482 Frauen und Kinder) ermordete die SS 447. Auch hier mussten die restlichen Männer als Häftlinge im Bunawerk der IG-Farben in Auschwitz arbeiten.[174]

Insgesamt hatte die Gestapo im Zuge der Fabrik-Aktion 10948 Jüdinnen und Juden in nur wenigen Tagen verschleppt, ungefähr zwei Drittel aus Berlin, ein Drittel aus dem übrigen Reichsgebiet. Wenn man die Zahlen der Insassen der in Auschwitz aus Berlin ankommenden mit denen der dort abgegangenen Transporte vergleicht, so wird die für Berlin bisher als gesichert geltende Zahl von fast 7000 Deportierten künftig noch einmal genauer zu betrachten sein. Einerseits befanden sich norwegische, ostpreußische und sächsisch-anhaltinische Juden sowie Insassen aus brandenburgischen Arbeitslagern in den Sondertransporten aus Berlin, andererseits enthielt u.a. der Breslauer Transport eine unbekannte Zahl von Berliner Deportierten. Nur bei den am 5. und 7. März in Auschwitz angekommenen Transporten aus Berlin stimmen die bisher überlieferten Zahlen ungefähr mit denen in Auschwitz aufgenommenen Daten überein.

Generell bleibt festzuhalten, dass infolge der Fabrik-Aktion mehrere Tausend Menschen aus Berlin sowie über 1500 Menschen aus Schlesien, je mehrere hundert aus Mitteldeutschland, Nordwestdeutschland und Westfalen, je weit über hundert aus Bayern, dem Rheinland und Brandenburg/Ostpreußen nach Auschwitz deportiert wurden. Hingegen deportierte die Gestapo aus Hessen und Südwestdeutschland nur wenige Dutzend Menschen, da dort die Deportationen schon Monate vorher weitgehend abgeschlossen waren und es sich dort um Regionen mit weniger Industrie und damit geringerer Zwangsarbeiterquote handelte.[175] Insgesamt hatte man nahezu 11000 Menschen infolge der Großrazzia nach Auschwitz verschleppt.

Doch die SS in Auschwitz erwartete weit mehr Opfer. Das SS-Wirtschaftsverwaltungshauptamt (WVHA) in Berlin[176] hatte dem Kom-

Eine Dokumentation, hrsg. v. Reinhard Rürup, Berlin 1989, S. 119; vgl. auch Angaben bei Czech, Kalendarium, S. 433–434.

174 Fernschreiben vom 8.3. 1943 an das WVHA, in: Dokumenty i Materialy, Tom I, S. 110. Vgl. auch, in: Topographie des Terrors, S. 119; Czech, Kalendarium, S. 434.

175 Vgl. BA, ZwA-DH, R 8150, Nr. 69, Bl. 57: RV-Statistik für März 1943. Abdruck in: Dokumente Frankfurter Juden, XIII 6, S. 498.

176 Zu dieser SS-Institution vgl. Jan Erik Schulte, Zwangsarbeit und Vernichtung: Das Wirt-

mandanten des Vernichtungslagers Auschwitz, Rudolf Höß[177], am 2. März 1943 noch einmal avisiert, dass nun 15 000 Berliner Juden aus der Rüstungsindustrie dorthin überstellt werden würden. Sie sollten arbeitsfähig »erhalten« und in den Buna-Werken eingesetzt werden.[178] Obwohl jedoch viel weniger Opfer in Auschwitz eintrafen und ungeachtet des ausdrücklichen WHVA-Auftrages, diese in den Buna-Werken Monowitz einzusetzen, ermordete die Lager-SS sofort fast zwei Drittel der aus dem ganzen Reich deportierten Menschen, insgesamt 7014, überwiegend Kinder und Frauen, aber auch viele Männer. Wie ist dieser Widerspruch zwischen Arbeitskräfteplanung und Vernichtungspolitik zu erklären?

Zum einen entwickelte sich vor Ort in Auschwitz eine eigene Dynamik der Vernichtung der »Arbeitsunfähigen«[179]. Zum anderen hatte das Wirtschaftsverwaltungshauptamt für die Konzentrationslager und die Verteilung von KZ-Häftlingen an die Rüstungsindustrie die Verantwortung, war aber weder an der Organisation der Deportationen noch an der Durchführung der Vernichtungspläne direkt beteiligt. Über diese beiden herrschte allein das Reichssicherheitshauptamt.[180] Anfang 1943 verfügte man im SS-Wirtschaftsverwaltungshauptamt wohl über vage Informationen zu einer geplanten Großaktion, die man möglicherweise aus dem RSHA erhalten hatte, nicht jedoch über die präzise Zahl der in Auschwitz zu erwartenden Opfer.

Die in Auschwitz avisierte Zahl von 15 000 Berliner Rüstungsarbeitern wird gelegentlich als Beweis dafür herangezogen, dass von der Gestapo geplant gewesen sei, auch die Juden in »Mischehen« zu deportieren, und dass die geringere Zahl der dort letztlich ankommenden Deportierten auf den Abbruch der Aktion zurückzuführen sei.[181] Doch

schaftsimperium der SS. Oswald Pohl und das SS-Wirtschafts-Verwaltungshauptamt 1933–1945, Paderborn 2001.

177 Rudolf Höß, geb. 1900, Freiwilliger im Ersten Weltkrieg, danach Freikorps in Lettland und Ruhrgebiet, sehr frühes NSDAP-Mitglied. 1923 Verurteilung wegen Feme-Mordes zu zehn Jahren Zuchthaus. 1934 SS-Mitglied und Tätigkeit im KZ Dachau. Seit Gründung des KL Auschwitz 1940 Kommandant bis Ende November 1943. Danach wegen Korruptionsskandals abberufen, aber 1944 zurück. 1946 Zeuge in den Nürnberger Prozessen, am 16. 4. 1947 Vollstreckung des von einem polnischen Gericht verhängten Todesurteils in Auschwitz.

178 Chef des Zentralamts an Höß am 2. 3. 1943; Abdruck bei Jochheim, Frauenprotest 1993, S. 122. Vgl. Inhalt des Schreibens bei Czech, Kalendarium, S. 428.

179 Schulte, Zwangsarbeit und Vernichtung, S. 378.

180 Vgl. zu den Aufgaben des WVHA und der größeren Autorität des RSHA: Schulte, Zwangsarbeit und Vernichtung, S. 91, 378, 415–416.

181 Vgl. dazu die Annahme von Jochheim und Schröder, dass die Zahl 15 000 auch Juden

die in Auschwitz angekündigte Zahl der 15000 Berliner »Rüstungsjuden« entsprach aus mehreren Gründen nicht mehr dem aktuellen Stand: Das WVHA operierte ganz offensichtlich mit veralteten Angaben, die vom SS-Statistiker Dr. Richard Korherr stammten. Korherr, der nach dem Krieg als Ministerialrat im Bundesfinanzministerium tätig sein sollte, hatte Ende 1942 in einem für Himmler angefertigten Bericht über die »Endlösung der Judenfrage« für Berlin die Zahl von 15100 jüdischen Zwangsarbeitern festgestellt.[182] Seit Jahresbeginn 1943 hatte die Gestapo allerdings Tausende Berliner Juden – darunter viele Zwangsarbeiter – deportiert, im Januar 1943 2632 Menschen, im Februar 2914.[183] Folgerichtig registrierte die Wehrmacht Ende Februar nur noch 11000 jüdische Zwangsarbeiter in der Reichshauptstadt.[184] Die Gestapo verschleppte bei der Fabrik-Aktion zudem nicht nur Zwangsarbeiter nach Auschwitz, sondern auch deren Angehörige und Kinder, aus Berlin insgesamt 7000. Dass weit weniger Berliner Opfer im Todeslager ankamen, ist jedoch besonders dem bisher von der Forschung völlig vernachlässigten Fakt geschuldet, dass in der Reichshauptstadt während der Großrazzia 4000 zu Deportierende geflüchtet waren.

Flucht und Widerstand während der Fabrik-Aktion

Die für den Wehrbezirk III Berlin zuständige Rüstungsinspektion hatte in ihrem Tagebuch vermerkt, am 27. Februar 1943 sei »der Abzug aller noch im Arbeitsprozeß stehenden Juden« erfolgt. Die Rüstungsinspektion registrierte deswegen den Ausfall von 11000 Zwangsarbeitern.[185] In dieser Zahl waren aber nicht nur die aus Berlin Deportierten bzw. die aus den Betrieben entfernten, aber nicht zu deportierenden Juden in

aus »Mischehen« und »Geltungsjuden« eingeschlossen habe; Jochheim, 2001, S. 27; Schröder, Gegnerinnen, S. 26.

182 BA Berlin, NS 19, Nr. 1570, unfol.: Korherr-Bericht (Langfassung), Stand 1. 1. 1943, S. 13.

183 BA, ZwA-DH, R 8150, Nr. 69, Bl. 144: Statistik (RV) vom 6. 1. 1943; ebd., Bl. 116: RV-Statistik vom 12. 2. 1943; ebd., Bl. 81: RV-Statistik vom 12. 3. 1943. Vgl. zu den Zahlen vom Januar bis März 1943; Ball-Kaduri, Berlin wird judenfrei, S. 214–218.

184 BA-MA Freiburg i. Br., RW 20-3, Nr. 3, Bl. 23: Kriegstagebuch RüIn III am 27. 2. 1943; Abdruck bei Kwiet, Pogrom, S. 592.

185 BA-MA Freiburg i. Br., RW 20-3, Nr. 3, Bl. 23: Kriegstagebuch RüIn III am 27. 2. 1943; Abdruck bei Kwiet, Pogrom, S. 592.

»Mischehen« enthalten, sondern auch Tausende vor der Razzia geflüchtete Zwangsarbeiterinnen und Zwangsarbeiter.

Goebbels hatte zweimal erbost in sein Tagebuch geschrieben, dass die Großaktion verraten worden sei. Am 2. März 1943 notierte er: »Wir schaffen die Juden nun endgültig aus Berlin heraus. Sie sind am vergangenen Samstag schlagartig zusammengefaßt worden und werden nun in kürzester Frist nach dem Osten abgeschoben. Leider hat sich auch hier wieder herausgestellt, daß die besseren Kreise, insbesondere die Intellektuellen, unsere Judenpolitik nicht verstehen und sich zum Teil auf die Seite der Juden stellen. Infolgedessen ist unsere Aktion vorzeitig verraten worden, so daß uns eine ganze Menge von Juden durch die Hände gewischt sind. Aber wir werden ihrer doch noch habhaft werden.«[186] Am 11. März beschwerte sich Goebbels in seinen Aufzeichnungen über das »kurzsichtige Verhalten« von Industriellen, »die die Juden rechtzeitig warnten«.[187]

Die administrativen Vorbereitungen für die landesweite Razzia hatten dazu geführt, dass unzählige potenzielle Opfer von der Gefahr erfuhren und sich entschlossen unterzutauchen. Wie gezeigt, war diese Razzia keine überhastete Aktion, sondern eine wohl durchdachte und geplante Maßnahme. Die Anordnungen des RSHA zirkulierten mehrere Tage lang. Die Gestapo kooperierte sowohl mit der SS und der Schutzpolizei als auch mit der Berliner Arbeitsverwaltung und der Rüstungsinspektion der Wehrmacht. Die Firmen waren informiert, der Werkschutz mobilisiert. Auch in den Ministerien verfügten Beamte über genaue Informationen aus dem RSHA zu »der geplanten Razzia«. In einem kirchlichen Schreiben hieß es dazu damals: »Streng vertraulich wurde einem unserer Herren aus einem Ministerium mitgeteilt, daß [...] auf eine Anfrage hin von der SS-Führung geantwortet worden sei, daß bei der geplanten Razzia die ›Mischehen‹ nicht einbezogen würden.«[188] Am Tag vor der Fabrik-Aktion war auf dem »Kriminalgericht am Alex der Teufel los, man spricht von großen Aktionen der Gestapo«.[189]

186 Tagebücher Goebbels, Teil II, Bd. 7, S. 449: Eintrag vom 2. 3. 1943.

187 Tagebücher Goebbels, Teil II, Bd. 7, S. 528: Eintrag vom 11. 3. 1943.

188 Abdruck des undat. Schreibens (ca. Anfang März 1943), in: Akten deutscher Bischöfe, Bd. VI: 1943–1945, Dok. 817, S. 19–21. Den Hinweis auf diese Quellen verdanke ich Rainer Decker.

189 Degen, Michael: Nicht alle waren Mörder. Eine Kindheit in Berlin, München 2001, S. 24. Für den Hinweis auf diese Quelle danke ich Thomas Jersch, Berlin.

In allen diesen Berliner Behörden wussten also viele Menschen aufgrund der frühzeitig kursierenden Informationen oft Tage zuvor über die Vorbereitungen zu einer Großaktion Bescheid. Zahlreiche Menschen entschieden sich, potenzielle Opfer zu warnen. Nur deshalb konnten sich viele jüdische Berliner vor der Großrazzia retten.[190] Der bei der Firma Naumann Berlin als Zwangsarbeiter beschäftigte Walter Besser erinnerte sich, dass Wehrmachtsangehörige, die die Rüstungsproduktion inspizierten, ihn schon Mitte Februar 1943 ansprachen: »Es tut uns leid, daß alle Juden abgeholt werden. [. . .] Haben Sie denn nicht die Möglichkeit, irgendwo unterzutauchen?« Nach 14 Tagen kamen sie wieder, und hatten dank guter Beziehungen zur Gestapo den Termin herausgefunden: »Sie müssen innerhalb von drei Tagen weg. An dem und dem Tag ist die große Aktion. Das ist der 27. Februar.«[191]

Während Besser von außen gewarnt wurde, erhielten wohl die meisten Zwangsarbeiter und Zwangsarbeiterinnen den entscheidenden Tipp von Arbeitern, Meistern, Angestellten oder Ingenieuren der Firmen, in denen sie beschäftigt waren.[192] Doch selbst in den Täterinstitutionen fanden sich einzelne couragierte Menschen. Michael Degen bekam einen Hinweis von einem Bekannten in der SS.[193] Ilse Stillmann wurde von Ärzten eines Polizeikrankenhauses gewarnt.[194] Einige jüdische Deutsche erhielten entsprechende Winke direkt von der Polizei.[195] Und

190 Eine Schulfreundin von Susanne Veit erfuhr ein bis zwei Tage vorher, dass die Abholung bei Siemens bevorstehe; LBI/A New York, AR 7183, Max Kreutzberger Research Papers, Box 8, Folder 2: »Untergetaucht« von Susanne Veit, S. 2.

191 Interview des Autors mit Walter Besser am 2. 4. 1990, S. 10. Bei Herzberg ist Geschichte von Walter Besser etwas anders geschildert, enthält aber die Warnung der Wehrmachtsinspekteure und den Hinweis auf die Fabrik-Aktion: »Wir werden uns mal erkundigen, wann ihre Straße drankommt. Vielleicht werden sie aber auch gleich aus der Fabrik abgeholt. [. . .] Wir kommen in drei bis vier Tagen wieder, überlegen sie sich das.« Über die Wiederkehr ist nichts berichtet und das Datum des Untertauchens ist dort mit dem 15. 2. 1943 angegeben, offenbar ist aber der 25. Februar gemeint; Bericht Walter Besser bei Wolfgang Herzberg, Überleben heißt Erinnern. Lebensgeschichten deutscher Juden, Berlin – Weimar 1990, S. 239–242.

192 Vgl. Marion Kaplan, Der Mut zum Überleben. Jüdische Frauen und ihre Familien in Nazideutschland, Berlin 2001, S. 308; Schoppmann, Claudia: Im Untergrund. Jüdische Frauen in Deutschland 1941–1945, in: Distel, Barbara (Hrsg.): Frauen im Holocaust, Gerlingen 2001, S. 189–217, hier S. 203. Auch in der Datenbank des am Zentrum für Antisemitismusforschung (TU Berlin) durchgeführten Forschungsprojektes über die Rettung von Juden in der NS-Zeit finden sich zahlreiche Hinweise auf Warnungen durch Firmenangehörige. Ich danke Beate Kosmala für diesen Hinweis.

193 Degen, Nicht alle waren Mörder, S. 23.

194 Überliefert von Ilse Stillmann; Schoppmann, Im Untergrund, S. 196. Vgl. Bericht Ilse Stillmann in: Herzberg, Überleben, S. 183.

195 LAB, Rep. 057-01, Nr. R34/34, Bl. 1: Zeugenvernehmung vom 26. 3. 1965 (Bovensiepen-Prozess). Ich danke Beate Kosmala für den Hinweis auf diese Akten.

auch die Jüdische Gemeinde verfügte über vage Informationen zu den bevorstehenden Maßnahmen. Karl Hefter, damals Mitarbeiter der Jüdischen Gemeinde Berlin, berichtete nach dem Krieg, dass »schon tagelang [...] Gerüchte über irgendwelche Maßnahmen gegen Juden in Berlin« umliefen: »Polizeibeamte ließen sich vorsichtig darüber aus, daß am 27. und 28. 2. 43 Aktionen stattfinden würden.«[196]

Als die Jüdische Gemeinde, damals bereits zwangsweise in Jüdische Kultusvereinigung umbenannt, am Vortag der Razzia offiziell informiert wurde, gelangte diese Nachricht ebenfalls schnell nach außen und auch in die Betriebe. Eine Zwangsarbeitskollegin erzählte am Vorabend der Großaktion Camilla Neumann, sie habe »durch einen Schwager, der bei der Gemeinde arbeitete, gehört, daß die Gestapo jetzt eine Änderung bei den Abholungen vornehmen wolle, und zwar sollten die Juden nicht mehr von zu Hause, sondern von der Arbeit abgeholt werden«. Camilla Neumann warnte daraufhin noch in der Nacht ihren Mann, der Zwangsarbeit leistete. Der beherzigte die Warnung seiner Frau jedoch nicht und wurde am nächsten Morgen bei seiner Arbeit in der Firma Fromm von der Gestapo gefasst. Als sie davon erfuhr, ging sie sofort in die Illegalität.[197] Von denen, die am Samstagmorgen ahnungslos zur Frühschicht kamen, erhielten viele in ihren Betrieben warnende Winke. Gerda Kühnel bekam die Nachricht über die Bedrohung von ihrem Meister und versuchte der Razzia zu entkommen.[198] Ein Meister in den Teves-Werken, Wilhelm Daehne, ließ nicht nur die nach Berlin-Wittenau zur Frühschicht Kommenden an der S-Bahn warnen, sondern versuchte auch im Betriebe selbst, mehrere Personen vor der Gestapo, die bis 22 Uhr im Werk blieb, zu verstecken. In der Abteilung des Meisters arbeiteten allein 120 Jüdinnen. Die Teves-Werke produzierten Flugzeugmotoren.[199] Manche flüchteten noch, während die Gestapo schon die Firmenräume durchsuchte, wie der

196 AS LG Berlin, 3 P Ks 1/71 gegen Otto Bovensiepen, Bd. XXXVI, Bl. 94. Vernehmung Karl Hefter vom 3. 2. 1956, S. 1. Vgl. auch Vernehmung Otto Fried vom 13. 4. 1966; ebenda, Bd. XVIII, Bl. 20.

197 LBI/A New York, Memoir Coll.: »Erlebnisbericht über die Hitlerzeit« von Camilla Neumann, I. Teil, S. 20.

198 AS LG Berlin, Js 9/65 Bovensiepen-Verfahren, ZH 75 (Gerda Kühnel), Bl. 5–6: Vernehmung von Gerda Kühnel am 30. 9. 1966.

199 Bericht in: Grossmann, Kurt R.: Die unbesungenen Helden. Menschen in Deutschland dunkelen Tagen, Berlin 1961, S. 32–38. Vgl. dazu Schoppmann, Claudia: Die »Fabrikaktion« in Berlin. Hilfe für untergetauchte Juden als Form humanitären Widerstandes, in: Zeitschrift für Geschichtswissenschaft, 53 (2005), H. 2, S. 138–148.

22-jährige Kurt Lindenberg oder oben am Beispiel der Firma Korth geschildert.[200]

Viele potenzielle Opfer der Aktion reagierten auf die Warnungen und flohen Hals über Kopf in die Illegalität. Andere, die Wind von der Razzia bekommen hatten, gingen zumindest an diesem Tag erst einmal nicht zur Arbeit, um die Entwicklung der Ereignisse abzuwarten. Viele tauchten dann unter, wenn sie im Laufe des Tages genauere Nachrichten über die brutale Aktion erhalten hatten, wovon eine ganze Reihe von Überlebenden Zeugnis ablegen. Auch Zufälle spielten im Einzelfall eine rettende Rolle. Einige Zwangsarbeiter beendeten am Morgen ihre Nachtschicht und bemerkten beim Verlassen ihrer Arbeitsplätze, wie Gestapo und SS ihr Firmengelände besetzten.[201] Günther Fabian blieb hingegen am 27. Februar 1943 zu Hause, da er sich am Tag zuvor über die niedrige Lohnzahlung geärgert hatte. Als er im Laufe des Tages dann von der Razzia hörte, tauchte er sofort unter. Seine Frau und alle anderen Mitglieder der Familie, die zur Zwangsarbeit gegangen waren, wurden deportiert.[202] Charlotte Josephy versäumte am Tag der Fabrik-Aktion wegen einer Krankheit ihre Schicht in den Teves-Werken. Nachdem sie zu Hause erste Informationen über die Razzia erhalten hatte, flüchtete sie schließlich mit Hilfe einer Nachbarin, als die Gestapo sie einen Tag später aus der Wohnung abholen wollte.[203]

Propagandaminister Goebbels, und sicher nicht nur er, ärgerte sich entsprechend: »Daß die Juden an einem Tage verhaftet werden sollten, hat sich [...] als Schlag ins Wasser herausgestellt. Im Ganzen sind wir 4000 Juden dabei nicht habhaft geworden. Sie treiben sich jetzt wohnungs- und anmeldungslos in Berlin herum und bilden natürlich für die Öffentlichkeit eine große Gefahr.«[204] Dass so viele Juden untertauchten, widerspricht dem Bild, dass sie sich »wie die Schafe zur Schlachtbank« hätten führen lassen. Wenn 4000 als verschwunden galten und 7000 deportiert wurden, bedeutet das: Jeder Dritte der in Berlin für die Deportation Bestimmten hatte sich der Verschleppung entziehen können. Damit unternahmen die Opfer selbst die größte Aktion gegen die Verfolger. Die Gründung der jüdischen Widerstandsgruppe

200 Bericht Kurt Lindenberg in: Schoenberner/Schoenberner, Zeugen sagen aus, S. 319–322.
201 Bericht Zwi Abrahamsohn bei Kroh, David kämpft, S. 183.
202 Interview des Autors mit G. Fabian am 22. 1. 1991 in Berlin, S. 5.
203 Schoppmann, Die »Fabrikaktion« in Berlin. Hilfe für untergetauchte Juden, S. 140.
204 Tagebücher Goebbels, Teil II, Bd. 7, S. 528: Eintrag vom 11. 3. 1942.

»Chug Chaluzi« (Kreis der Pioniere) noch am Abend des 27. Februar 1943 symbolisiert das überdeutlich. Selbst gerade »untergetaucht«, schlossen sich diese Jugendlichen zusammen, um anderen »Illegalen« zu helfen.[205]

Über das tausendfache Untertauchen von verfolgten jüdischen Deutschen als eine äußerst wirksame Form des individuellen Widerstandes gegen die NS-Deportationspolitik, welches seinen Höhepunkt in der Reichshauptstadt während der Fabrik-Aktion fand, wissen wir heute noch viel zu wenig, obwohl diese überraschende Tatsache neue Akzente für unser Verständnis der Wirkung der antijüdischen Politik setzt. Ihre Flucht gelang nur mit Hilfe vieler Nichtjuden. Über jene Menschen, die mit unterschiedlichen Motiven, ob aus Humanität, wegen Geld oder aus Liebe, den bedrohten jüdischen Deutschen halfen und damit individuellen Widerstand gegen das Regime und seine Judenpolitik leisteten, ist ebenfalls noch viel zu wenig bekannt.[206] Angefangen bei denen, die noch während der Zwangsarbeit die Juden unterstützten, über diejenigen, die sie vor und während der Großrazzia warnten, bis hin zu denjenigen, die unter großem persönlichen Risiko die Untergetauchten mit Wohnraum, falschen Papieren[207] oder Lebensmitteln versorgten. Es gibt Schätzungen, dass in vielen Fällen allein für eine untergetauchte Person bis zu zwanzig Personen notwendig waren, um die in den Monaten und Jahren der Illegalität oft wechselnden Quartiere zu besorgen. Um illegal lebenden Juden zu helfen, bildeten sich sogar Netzwerke, wie die Gruppe »Onkel Emil« um die Journalistin Ruth Andreas-Friedrich und den Dirigenten Leo Borchard. Erst seit wenigen Jahren gibt es Forschungen hierzu.[208] Wenngleich später auch viele der Untergetauchten, die man »U-Boote« nannte, durch die Gestapo in Berlin ge-

205 Bericht Edith Wolff bei Kroh, David kämpft, S. 111; Schwersenz, Jizchak: Die versteckte Gruppe. Ein jüdischer Lehrer erinnert sich an Deutschland, Berlin 1988, S. 97–98. Vgl. Zahn, Christine: »Nicht mitgehen, sondern weggehen!« Chug Chaluzi – eine jüdische Jugendgruppe im Untergrund, in: Vathke, Werner/Löhken, Wilfried: Juden im Widerstand. Drei Gruppen zwischen Überlebenskampf und politischer Aktion 1939–1945, Berlin 1993, S. 159–205.

206 Vgl. jüngst Schoppmann, Die »Fabrikaktion« in Berlin. Hilfe für untergetauchte Juden, S. 138–148.

207 Vgl. Cioma Schönhaus, Der Passfälscher. Die unglaubliche Geschichte eines jungen Grafikers, der im Untergrund gegen die Nazis kämpfte, Frankfurt a. M. 2004.

208 Am Zentrum für Antisemitismusforschung (Technische Universität Berlin) wurde über mehrere Jahre ein Forschungsprojekt über die Rettung von deutschen Juden in der NS-Zeit durchgeführt. Erste Veröffentlichungen dazu sind: Kosmala, Beate/Schoppmann, Claudia: Überleben im Untergrund. Hilfe für Juden in Deutschland 1941–1945, Berlin 2002; Wolf-

fasst wurden, so gelang es doch einem beachtlichen Teil von ihnen, sich bis Kriegsende zu retten und damit zu überleben. Die während der Fabrik-Aktion Untergetauchten hatten hierfür oft bessere Chancen als jene, die schon 1942 vor den Transporten geflüchtet waren. Nicht nur der Zeitraum bis Kriegsende war für Erstere kürzer, etliche von ihnen konnten sich wegen der erst jetzt zunehmenden Luftangriffe als ausgebombte »Arier« ohne Papiere tarnen. Außerdem waren unter den untergetauchten Zwangsarbeitern sehr viele Frauen, die viel weniger von Polizei oder Wehrmacht in den Straßen und Verkehrsmitteln Berlins kontrolliert wurden. Männer, vor allem jüngere, waren hingegen dem Verdacht der Desertation ausgesetzt.[209]

Walter Besser, um nur ein Beispiel zu geben, war noch am Vorabend der Fabrik-Aktion mit Hilfe eines ehemaligen Kollegen geflüchtet. Er berichtete darüber: »Als der mich dann abgeholt hat, nachts um zehn in Berlin, Bahnhof Charlottenburg, [da habe ich den] Stern runtergemacht [und wir sind] S-Bahn gefahren bis Fredersdorf. [...] Und dann haben wir eben geharrt; die ganzen Fliegerangriffe auf Berlin vom Kellerfenster aus gesehn [...].« Walter Besser lebte zusammen mit seiner Frau über zwei Jahre im Untergrund in einer Vorortsiedlung von Berlin, ohne einmal an die Luft zu gehen: »im Keller hatten wir eine Bettstelle, so eine normale Eisenbettstelle, wo wir beide zusammen die [...] Tage gelebt haben. Tagsüber mußten wir uns mucksmäuschenstill verhalten. Es war eine Siedlung: Altlandsberg-Süd, wo auf jeder Seite von der Straße ungefähr vier Häuser standen, so daß ja der Schall [hörbar war] tagsüber. Abends kamen die von der Arbeit. Es war eine dreiköpfige Familie. Der Mann arbeitete noch bei der Firma Hopf, wo ich war, die Frau auf der Post und die Tochter arbeitete auch in Berlin. Die fuhren früh um sechse weg und kamen abends um sieben, halb acht nach Hause, weil ja immer 60 Stunden gearbeitet werden mußte, einschließlich Sonnabends. So, und abends haben sie uns nach oben geholt. Dann haben wir ... hin und wieder [...] auch gebadet, [uns] anständig gewaschen ... Wäsche gewaschen, gemeinsam mit den Leuten. Hatte[n] auch ein kleines Radio unten im Keller, wo wir dann nachts BBC hören

gang Benz (Hrsg.), Überleben im Dritten Reich: Juden im Untergrund und ihre Helfer, München 2003.

209 Vgl. die eindrückliche Schilderung des Lebens im Untergrund: Kaplan, Der Mut zum Überleben, S. 287–300 und 306–323. Zu den Überlebenschancen: Schoppmann, Die »Fabrikaktion«, S. 142–143.

konnten.« Das letzte halbe Jahr wurde das Essen für die beiden verfolgten jüdischen Deutschen knapp. Als Besser am 27. April 1945 von der Roten Armee befreit wurde, wog er nur noch 38 Kilo, seine Frau noch weniger.[210] Doch sie hatten beide überlebt.

210 Interview des Autors mit Walter Besser am 2.4. 1990, S.10–11. Vgl. auch Bericht Besser in: Herzberg, Überleben, S.242–248. Vgl. andere Beispiele bei Schoppmann, Im Untergrund, S.189–217.

Kapitel 3: Die Internierung in der Rosenstraße

Die NS-Politik gegenüber den »Mischehen« bis Ende 1942

Am Tag der Großrazzia waren auch diejenigen jüdischen Deutschen, die in »Mischehen« lebten, von der Gestapo aus den Industriebetrieben entfernt worden. Viele Verfolgte verstanden das damals als klares Signal dafür, dass diese bisher weitgehend verschonte Gruppe jetzt ebenfalls deportiert werden sollte. Victor Klemperer hatte am Tag der Fabrik-Aktion notiert: »Den schwersten Stoß aber empfing ich auf dem Wege zu Richter. [...] Ich hatte die Absicht gehabt, auf dem Hin- oder Rückweg wie vorige Woche zur Gemeinde heranzugehen. [...] Als ich dort gegen elf passierte, stürzte blaß und schwer erregt Lewinsky auf mich zu. ›Wir werden alle hinbestellt und gleich festgehalten – auch die Privilegierten –, ich habe nur Erlaubnis, meine Frau zu benachrichtigen – es sind überallhin Boten der Gemeinde unterwegs – gewiß auch zu Ihnen – gehen Sie nicht hinein/– man hält Sie gleich fest‹ Ich: Worum es sich denn handle? – Das sei ungewiß, vielleicht, daß die Lagerinsassen nach Polen abgeschoben und *wir* nun ins Lager transportiert würden [...].«[1]

Um zu klären, ob die NS-Führung Ende Februar 1943 wirklich vorhatte, die Juden aus »Mischehen« zu deportieren, soll zunächst geklärt werden, welche Politik die NS-Führung gegenüber den Juden in »Mischehen« bis zu diesem Zeitpunkt verfolgte. War diese Gruppe den bisherigen antijüdischen Maßnahmen immer unterworfen worden? Hatte das RSHA sie in die bisherigen Planungen zur Deportation einbezogen? Wenn ja, sah die NS-Führung vielleicht jetzt den Zeitpunkt gekommen, den Abtransport der Juden aus »Mischehen« zu verwirklichen? Oder hatte man sie bislang von den Transporten ausgeklammert und plötzlich diese Haltung im Februar 1943 geändert? Oder stimmt keine dieser Annahmen?

1 Mit Lager ist hier das Dresdner Zwangsarbeitslager am Hellerberg gemeint, das in jenen Tagen als Sammellager für die Deportationen fungierte; (Hervorhebung im Original) Klemperer, Tagebücher 1942–1945, S. 335–336: Eintrag vom 27. 2. 1943.

Mit den Nürnberger Gesetzen hatte der NS-Staat im September 1935 per Gesetz die Heirat zwischen jüdischen und nichtjüdischen Deutschen verboten. Schon seit 1933 hatten manche vorauseilende Standesämter in Deutschland solche Eheschließungen blockiert.[2] Gleichzeitig hatten im Reichsjustizministerium die Beamten an Gesetzentwürfen zur Errichtung von Hindernissen bei Hochzeiten von »Ariern« und »Nichtariern« gearbeitet.[3] Die Wehrmacht erteilte im Wehrgesetz von Mai 1935 ihren »arischen« Angehörigen ein Eheverbot mit Juden.[4] Das Nürnberger »Gesetz zum Schutz des deutschen Blutes und der deutschen Ehre« stellte im selben Jahr das Schließen einer »Mischehe« unter Zuchthausstrafe, bestimmte aber weder bereits bestehende Verbindungen aufzulösen, noch unterwarf sie diese Sonderregelungen.[5] Von einzelnen antijüdischen Maßnahmen des NS-Staates waren Menschen, die in solchen »Mischehen« lebten, schon vor dem Gesetz und verstärkt nach seinem In-Kraft-Treten betroffen. Verloren viele jüdische Partner aufgrund der wachsenden Zahl antijüdischer Bestimmungen ihre Arbeit, so bald auch ihre nichtjüdischen Partner. Nach einer Verordnung vom 17. Mai 1934 mussten beispielsweise Mediziner mit »nichtarischen« Ehefrauen, die keinen einjährigen Frontaufenthalt oder schwere Kriegsbeschädigung nachwiesen, aus der Kassentätigkeit ausscheiden.[6] Veterinäre mit jüdischen Ehegatten erhielten laut Reichstierärzteordnung vom 3. April 1936 keine Neuzulassung mehr.[7] Deutscher Beamter konnte laut Reichsbeamtengesetz ab Januar 1937 nur die Person werden bzw. sein, die selbst und deren Ehegatte »deutschen Blutes« war.[8]

Nach dem reichsweiten Pogrom vom November 1938 verständigte sich die NS-Führung auf eine historisch folgenschwere Radikalisierung und Neuorientierung der »Judenpolitik«: Einerseits sollte nun die Vertreibung der jüdischen Bevölkerung noch einmal mit allen Mitteln forciert werden, andererseits die zurückbleibenden und nicht emigrations-

2 Dokumente Frankfurter Juden, V 1, A-E, S. 216–217: Schriftwechsel vom November/Dezember 1933.

3 Pätzold, Kurt: Faschismus, Rassenwahn, Judenverfolgung. Eine Studie zur politischen Strategie und Taktik des faschistischen Imperialismus 1933–1935, Berlin 1975, S. 141.

4 RGBl., 1935 I, S. 609.

5 RGBl., 1935 I, S. 1146. Vgl. zum Folgenden auch Meyer, »Jüdische Mischlinge«, S. 29–31.

6 RGBl., 1934 I, S. 399.

7 RGBl., 1936 I, S. 347.

8 RGBl., 1937 I, S. 39.

fähigen Juden von der deutschen Gesellschaft separiert werden. In den Folgemonaten erschienen Gesetze und Verordnungen über die Erhebung einer Zwangssteuer, zur Enteignung und Zwangsarisierung jüdischen Besitzes sowie über ein totales Gewerbeverbot für Juden. Jüdische Deutsche wurden aus dem öffentlichen Schul- und Wohlfahrtswesen ausgeschlossen, ihre Ghettoisierung und ein Zwangseinsatzprogramm beschlossen. Für die bereits eingeleiteten wie für die Ende Dezember 1938 erst noch geplanten antijüdischen Maßnahmen sollte der Kreis der Betroffenen nach dem Willen Hitlers exakt abgesteckt werden. Ob und wie Juden in »Mischehen« künftig einbezogen werden sollten, wurde mit einem von Göring versandten Führer-Erlass vom 28. Dezember 1938 öffentlich gemacht. In jenem hieß es, dass »Mischehen« von den Maßnahmen ausgenommen seien, außer im Falle der kinderlosen Ehe zwischen einem jüdischen Mann und einer nichtjüdischen Frau, der »nichtprivilegierten Mischehe«.[9]

Seit Kriegsbeginn 1939 hatte der NS-Staat die Verfolgungsmaßnahmen gegen die gesamte jüdische Bevölkerung noch verschärft. Nun verstärkte sich die Diskussion innerhalb der NS-Führung, inwieweit die Maßnahmen auch auf jüdische Deutsche in »Mischehen« anzuwenden seien. Als nach dem Scheitern der ersten Deportationen das Reichssicherheitshauptamt auch die Emigration während des Krieges noch einmal forcierte, hieß es in einem Erlass im April 1940, »in Mischehe lebende Juden dürfen keinesfalls zur Auswanderung gedrängt werden«.[10]

Ein anderes Beispiel bietet der im Krieg intensivierte Zwangseinsatz für Juden im Reich. 1940 rekrutierten die Arbeitsämter auch viele Juden, die in »Mischehen« lebten, als Zwangsarbeiter. Die diskriminierenden Umstände des Zwangseinsatzes trafen somit viele enge Angehörige von »deutschblütigen Volksgenossen«. Um Beunruhigungen bei der »arischen« Verwandtschaft zu vermeiden, lockerte der Reichsarbeitsminister Ende Mai 1941 in Absprache mit der Parteikanzlei sowie dem Chef der Sicherheitspolizei und des SD die Bestimmungen. Zwar gab es auch künftig keine generelle Freigabe von der Zwangsarbeit für Juden aus »Mischehen«, doch konnten die Arbeitsämter Ein-

9 Sauer, Paul (Bearb.): Dokumente über die Verfolgung der jüdischen Bürger in Baden-Württemberg durch das nationalsozialistische Regime 1933–1943, Teil II, Stuttgart 1966, S. 83–84, Dok.Nr. Nr. 339.

10 Sauer, Dokumente, Teil II, S. 125, Dok.Nr. 368: RSHA-Erlass vom 24.4.1940 in Runderlass der Stapoleitstelle Karlsruhe vom 3.5.1940.

zelfreistellungen von der gruppenweisen Zwangsarbeit auf Antrag der Betroffenen genehmigen, besonders dann, wenn deren Angehörige ihren Wehrdienst leisteten. Doch die meisten Juden aus »Mischehen« erfuhren von dieser Chance auf Befreiung vom Zwangsdienst nichts, denn in dem Erlass des Reichsarbeitsministeriums hieß es ausdrücklich, dass kein »Anreiz für entsprechende Anträge« durch Bekanntgabe dieser internen Regelung geschaffen werden sollte.[11] Bei der zum 1. Januar 1941 eingeführten Sondersteuer, der so genannten Sozialausgleichsabgabe für Juden, klammerte man in »Mischehe« lebende jüdische Männer zunächst nicht aus. Wegen zahlreicher Eingaben diskutierten die Ministerien im Frühjahr 1941 über Ausnahmen. Reichsfinanzminister Schwerin von Krosigk wollte alle jüdischen Deutschen der fünfzehnprozentigen Zwangssteuer auf Löhne und Einkommen unterwerfen, bat aber um einen Entscheid Hitlers wegen der »privilegierten Mischehepartner«.[12] Der Chef der Reichskanzlei Lammers antwortete, dass aufgrund der bisherigen Privilegierung dieser Gruppe in Miet-, Steuer- und Versorgungsansprüchen eine solche bevorzugte Behandlung »auch bei der Sozialausgleichsabgabe dem Willen des Führers [...] entsprechen würde«.[13]

In der antijüdischen Politik des NS-Staates herrschte also kein klarer Kurs in der Frage, wie diese Gruppe unter den deutschen Juden zu behandeln sei. Im Gegenteil, über das Schicksal der »arisch versippten« Juden diskutierte man in der NS-Führung seit längerem ohne Ergebnis, insbesondere seit die Massendeportationen begonnen hatten. Es herrschten unterschiedliche Meinungen. Die wegen der radikalen Maßnahmen befürchtete Unruhe bei den »arischen« Angehörigen spielte in der Diskussion eine entscheidende Rolle.[14] Daher blieben Juden aus »Mischehen« von den Deportationen ausdrücklich verschont. Nach-

11 BA Berlin, R 3101. RWM, Nr. 10310, Bl. 107–108: Reicharbeitsministerium an RWM mit Anlage: RArbM-Runderlass an die Landesarbeitsämter vom 29. 5. 1941. Vgl. Gruner, Geschlossener Arbeitseinsatz, S. 205.

12 BA Berlin, R 0701 RK, Nr. 4112, Bl. 267–269: Schwerin von Krosigk an Lammers am 20. 5. 1941.

13 Lammers hatte die Frage Hitler in Verbindung mit der künftigen Aberkennung der deutschen Staatsangehörigkeit vortragen wollen, doch Hitler hatte solche Schritte abgelehnt. Lammers bezog sich in seiner Antwort an den Finanzminister deshalb auf eine Aussage Hitlers von Ende Februar 1941; BA Berlin, R 0701 RK, Nr. 4112, Bl. 269+RS: RK-Vermerk vom 11. 6. 1941; vgl. ebd., Bl. 270+RS: Lammers an Schwerin von Krosigk am 19. 6. 1941.

14 Vgl. Diskussionsdarstellung bei Hilberg, Vernichtung, Bd. 2, S. 437–449; sowie Adam, Uwe-Dietrich: Judenpolitik im Dritten Reich, Düsseldorf 1972, S. 322–326; und Adler, Der verwaltete Mensch, S. 287–288.

dem Hitler kurz nach Kriegsbeginn entschieden hatte, die deutsch-jüdische Bevölkerung nach Polen »umzusiedeln«, erhielten während der ersten Massentransporte nach Nisko am San Eichmann und seine Mitarbeiter klare Anweisungen aus Berlin, keine Partner aus »Mischehen« in die Transporte einzugliedern.[15] Auch bei der Deportation aus Baden und der Saarpfalz Ende Oktober 1940 mussten in »Mischehe« lebende Juden das Schicksal der mehr als 6000 nach Frankreich verschleppten Menschen nicht teilen.[16] Diese Richtung behielt das Reichssicherheitshauptamt auch noch während der Massentransporte im Herbst 1941 bei. So hieß es in einem Fernschreiben über die Deportationskriterien vom Oktober 1941: »von der abschiebung der juden aus dem reichsgebiet werden jüdische mischlinge und (vorläufig) die in mischehe lebenden juden nicht betroffen.«[17]

Das in diesem Fernschreiben benutzte Wort »vorläufig« verweist aber darauf, dass ihre Deportation für die Zukunft keineswegs ausgeschlossen wurde, weder von der NS-Führung noch vom Reichssicherheitshauptamt. Die Möglichkeit einer Deportation wurde diskutiert. Allerdings hielt man wegen des »arischen« Anhangs pseudolegale Mittel zur Absicherung eines solchen Vorhabens für notwendig. In der NS-Führung erwog man deshalb die Zwangsscheidung. Besonders der Reichsführer SS Heinrich Himmler und Reinhard Heydrich als Chef der Sicherheitspolizei und des SD wollten den Kreis der Deportationsopfer so groß wie möglich abstecken. Mit der am 20. Januar 1942 stattfindenden »Wannseekonferenz« beabsichtigte Reinhard Heydrich, eine reibungslosere Koordination der geplanten Massendeportationen und Vernichtung mit allen von der Deportations- und Vernichtungsplanung berührten Instanzen herbeizuführen.[18] Heydrich, so hieß es im Protokoll der Konferenz, erörterte »im Hinblick auf ein Schreiben des Chefs

15 BA Berlin, R 70, Nr. 9, unfol.: Undatiertes Funkgespräch Zimmermann (Brünn) und Günther (Mährisch-Ostrau).

16 CdS IV D4 an Auswärtiges Amt Luther am 29. 10. 1940, in: Faksimile in: Wiehn, Oktoberdeportation, S. 7.

17 LAB, B Rep. 142/7, 1-2-6/Nr. 1, Bd. 2, unfol.: FS Zeitler (DGT-Berlin) an Fiehler am 28. 10. 1941. Abdruck bei Wolf Gruner, Die NS-Judenverfolgung und die Kommunen. Zur wechselseitigen Dynamisierung von zentraler und lokaler Politik 1933–1941, in: Vierteljahrshefte für Zeitgeschichte, 48 (2000), H. 1, S. 75–126, hier S. 75.

18 Zur Konferenz vgl. Hilberg, Vernichtung, Bd. 2, S. 438–441, 447; Adam, Judenpolitik, S. 319–320; Adler, Der verwaltete Mensch, S. 285–287. Zu den Zielen zuletzt: Pätzold/Schwarz, Tagesordnung: Judenmord, S. 44–46; Longerich, Peter: Die Wannsee-Konferenz vom 20. Januar 1942. Planung und Beginn des Genozids an den europäischen Juden, Berlin 1998, S. 46.

der Reichskanzlei *zunächst theoretisch* die nachstehenden Punkte. [...] Mischlinge I. Grades sind im Hinblick auf die Endlösung der Judenfrage den Juden gleichgestellt. [...]« Bei den »Mischehen« müsse »von Einzelfall zu Einzelfall« entschieden werden, »ob der jüdische Teil evakuiert wird, oder ob er unter Berücksichtigung auf die Auswirkungen einer solchen Maßnahme auf die deutschen Verwandten dieser Mischehe einem Altersghetto überstellt wird«. Heydrich behielt sich also zu diesem Zeitpunkt im Einzelfall sowohl eine Option der Deportation nach Osten als auch nach Theresienstadt in das neuerdings dort für ältere und privilegierte deutsche Juden vorgesehene so genannte Altersghetto vor. Doch Staatssekretär Wilhelm Stuckart vom Reichsinnenministerium monierte den absehbar hohen Verwaltungsaufwand, wenn man solch ein Einzelfallverfahren wählen würde. Er plädierte gleichfalls für die Auflösung der »Mischehen«, beharrte aber auch darauf, dass als Grundlage hierfür und für die Deportation zuerst ein Gesetz über deren Scheidung erlassen werden müsse.[19]

Da es sich zunächst um »theoretische« Erörterungen gehandelt hatte,[20] übermittelte Eichmann an alle regionalen Gestapostellen am 31. Januar 1942, also nur wenige Tage nach der Konferenz, für die nächste Deportationswelle die unveränderten Deportationsrichtlinien mit der weiter geltenden Ausnahme für die »Mischehen«.[21] Die lokalen Gestapodienststellen erhielten die vollständigen »Richtlinien zur technischen Durchführung« der Deportationen erst im März ausgehändigt, als die zwischenzeitlich unterbrochenen Transporte wieder aufgenommen werden sollten. In jenem Schreiben hieß es noch einmal deutlich: »Nicht abgeschoben werden zunächst: 1. In deutsch-jüdischer Mischehe lebende Juden.«[22] Auch hier wurde die Ausnahme aber wieder nur als »vorläufig« betrachtet.

19 (Hervorhebung d. A.) Protokoll der Wannsee-Konferenz vom 20.1. 1942, in: Pätzold/Schwarz, Tagesordnung: Judenmord, Dok. Nr. 24, S. 109–111.

20 Longerich betont insgesamt für die Wannseekonferenz, es sei bei den Ausführungen Heydrichs um langfristige Projekte, weniger um aktuelle Praxis gegangen; Longerich, Die Wannsee-Konferenz, S. 44–45. Vgl. dagegen die Schilderungen der Konferenz bei Stoltzfus und Schröder, die beide die Überlegungen als bereits gefällte Entscheidung darstellen; Stoltzfus, Aufstand, S. 235–236; Schröder, Hitlers unbeugsame Gegnerinnen, S. 48.

21 Ehe- sowie Familientrennungen bei Kindern unter 14 Jahren sollten unterlassen werden. Ortsbehörden erhielten offenbar zunächst nur die Erfassungsaufgabe übermittelt. Neben Zwangsarbeitern galten Juden in »Mischehen«, ausländische Juden und Juden über 65 Jahren als zu registrierende, geschützte Gruppe; Abdruck des RSHA-Erlasses bei Adler, Der verwaltete Mensch, S. 188–189.

22 Jetzt erst verschickten die regionalen Gestapostellen den anderen Teil des Eichmann-Erlas-

Auf der Folgesitzung zur Wannseekonferenz, die im Reichssicherheitshauptamt am 6. März 1942 stattfand, hieß es über die weitere Planung des langfristigen Vorhabens: »Zur Durchführung des Vorschlages von Staatssekretär Dr. Stuckart, alle Mischehen aufzulösen, wurden zwei Wege besprochen. 1. gesetzlicher Ausspruch der Zwangsscheidung in allen Fällen.« Die Vertreter des Propagandaministeriums sowie des Reichsjustizministeriums votierten gegen diesen Stuckart-Vorschlag, denn Interventionen der katholischen Kirche seien bei einem solchen Szenario vorhersehbar. Die Tagungsteilnehmer einigten sich deshalb auf den Kompromiss, die Scheidung der »Mischehen« nur per Einzelfallregelung durchzuführen. Um in der Praxis aber nichts dem Zufall zu überlassen, herrschte »Einigkeit darüber, daß bei einer Scheidung im Einzelfall dafür Sorge getragen werden müsse, daß die Verfahren schnell vor sich gehen und daß ungerechtfertigten Einwendungen der jüdischen Seite ein Riegel vorgeschoben werden müsse. Nachstehendes Verfahren erschien allgemein zweckmäßig: Es wird gesetzlich festgelegt, daß die Gerichte auf Antrag des deutschblütigen Teiles oder des Staatsanwaltes rassenmäßige Mischehen zu scheiden haben. Der Antrag soll vorgesehen werden, um nach außen hin den Eindruck einer Zwangsscheidung abzuschwächen. Die Durchführung soll so erfolgen, dass durch interne Dienstanweisung den beteiligten Deutschblütigen ein gewisser Zeitraum zur Beantragung zur Verfügung stehen soll. Nach diesem Zeitraum würden die Staatsanwaltschaften angewiesen werden, Scheidungsanträge zu stellen.«[23] Das Reichsjustizministerium ließ bald nach der März-Sitzung seine Bedenken gegen eine solche »Scheidungserleichterung« bei »Mischehen« in Deutschland fallen. Staatssekretär Franz Schlegelberger, der zu diesem Zeitpunkt das Reichsjustizministerium geschäftsführend leitete, urteilte, ein Festhalten an der Ehe sei nur bei Deutschblütigen in älteren Ehen zu erwarten. In den Fällen, wo dann der jüdische Teil ins Altersghetto nach Theresienstadt komme, könne auch der deutschblütige ins Ghetto eingeliefert werden. Mit der hier ausgesprochenen potenziellen Auslieferung von »Ariern« übertraf Schlegelberger sogar die radikale Position Heydrichs auf der Wannseekonferenz.[24]

ses vom 31. 1. 1942 im Wortlaut; vgl. Buchholz, Judenhäuser, S. 264–266: Erlass der Stapo(leit)stelle Hannover vom 19. 3. 1942.

23 Niederschrift der Sitzung vom 6. 3. 1942, in: Pätzold/Schwarz, Tagesordnung: Judenmord, Dok. Nr. 31, S. 118. Vgl. zur Sitzung: Hilberg, Vernichtung, Bd. 2, S. 440–441, 447–449.

24 Schlegelberger (RJM) an Teilnehmer der Wannsee-Konferenz am 5. 4. 1942, in: Pätzold/

Im Sommer 1942 monierte die Berliner Gestapo, dass nach den bisher geltenden Kriterien die Transporte aus Berlin nicht mehr gefüllt werden könnten. Es müssten, so Walter Dobberke von der Staatspolizeileitstelle Berlin gegenüber der Jüdischen Gemeinde, »behördlich die Fragen der Heranziehung im Arbeitseinsatz befindlicher und in Mischehen lebender [Juden] geklärt werden«.[25] Das zeigt deutlich, dass die Deportationen eine Eigendynamik entwickelt hatten und manche lokale Stellen den Opferkreis ausweiten wollten. Zugleich bedeutet das aber nicht, dass von der NS-Führung diesem Drängen auch nachgegeben wurde. Aus Berlin wurden in den nächsten Monaten weder Juden aus »Mischehen« noch die Mehrheit der Zwangsarbeiter deportiert.

Auf einem anderen Feld hatte im Sommer 1942 sogar das Reichssicherheitshauptamt selbst die Durchführung radikaler Maßnahmen gegenüber den Juden in »Mischehen« blockiert, und zwar aus finanziellen Gründen. Der Deutsche Gemeindetag und die NSDAP waren mit ihrer gemeinsamen Forderung, alle jüdischen Partner aus »Mischehen« zwangsweise der »Reichsvereinigung der Juden in Deutschland« als Mitglieder zuzuweisen, am Reichsinnenministerium und am RSHA gescheitert. Eine Zwangsmitgliedschaft hätte nämlich bewirkt, dass jüdische Partner aus »Mischehen« nicht mehr von der öffentlichen Wohlfahrt, sondern von jüdischen Hilfsstellen zu versorgen gewesen wären. Vor allem das Reichssicherheitshauptamt sah – und zwar mit Blick auf die laufenden Deportationen – die finanzielle Leistungsfähigkeit der Reichsvereinigung bei einer Aufnahme Tausender neuer, meist fürsorgebedürftiger Menschen akut gefährdet. Die Parteien einigten sich auf einen Kompromiss, der allerdings zu diesem Zeitpunkt deutlich zugunsten der Interessen der Sicherheitspolizei ausfiel: Nur nach Auflösung von »Mischehen« durch Tod oder Scheidung mussten die jüdischen Partner künftig Mitglieder der Reichsvereinigung werden.[26]

Die Frage der Zwangsscheidung blieb aber weiter umstritten.[27] Am 27. Oktober 1942 fand eine weitere Sitzung zu diesem Thema im Reichs-

Schwarz, Tagesordnung: Judenmord, Dok. Nr. 39, S. 126–127. Vgl. Hilberg, Vernichtung, Bd. 2, S. 449.

25 BA, ZwA-DH, R 8150, Film 52407-Nr. 23, Bl. 103: Notiz JKV Berlin (Kozower) über Rücksprache bei der Gestapo Berlin am 29. 7. 1942, vom 8. 8. 1942.

26 Vgl. Entstehung und Verlauf dieser Auseinandersetzung bei Wolf Gruner, Öffentliche Wohlfahrt und Judenverfolgung. Wechselwirkungen lokaler und zentraler Politik im NS-Staat (1933–1942), München 2002, S. 302–305.

27 Vgl. ausführlich zum Scheidungsrecht und der Praxis in Hamburg: Meyer, »Jüdische Mischlinge«, S. 68–94.

sicherheitshauptamt statt. Dort hieß es, wenn der »deutschblütige« Partner keine Scheidung einreiche, müsse man zu einer Zwangsscheidung kommen: »Die Zwangsscheidung scheint deswegen angebracht, weil mit Rücksicht auf die Abschiebung der Juden klare Rechtsverhältnisse auf diesem Gebiet geschaffen werden müssen.« Bei den Ehen von »Mischlingen I. Grades mit Deutschblütigen« werde »von einer Zwangsscheidung [...] Abstand genommen, da einmal der Mischling ersten Grades im Reichsgebiet verbleibt und zum anderen die erzwungene Aufhebung der Ehe zu einer erheblichen Beunruhigung des deutschen Teiles der Verwandtschaft beitragen würde, was in diesen Fällen vermieden werden kann und muß«. Das Besprechungsergebnis sollte »vereinbarungsgemäß den beteiligten Dienststellen zur beschleunigten abschließenden Stellungnahme innerhalb von längstens 4 Wochen zugeleitet werden«.[28] Nun sah es aus, als wenn in Kürze ein solches Zwangsscheidungsgesetz erlassen werden würde und damit der Weg für eine Deportation frei wäre.[29] Inzwischen hatte jedoch, wie schon im Januar 1942 von den Ministerien befürchtet, die katholische Kirche gegen die erwartete Verabschiedung eines Zwangsscheidungsgesetzes interveniert, weil ein solcher staatlicher Akt gegen die katholischen Normen, vor allem gegen das heilige Sakrament der Ehe, verstoßen würde. Das blieb nicht ohne Wirkung bei den beteiligten Parteien.[30]

Die NS-Führung wollte aber jede Unruhe in der »deutschblütigen« Bevölkerung während des Krieges vermeiden. Ähnlich gespalten zeigte man sich deswegen in der Haltung in der Frage der »Mischlinge«.[31] 1942 war in der Politik gegenüber dieser Gruppe nämlich ebenfalls nicht klar, wohin sich die Waagschale neigen würde. Einerseits waren Pläne, sie zu deportieren, aufgegeben worden, andererseits diskutierte die NS-Führung ihren Einsatz als Zwangsarbeiter heftig und kontrovers. Während Hitler und andere den Zwangseinsatz von »Misch-

28 Abdruck des Protokolls, in: Eschwege, Kennzeichen J, S. 264–265. Vgl. Hilberg, Vernichtung, Bd. 2, S. 449.

29 Stoltzfus interpretiert die Ergebnisse der Sitzung so, dass man sich geeinigt habe, diese Ehen zu trennen und zu deportieren; Stoltzfus, Aufstand, S. 263.

30 Leichsenring, Jana: Katholiken in der Rosenstraße. Das »Hilfswerk beim Bischöflichen Ordinariat Berlin« und die »Mischehen«, in: Zeitschrift für Geschichtswissenschaft, 52 (2004) H. 1, S. 37–49, hier S. 42. Hier auch weiterführende Literaturhinweise zu diesem Thema.

31 Zur Politik gegenüber »Mischlingen« ausführlich Noakes, Jeremy: The Development of Nazi Policy towards the German-Jewish »Mischlinge« 1933–1945, in: Leo Baeck Yearbook XXXIV, 1989, S. 291–354; sowie Meyer, »Jüdische Mischlinge«.

lingen« in Baukolonnen favorisierten, schien einigen Ministerialvertretern auch der Gedanke gar nicht abwegig, diese nach Tausenden zählende Gruppe wieder für den Wehrdienst in der deutschen Armee zu reklamieren.[32]

Die Zwangsscheidung der »Mischehen« legte die NS-Führung jedenfalls Ende 1942 erst einmal auf Eis. Wenn aber der Plan einer Zwangsscheidung nicht ins Werk gesetzt wurde, fiel damit auch die von der NS-Führung als notwendig erachtete Voraussetzung weg, diese Gruppe deportieren zu können.[33] Gleichwohl findet sich in der Literatur ab und an die Auffassung, dass schon 1942 für den jüdischen Ehepartner in einer »Mischehe« eine Scheidung die Deportation in den Tod zur Folge hatte. So wird behauptet, auch ohne Gesetz habe die generelle Praxis geherrscht, in »Mischehe« lebende Juden abzutransportieren, wenn der »arische« Ehepartner sich hatte scheiden lassen oder gestorben war.[34] Möglicherweise trifft das auf Einzelfälle zu. Es gibt z. B. Berichte über eine entsprechende Aktion des oben schon erwähnten, berüchtigten SS-Obersturmführers Alois Brunner aus Wien. Brunner ließ offenbar in der ersten Januarwoche 1943 mehrere Berliner Juden aus »Mischehen« vorladen. Sie sollten die Papiere ihrer »arischen« Ehefrauen zur Überprüfung vorlegen. Bei dieser Gelegenheit wurden Einzelne verhaftet, wie z. B. Walter Behrend. Allerdings schickte man ihn nicht nach Auschwitz, sondern in das Arbeitserziehungslager Großbeeren, was gegen die Eingliederung dieser Gruppe in die Deportationen spricht.[35] Andere sollen in ihren Wohnungen verhaftet worden sein.[36] Doch war das weder landesweite und generelle Praxis zu diesem Zeitpunkt, noch handelt es sich hierbei um die generelle Eingliederung dieser Gruppe in die Deportationen.

32 Akten der Parteikanzlei der NSDAP, hrsg. vom Institut für Zeitgeschichte, München u.a. 1983, Teil II, Bd. 4, Nr. 066018–19: RMVP-Vermerk vom 10. 2. 1943. Vgl. ausführlich dazu Wolf Gruner, Die NS-Führung und die Zwangsarbeit für sogenannte jüdische Mischlinge. Ein Einblick in Planung und Praxis antijüdischer Politik in den Jahren 1942 bis 1944, in: Rassismus, Faschismus, Antifaschismus: Forschungen und Betrachtungen gewidmet Kurt Pätzold zum 70. Geburtstag, hrsg. von Manfred Weißbecker und Reinhard Kühnl, Köln 2000, S. 63–79.

33 Vgl. diese Meinung auch bei Hilberg, Vernichtung, Bd. 2, S. 449.

34 Stoltzfus, Protest, S. 227; ders., Aufstand, S. 350.

35 CJA Berlin, 4.1, Nr. 125, unfol.

36 AS LG Berlin, Js 9/65 Bovensiepen-Verfahren, Zeugenheft (im Folg. ZH) 120 (Rensfeld, Eva), Bl. 10.

Die Juden aus »Mischehen« und die Fabrik-Aktion

Offiziell lebten zu Beginn des Jahres 1943 nur noch 51327 Jüdinnen und Juden im Altreich, davon inzwischen zwei Drittel in Berlin. In der Zahl waren etwa 16760 jüdische Partner aus »Mischehen« enthalten, von denen ungefähr die Hälfte in der Reichshauptstadt lebte.[37] In Berlin zählte man rund 6000 »privilegierte Mischehen« und 2800 »nichtprivilegierte Mischehen«.[38] Nach allgemeiner heutiger Auffassung schwebte damals über dieser Gruppe das Damoklesschwert des bevorstehenden Abtransportes nach Auschwitz. Bislang gründet diese Annahme aber lediglich auf der Tatsache der Internierung in der Rosenstraße sowie auf Aussagen der Überlebenden. Es existieren aber keine Dokumente, die beweisen, dass die Deportation dieser Gruppe insgeheim vorbereitet bzw. erklärtes Ziel der Fabrik-Aktion vom Ende Februar 1943 gewesen ist.[39]

Im Gegenteil: Für die letzte große Deportationswelle galten die oben bereits zitierten, neuen RSHA-Richtlinien für die Deportation nach Auschwitz vom 20. Februar 1943, die besagten, dass Juden in »Mischehen« sowie »jüdische Mischlinge«, die als Juden galten, ausdrücklich von den Transporten ausgenommen waren. Auch in den am selben Tag herausgegebenen Richtlinien für die Deportation nach Theresienstadt blieben Juden aus »Mischehen« ausdrücklich ausgeklammert.[40] Nach beiden Richtlinien konnte jetzt erstmals eine einzige kleine Gruppe, nämlich Juden aus aufgelösten »nichtprivilegierten Mischehen«, die zum Tragen des »Judensterns« verpflichtet waren, sowie »Geltungsjuden«, die mit Juden verheiratet waren, deportiert werden. Somit galten Ende Februar 1943 folgende »Jüdinnen und Juden« aufgrund des Status ihrer »Mischehe« als vor dem Abtransport geschützt: 1. Alle jüdischen Eltern eines »Mischlings«, auch wenn dieser im Krieg gefal-

37 BA Berlin, NS 19, Nr. 1570, unfol.: Korherr-Bericht (Langfassung), Stand 1.1.1943, S. 5.

38 Zahlen von Anfang 1942, da diese Gruppe nicht deportiert wurde, müssten diese Zahlen relativ konstant geblieben sein; BA, ZwA-DH, R 8150, Film 52407–23, Bl. 152: Zahl der Juden in Berlin, Stand 31.1.1942 (RV-Statistik).

39 Es ließen sich keine Hinweise für eine Bestätigung der These finden, dass Eichmann zu diesem Zeitpunkt Pläne vorbereitet habe, die Juden in »Mischehen« schrittweise zu deportieren, und zwar zuerst die Juden in kinderlosen, deshalb »nichtprivilegierten Mischehen«. Vgl. diese, sich auf eine Aussage eines nicht unmittelbar Beteiligten vom März 1943 stützende These bei Stoltzfus, »Third Reich History«, S. 675.

40 Vgl. Kapitel 2.

len oder wenn die Ehe durch Tod oder Scheidung beendet war. 2. Alle kinderlosen jüdischen Frauen, solange die Ehe bestand. Für sie bedeutete dieser Status, dass sie als in einer »privilegierten Mischehe« lebend, das stigmatisierende »Judenkennzeichen« nicht tragen mussten und von diversen antijüdischen Maßnahmen verschont blieben. Als »nichtprivilegiert« galten nach NS-Kriterien hingegen die jüdischen Partner in einer »Mischehe«, deren »halbjüdische« Kinder als Juden klassifiziert worden waren, sowie jüdische Männer in einer kinderlosen »Mischehe«, außer wenn der Sohn im Krieg gefallen war. Jüdische Deutsche aus »nichtprivilegierten Mischehen« konnten aber auch nur dann deportiert werden, wenn diese wegen Tod oder Scheidung nicht mehr bestand.[41] Wie hier zu sehen ist, hatte Eichmann also keineswegs, wie behauptet wird, Anfang 1943 die Deportationskriterien generell zuungunsten der Juden in »Mischehen« erweitert.[42]

Um die Frage schlüssig zu beantworten, ob Juden aus »Mischehen« in Deutschland zu diesem Zeitpunkt akut gefährdet waren, lohnt ein Blick auf die Praxis in den besetzten Ländern. Während im Osten keinerlei Ausnahmen für »Mischlinge« oder Juden in »Mischehen« galten, war das hingegen in den westlichen Ländern, deren Bevölkerung als »arisch« angesehen wurde, noch der Fall. Für die im Juli/August 1942 geplanten Deportationen von 90 000 Juden aus Frankreich, Belgien und den Niederlanden ordnete das Reichssicherheitshauptamt an, »zunächst arbeitsfähige Juden, soweit sie nicht in Mischehen leben«, zu erfassen.[43] Mitte Januar 1943 klammerte das RSHA auf Anfrage aus Paris sowohl französische, staatenlose und ausländische Juden in »Mischehen« erneut explizit von den Transporten nach Auschwitz aus. Als Staatenlose galten seit der 11. Verordnung zum Reichsbürgergesetz alle emigrierten jüdischen Deutschen, also auch die nach Frankreich geflüchteten.[44] Auch in den Niederlanden nahm das RSHA die Juden

41 Hilberg, Vernichtung, Bd. 2, S. 446.

42 Stoltzfus, Aufstand, S. 14.

43 Telegramm Luther im Auswärtigen Amt vom 28.6. 1942, in: Topographie des Terrors, Nr. 58, S. 146.

44 Serge Klarsfeld, Vichy–Auschwitz. Die Zusammenarbeit der deutschen und französischen Behörden bei der »Endlösung der Judenfrage« in Frankreich, Nördlingen 1989, S. 479: Günther RSHA IV B4a 3233/41g (1085) an BdS Paris (Dr. Knochen) am 25. 1. 1943. Sowie ebd., S. 516–517: Erlass BdS Paris vom 27. 3. 1943. Vgl. auch mehrere Dokumente vom 24. 2. bis 10. 3. 1943, die von der Ausklammerung der »Mischehen« von den Transporten sprechen, in: Klarsfeld, Serge: Die Endlösung der Judenfrage in Frankreich. Deutsche Dokumente 1941–1944, Paris 1977, S. 178–183.

aus »Mischehen« noch im Sommer 1943, also Monate nach der Fabrik-Aktion, von den Deportationen aus. Im Bericht des Vertreters des Auswärtigen Amtes beim Reichskommissar für die besetzten Niederländischen Gebiete über eine »Großaktion« zur »Entjudung« Amsterdams am 20. Juni 1943, die auch der Entfernung der Juden aus Rüstungsbetrieben diente, hieß es: »Die dort vorgefundenen Juden (ausgenommen Mischehen [...]) wurden marschfertig gemacht und in der gleichen Nacht nach Westerbork gebracht.«[45] Aus diesem Sammellager in Holland deportierte man sie dann nach Auschwitz. Erst ab 1944 galten französische Juden in »Mischehen« nicht mehr als geschützt.[46] Wenn also in den westlichen besetzten Ländern diese Ausnahmeregelungen während und nach der Fabrik-Aktion Bestand hatten, wirft das zumindest Zweifel an einer Deportationsabsicht für Deutschland auf. Wieso sollten deutsche Juden aus »Mischehen« deportiert werden, während sie in Frankreich und den Niederlanden noch Protektion genossen, wo doch die NS-Führung gerade in Deutschland während des Krieges eine Unruhe bei der »arischen« Verwandtschaft vermeiden wollte?

Nur wenige Tage nach den neuen Richtlinien zur Deportation nach Auschwitz bzw. Theresienstadt gab das Reichssicherheitshauptamt direkte Anordnungen zur Fabrik-Aktion heraus. Im Erlass der Gestapo Frankfurt/Oder vom 24. Februar 1943 stand, das Reichssicherheitshauptamt in Berlin habe für die Großrazzia angeordnet, »dass sämtliche noch in Betrieben beschäftigten Juden zum Zwecke der Erfassung aus den Betrieben zu entfernen sind«, darunter auch »die in Mischehe lebenden Juden«. Dabei wurde vom Reichssicherheitshauptamt aber nicht zwischen »privilegierter« und »nichtprivilegierter« Mischehe unterschieden. Es hieß ganz klar in den Anweisungen: »Soweit keine Gründe vorhanden sind, die eine Inhaftierung des in Mischehe lebenden jüdischen Eheteiles rechtfertigen, sind diese in ihre Wohnung zu entlassen. Sie dürfen auf keinen Fall wieder in diese[m] oder eine[m] anderen Betrieb beschäftigt werden. Über ihre weitere Verwendung ergeht noch Anweisung.«[47] Auch die Gestapo Dortmund übermittelte am

45 Bericht an das Auswärtige Amt vom 25.6. 1943, in: Topographie des Terrors, Nr. 61, S. 149–150.

46 Richard H. Weisberg, Vichy Law and the Holocaust in France, 2. printing, New York 1998, S. 65, 233–234.

47 BLHA Potsdam, Pr.Br. Rep. 41 Großräschen, Nr 272, Bl. 84.

26. Februar den Landräten und Oberbürgermeistern ihres Bezirks, dass »die im Arbeitseinsatz befindlichen Juden aus dem Arbeitsprozess mit dem Ziele ihrer *teilweisen* Evakuierung nach dem Osten« herauszunehmen seien. Und ganz ähnlich wie in Frankfurt/Oder hieß es auch in Dortmund: »Die hier verbleibenden Juden dürfen zu Arbeiten irgendwelcher Art nicht mehr eingesetzt werden. Die Arbeitsämter werden vom Landesarbeitsamt Dortmund mit entsprechender Weisung versehen werden.«[48] Die Erlasse der Gestapostellen zeigen übereinstimmend: Juden in »Mischehen« waren aus der Industrie zu entfernen, sie waren nach Hause zu entlassen und ihre »Verwendung«, sprich ihr Zwangseinsatz, war zu reorganisieren. Sie sollten also nicht deportiert werden.

Victor Klemperer war – wie oben geschildert – am Tag der Fabrik-Aktion von Lewinsky aus der Jüdischen Gemeinde gewarnt worden, dass alle, auch die »privilegierten Mischehen« möglicherweise verhaftet werden würden. Doch schon einen Tag später, am 28. Februar 1943, schickte Lewinsky eine Entwarnung, der offensichtlich inzwischen neue Informationen von der Dresdner Gestapo erhalten hatte. In Lewinskys Brief hieß es nun deutlich, Klemperer möge sich nicht sorgen, »die gegenwärtige Aktion gelte *nicht* den Mischehen«.[49] In den von der Großrazzia betroffenen Orten handelte die Gestapo nach den RSHA-Richtlinien und -anweisungen. Karla Wolf schrieb über die Abschlussrazzia in Breslau: »Sie gingen alle von uns auf diese Weise – die Freunde aus der Schule, die Lehrer, die ganze große, einstmals blühende Gemeinde zu Breslau. Zurück blieben die Altersheime, einige hundert privilegierte Familien sowie ehemalige Kriegsverletzte aus dem ersten Weltkrieg. Träger des ›eisernen Kreuzes‹, einige Ärzte, Kapazitäten und wir – die Mischehen.«[50] Und über die Situation in Dresden notierte Klemperer am 2. März 1943: »Was zurückbleibt, sind nur die durch Mischehe Geschützten. Auf wie lange Geschützten? Odysseus beim Polyphem, dich fress' ich zuletzt.«[51]

48 (Hervorhebung d. A.) Polizeiarchiv Dortmund, B 1802, Bl. 201–202: Vertraulicher Erlass vom 26. 2. 1943 in Erlass des Landrats von Meschede vom 1. 3. 1943; Faksimile des Gestapo-Erlasses in: Harmann-Schütz/Blome-Drees, Die Geschichte der Juden in Sundern, S. 84–85.

49 (Hervorhebung im Original) Klemperer, Tagebücher 1942–1945, S. 337: Eintrag vom 28. 2. 1943.

50 Wolf, Ich blieb zurück, S. 31.

51 Klemperer, Tagebücher 1942–1945, S. 338.

In Berlin stellte sich die Lage auf den ersten Blick anders dar. Am 2. März 1943 erhielt Kardinal Bertram, der Vorsitzende der Deutschen Bischofskonferenz, in Breslau einen detaillierten Bericht über die Berliner Ereignisse. Verfasst hatte diesen Report die geschäftsführende Leiterin des »Hilfswerks beim Bischöflichen Ordinariat Berlin«, Dr. Margarete Sommer.[52] Sie schrieb:

»Am Sonnabend, dem 27. Februar, setzte in Berlin eine Evakuierung ein in einem Ausmaß und mit einer Härte, wie sie in Berlin bisher nicht erlebt worden war. Innerhalb von zwei Tagen wurden ca. 8000 Nichtarier abgeholt ohne Rücksicht darauf, ob sie schon lange – oft schon seit Jahrzehnten – getauft worden waren; aber vor allem dieses Mal ohne Rücksicht darauf, ob sie in einer Mischehe leben oder nicht; auch die christlichen Mischehen sind auf diese Weise gewaltsam getrennt worden. Alle Bemühungen der arischen Ehegatten und der halbarischen Kinder, den nichtarischen Gatten bzw. Elternteil freizubekommen, sind vergeblich. In härtester Form werden sie abgewiesen und buchstäblich vertrieben. Die Straße, in der die aus den Mischehen stammenden Männer und Frauen untergebracht sind, ist polizeilich abgesperrt worden; und selbst Wohnungsschlüssel und Lebensmittelkarten, die die Eingeschlossenen in vielen Fällen von der ganzen Familie bei sich führten, durften nicht ausgehändigt werden. [...] Als das Gesetz betr. Trennung von arischen Mischehen zu erwarten stand, hatte Seine Eminenz schriftlich interveniert (Reichskanzlei, Kirchen-, Justiz- und Innenministerium). Da aber mit erschreckender Schnelligkeit abtransportiert wird – am Montag waren von den am Samstag und Sonntag gefangenen 8000 Menschen schon 3500 abtransportiert –, würde ein schriftlicher Protest wohl zu spät kommen. Streng vertraulich wurde einem unserer Herren aus einem Ministerium mitgeteilt, daß noch vor einer Woche auf eine Anfrage hin von der SS-Führung geantwortet worden sei, daß bei der geplanten Razzia die Mischehen nicht einbezogen

52 Zur Person von Margarete Sommer, die schon 1942 für Kardinal Bertram zwei Denkschriften zur Lage der verfolgten Juden verfasst hatte, und zu ihrer Tätigkeit (ab 1941) beim Hilfswerk für »Nichtarier« beim bischöflichen Ordinariat Berlin vgl. ausführlich: Leichsenring, Katholiken in der Rosenstraße, S. 37–49; Phayer, Michael: Protestant and Catholic Women in Nazi Germany, Wayne State University Press, Detroit 1990, S. 204–224. Sowie kurz mit weiteren Literaturhinweisen Büttner, Ursula: Die anderen Christen. Ihr Einsatz für verfolgte Juden und »Nichtarier« im nationalsozialistischen Deutschland, in: Kosmala, Beate/ Schoppmann, Claudia: Überleben im Untergrund. Hilfe für Juden in Deutschland 1941–1945, Berlin 2002, S. 127–150.

würden, daß sie ›geschützt‹ seien. – Das Gegenteil ist der Fall; eine große Zahl Mischehen, katholische und evangelische, sind auf diese Weise gewaltsam getrennt worden. [...] Soweit wir feststellen konnten (streng vertraulich), sind die aus Mischehen Abgeholten bis zum Montagabend noch nicht in die Evakuierungstransporte eingegliedert worden. Noch scheint Hilfe möglich, aber der Mittwoch oder Donnerstag soll eventuell schon über ihr Schicksal entscheiden. Die Menschen sind vollkommen verzweifelt. Selbst wenn ein Schritt der Kirche nicht den geringsten Erfolg hätte, würde [für] sie das Bewußtsein, daß in dieser letzten Minute die Kirche in mütterlichster und tatkräftigster Weise für sie eingetreten ist, Trost in ihrer Qual sein. Immer wieder fragen sie, was für sie unternommen werde.« Margarete Sommer drängte deshalb den Kardinal: »Nur ein sofortiger, persönlicher Schritt – vielleicht durch seine Exzellenz Wienken im Auftrage des Deutschen Episkopates –, der noch am Mittwoch oder Donnerstag unternommen werden müßte (im Reichssicherheitshauptamt, Reichskanzlei, Kirchenministerium), könnte vielleicht wenigstens aufschiebende Wirkung erzielen und Zeit gewinnen lassen für eine Intervention im Führerhauptquartier. Aus zuverlässiger Quelle verlautete, daß der Protest Seiner Eminenz gegen das im Herbst geplante Trennungsgesetz nicht ungehört und nicht wirkungslos geblieben sei. Der damals vorliegende Entwurf ist vorläufig liegengeblieben; aber nun trifft dazwischen das gewaltsame Vorgehen der SS.«[53] Deutlich wird hier, dass Margarete Sommer auf der Basis der ihr seit dem »Tag des Infernos« zugegangenen Informationen vermutete, die Internierung der Mischehen sei zum Zwecke der Deportation erfolgt.[54]

Diese Furcht, vor allem mit Blick auf die katholischen »Mischehen«, teilten die Kirchenoberen. Deshalb sandte Kardinal Bertram noch am gleichen Tag ein Telegramm an Bischof Wienken, den Kommissar der Fuldaer Bischofskonferenz in Berlin: »Bitte Sache Trennung rassischer Mischehen namens [des] gesamten Episkopats mündlich Protest einlegen [bei] ministeriellen Stellen, Reichskanzlei, Reichssicherheitshauptamt im Sinne meiner Eingabe [vom] elften November.«[55] Bertram

53 Schreiben von Margarete Sommer, Leiterin des »Hilfswerks (für jüdische Katholiken) beim Bischöflichen Ordinariat Berlin«, (ca. vom 2. 3. 1943), in: Akten deutscher Bischöfe, Bd.VI: 1943–1945, Dok. 817, S. 19–21.

54 Vgl. dazu und zum Folgenden jüngst: Leichsenring, Katholiken in der Rosenstraße, S. 37–46.

55 Telegramm vom 2. 3. 1943, in: Akten deutscher Bischöfe über die Lage der Kirche, Bd.VI, S. 21, Anm. 3.

selbst richtete entsprechende Petitionen an Reichsinnenminister Frick, das Reichskirchenministerium, an das Reichsministerium der Justiz (Thierack), die Reichskanzlei (Lammers) und an das RSHA, in dem er die Razzia und die Trennung der Familien beschrieb und dagegen protestierte: »Nach Recht und Sittlichkeit und heiligster Glaubensüberzeugung dürfen solche Ehen, solche Familien nicht jetzt nachträglich aus dem Grunde rassischer Rücksichten schuldlos vom Staat zerrissen werden.«[56]

Was war passiert? Galten die RSHA-Anweisungen in der Hauptstadt nicht? Gab es hier eine Sonderaktion, um die Juden aus »Mischehen« zu deportieren?[57] Und wenn das so war, wer trug die Verantwortung hierfür: Goebbels, die Berliner Gestapo ohne Wissen des RSHA oder gar das RSHA selbst? Da weder die Kirche noch die Betroffenen oder deren Angehörige etwas über die wirklichen Pläne der Verfolger wussten, mussten sie annehmen, dass die Deportation der Juden in »Mischehen« jetzt auf der Tagesordnung der Verfolger stand. Denn viele Menschen dieser Gruppe wurden während der brachialen Razzia erfasst und in die Sammellager eingeliefert. Allerdings achtete die Berliner Gestapo bemerkenswert genau darauf, dass die »Geltungsjuden« und Juden, die in »Mischehe« lebten, nach ihrer Ankunft in den Lagern von den zu Deportierenden stets getrennt wurden. In Hildegard Henschels Nachkriegsbericht heißt es dazu: »Die Gestapo hatte in den Lägern mitgeteilt, daß die Insassen beschleunigt evakuiert würden, nur Menschen, die den ›Gelben Schein‹ hatten, sollten zurückbleiben und bald entlassen werden, ebenso wurden alle, die sich als ›arisch versippt‹ meldeten, in das Lager Rosenstraße verbracht, wo sie die weitere Klärung ihres Falles abwarten sollten. Wer ein Anrecht auf Theresienstadt zu haben glaubte und es nachweisen konnte, sollte auch abgesondert werden; bis auf einzelne Fälle, die eben im Chaos untergingen, wurde das auch durchgeführt.«[58] Wenn man die Berichte von Überlebenden auf die Situation in den Sammellagern hin anschaut, wird dieses Faktum bestätigt.

56 Schreiben vom 2.3. 1943, in: Akten deutscher Bischöfe über die Lage der Kirche, Bd.VI, Dok. 818, S. 21–23.

57 So die Grundthese bei Stoltzfus, Widerstand des Herzens. Der Aufstand.

58 Henschel, Aus der Arbeit, S. 47–48. Zit. bei Ball-Kaduri, Berlin wird judenfrei, S. 210.

Selektion in den Sammellagern und erste Entlassungen

In der Kaserne Rathenowstraße in Moabit, wohin unter anderem 150 bis 200 Zwangsarbeiter und Zwangsarbeiterinnen der Osram AG Berlin gebracht worden waren, bekamen die in »Mischehe« Lebenden gleich bei der Ankunft einen Zettel umgehängt. Die »mit Karten markierten« wurden noch einmal »auf Lastautos geladen und von dort nach der Rosenstraße befördert«, so berichtete später Siegfried Cohn.[59] Andere erinnern sich, dass in diesem Lager erst am 28. Februar »alle Juden, die in privilegierter Ehe oder in Mischehe lebten, sowie alle Mischlinge aufgefordert [wurden], sich für einen Abtransport in das Lager Rosenstr[aße] bereitzuhalten.« Gerda Kühnel schilderte Folgendes: »Obwohl wir (meine Schwester und ich) sog. Geltungsjuden waren, haben wir uns für die Rosenstr. gemeldet, in der Hoffnung, es dort besser zu haben. Jeder einzelne mußte an einen langen Tisch herantreten und wurde dort von einem Gestapo-Beamten genauestens kontrolliert.« Dann brachte man auch sie mit Lastwagen in die Rosenstraße.[60]

In der Synagoge Levetzowstraße wurden die Ankommenden ebenfalls nach diesen Kriterien sortiert. Curt Radlauer sagte später aus: »Gleich nach unserer Ankunft [...] wurden wir von zwei jüdischen Ordnern und einem dahinterstehenden Gestapoangehörigen nach bestimmten Gruppen eingeordnet. Da ich nach der damaligen Terminologie in einer sog. Mischehe lebte, mußte ich eine Treppe hoch zur Galerie der Synagoge gehen und mich in der Folgezeit dort aufhalten. [...] Am Nachmittag des gleichen Tages wurden wir in Mischehe lebenden jüdischen Bürger zur Rosenstr. gebracht.«[61] Ein weiterer Überlebender erinnerte sich etwas anders: »Mitten in der Nacht kam dann die Order, daß die Halbjuden nicht mit auf Transport gehen. [...] *Die hatten dann eine Gruppe zusammen und sagten, daß wir nach Hause gehen könnten.* Wir wurden aber auf Lastwagen verladen. Dann kamen wir in die Rosenstraße.«[62]

59 Bericht Siegfried Cohn zit. bei Kwiet, Pogrom, S. 593.

60 AS LG Berlin, Js 9/65 Bovensiepen-Verfahren, ZH 75 (Gerda Kühnel), Bl. 6: Vernehmung von Gerda Kühnel am 30. 9. 1966.

61 AS LG Berlin, Js 9/65 Bovensiepen-Verfahren, ZH 110 (Radlauer, Curt), Bl. 11–12: Vernehmung Curt Radlauer vom 10. 11. 1966. Vgl. auch Interview mit Herrn K. auf http://www.rosenstrasse-protest.de/interviews/interview K.html; sowie eine Schilderung bei Stoltzfus, Aufstand, S. 295.

62 (Hervorhebung d. A.) Gespräch mit K. A., in: Zehn Brüder waren wir gewesen, S. 405–406.

Rudolf Schwersensky berichtete: »Nach einer gewissen Zeit wurden wir Neuankömmlinge aufgefordert, uns aufzustellen und unsere Personalausweise vorzuzeigen. [...] Anschließend wurden wir nach bestimmten Merkmalen aussortiert, und zwar ging es darum, festzustellen, wer sogenannter Mischling oder in Mischehe lebender Jude war. [...] Alle ausgesonderten Mischehepartner verbrachte man sodann per Lastwagen in ein Gebäude der jüdischen Gemeinde in der Rosenstraße.«[63] Dass die Auswahlprozedur noch am selben Tag stattfand, wird noch in weiteren Berichten erwähnt[64], möglicherweise zog sie sich bis zum nächsten Tag hin.[65] Immer noch trafen ja weitere Verhaftete in den Lagern ein. Möglicherweise gab es aus dem Lager Levetzowstraße auch mehrere Transporte in die Rosenstraße: am späten Abend[66] und am nächsten Morgen.[67]

In der Hermann-Göring-Kaserne in Reinickendorf soll die Trennung am Morgen nach der Razzia erfolgt sein. Dann wurden die »Mischehen« und »Geltungsjuden« in die Rosenstraße gefahren.[68] Im Sammellager »Clou« erfolgte ebenfalls eine »Aussortierung nach Privilegierungen«, so Fritz Groß. Die Gestapo teilte verschiedenfarbige Karten aus, die sich die Betroffenen an die Kleidung heften mussten.[69] Margarethe D. sagte aus, dass im Clou die »Menschen sofort nach Mischehen und Volljuden« sortiert wurden.[70] Im Lager Große Hamburger Straße wurden zunächst ebenfalls Juden in »Mischehen« und »Geltungsjuden« interniert, die bei der Razzia in den Betrieben oder auch in ihren Wohnungen festgenommen worden waren.[71] Auch hier

63 AS LG Berlin, 3 P Ks 1/71 gegen Otto Bovensiepen, Bd. XVIII, Bl. 37: Vernehmung Rudolf Schwersensky vom 15. 4. 1966. Vgl. Bericht Schwersensky bei Schulle, »Gebt unsere Männer frei!«, S. 163.

64 Vgl. Bericht Günther Rosenthal zit. bei Schulle, »Gebt unsere Männer frei!«, S. 164.

65 Vgl. den Bericht von Hans-Oskar Löwenstein bei Schröder, Gegnerinnen, S. 174.

66 AS LG Berlin, 3 P Ks 1/71 gegen Otto Bovensiepen, Bd. XII, Bl. 89–90: Vernehmung Julius Coper vom 1. 11. 1965.

67 Ebenda, Bd. XII, Bl. 80: Vernehmung Kurt Block am 28. 10. 1965.

68 Bericht Erika Lewin; Schröder, Gegnerinnen, S. 116–117. Dagegen berichtet Erika Lewin an anderer Stelle von einer Trennung nach der Ankunft; Girod, Regina/Lidschun, Reiner/Pfeiffer, Otto: Nachbarn. Juden in Friedrichshain. Hrsg. Kulturring in Berlin e.V., Berlin 2000, S. 66.

69 Bericht von Fritz Groß zit. bei Schulle, »Gebt unsere Männer frei!«, S. 163.

70 Bericht Margarethe D. bei Meyer, Inhaftierung der »jüdisch Versippten«, S. 184.

71 Bericht von Rose Winterfeldt, die am 2. 3. in ihrer Wohnung festgenommen wurde und im Lager Große Hamburger Straße drei Tage zubringen musste; Helas, Horst: Juden in Berlin-Mitte. Biografien, Orte, Begegnungen. Hrsg. vom Verein zur Vorbereitung einer Stiftung Scheunenviertel Berlin e.V., Berlin 2000, S. 236.

wurde selektiert. Allerdings berichten zwei Überlebende, dass sie erst durch mehrmaliges Protestieren in die von den Deportationen ausgenommene Gruppe eingereiht wurden.[72] Von der Sammelstätte Große Hamburger Straße überwies die Gestapo nach einigen Tagen etwa 150–200 »Geschützte« in die Rosenstraße[73], darunter auch »Geltungsjuden«.[74] Diejenigen, die wie Gad Beck Vorladungen zum »Arbeitsamt für Juden« bekommen hatten, wurden bereits auf dieser Behörde selektiert. Sie kamen mit einem besonderen Transport, der im Laufe des Tages gefüllt wurde, direkt in die Rosenstraße.[75]

Die personal- und zeitaufwendigen Selektionen unter den Opfern in den Sammellagern und die Verbringung der Juden aus »Mischehen« an einen separaten Ort widerlegen die spekulative Behauptung, sie wären ungeachtet anders lautender Pläne überraschend in die Massentransporte nach Auschwitz einbezogen worden, ebenso wie die These von einer Internierung aus Versehen durch die Gestapo.[76] Auch eine Übertretung der Richtlinien durch die Berliner Gestapo kommt nicht in Frage, weil sie in Berlin direkt im Blickfeld des RSHA operierte, das die Durchführung der Deportationen steuerte und kontrollierte. Zwar hatte es seit Herbst 1941 einzelne Übertretungen der Richtlinien gegeben, vor allem Alte und Zwangsarbeiter waren deportiert worden, doch solche lokale Praktiken unterband das RSHA schnell.[77] Im Berlin des Februar 1943 und in der Rosenstraße ging es aber nicht um Einzelfälle, sondern um 2000 Menschen! Wie wir noch sehen werden, war das Reichsicherheitshauptamt selbst dafür verantwortlich.

Die Gestapobeamten führten in allen Sammelstätten bis zum zweiten Tag der Fabrik-Aktion Selektionen durch. Während dieser Prozedur wurden einige der Ausgewählten von den Beamten beruhigt. Otto Fried, der in der Hermann-Göring-Kaserne in Reinickendorf gewesen war, erinnert sich, dass dort zusammen mit ihm mehr 100 »Geltungs-

72 Berichte Hans N. und Hans I. bei Meyer, Inhaftierung der »jüdisch Versippten«, S. 185.

73 Nach Aussage Alfred Wagner; Schulle, »Gebt unsere Männer frei!«, S. 163.

74 Vgl. Bericht Gerhard Braun; Schröder, Hitlers unbeugsame Gegnerinnen, S. 71.

75 Und Gad ging zu David, S. 96–97.

76 Vgl. die gleiche Auffassung zur wichtigen Bedeutung der Absonderung bei Meyer, Inhaftierung der »jüdisch Versippten«, S. 178–197; sowie abgeschwächt bei Schröder, Gegnerinnen, S. 38. Stoltzfus behauptet neuerdings, dass ich von einer irrtümlichen Inhaftierung der Insassen in der Rosenstraße ausgehen würde, was nachweisbar falsch ist; vgl. Nathan Stoltzfus, Der »Versuch, in der Wahrheit zu leben« und die Rettung von jüdischen Angehörigen durch deutsche Frauen im »Dritten Reich«, in: Leichsenring, Frauen, S. 74–88, hier 75–76.

77 Vgl. Gruner, Geschlossener Arbeitseinsatz, S. 273–293.

juden« und »Mischehen« für den Transport in die Rosenstraße ausgesondert wurden: »Uns wurde mitgeteilt, daß wir von der Evakuierung ausgenommen würden.«[78] Zwar mochten manche der Festgehaltenen gezweifelt haben, ob man solchen Versicherungen der Gestapo wirklich glauben konnte. Doch bereits in den Sammellagern kam es auch zu ersten Entlassungen. Einige der Festgenommenen schickte die Gestapo nach den Selektionen und nach Überprüfung ihrer Papiere entweder sofort oder in den nächsten Tagen nach Hause.[79] Im Ballhaus Clou wurden mehrere »Geltungsjuden« am 28. Februar 1943 freigelassen.[80] Auch zwei Schwestern von Erika Lewin, damals »Mischlinge I. Grades«, wurden dort an ebendiesem Tag nach Hause entlassen. Nur sie selbst brachte man merkwürdigerweise in die Rosenstraße.[81]

Aber nicht nur unter den aus den Fabriken geholten Menschen fanden sich solche Fälle, sondern auch bei denen, die erst spät auf der Straße oder in ihren Wohnungen festgenommen worden waren oder sich sogar selbst gemeldet hatten.[82]

Erna Becker z. B. war erst am 5. März zu Hause von einem Gestapobeamten in Begleitung eines SS-Mannes abgeholt worden: »Wir fuhren kreuz und quer durch Berlin, von Zeit zu Zeit wurde gehalten, um neue unglückliche Menschen aufzuladen. [...] Im Zentral-Sammellager für Juden in der Großen Hamburger Straße wurden wir ausgeladen, dann wurde ich mit anderen zusammen in einen kleinen Raum gestoßen, in dem bereits viele Menschen sich aufhielten und zum Teil auf dem Boden herumlagen, Männer, Frauen und Kinder.« Nachdem sie sich bei den Beamten beschwert und auf die arische Abstammung ihres Mannes

78 AS LG Berlin, 3 P Ks 1/71 gegen Otto Bovensiepen, Bd. XVIII, Bl. 21: Vernehmung Otto Fried vom 13. 4. 1966. Vgl. ähnliche Schilderung bei Stoltzfus, Aufstand, S. 295.

79 Bericht Hedwig Makower (»Geltungsjüdin«): Ball-Kaduri, Berlin wird judenfrei, S. 211–212; Bericht Ernst Gross; ebenda, S. 213; Bericht Rita Kuhn; Owings, Alison: Frauen. German women recall the Third Reich, 2. paperback printing, New Brunswick 1995, S. 459–460.

80 Vgl. Faksimile eines Entlassungsscheins von Else Kahan aus dem Sammellager Clou vom 28. 2. 1943 in: Elkin, Das jüdische Krankenhaus, S. 50. Fritz Selbinger wurde als Mischling I. Grades aus dem Clou entlassen; Jüdisches Leben in Pankow. Eine zeitgeschichtliche Dokumentation, hg. vom Bund der Antifaschisten Berlin-Pankow e.V., Redaktion Inge Lammel, Berlin 1993, S. 118. Auch Peter Edel wurde mit der Auflage, sich beim Arbeitsamt zu melden, entlassen; Edel, Peter: Wenn es ans Leben geht, Bd. 1, 2. Aufl., Berlin (DDR) 1979, S. 312.

81 Bericht Erika Lewin bei Girod/Lidschun/Pfeiffer, Nachbarn. Juden in Friedrichshain, S. 66.

82 Vgl. solche Fälle auch bei Meyer, Inhaftierung der »jüdisch Versippten«, S. 187.

und ihr gemeinsames Kind hingewiesen hatte, entließ man sie noch am späten Abend desselben Tages.[83] Ähnlich erging es Peter Kirchner und seiner jüdischen Mutter, die mit einem »Arier« verheiratet war. Beide meldeten sich, weil sie von der Gestapo gesucht worden waren, freiwillig in der Großen Hamburger. Die Gestapo entließ sie freilich erst nach einer Woche: »Man hat dann plötzlich [...] gesagt, die ›Mischlinge‹ könnten noch mal raus!« Peters Name wurde aufgerufen, aber der seiner Mutter nicht. Peter Kirchner erzählte später: »Ich hab ein großes Geschrei angefangen, und man hat dann entschieden, gut, soll die Mutter noch mal mitgehen.«[84]

Die meisten Opfer wussten nicht, welches Schicksal ihnen persönlich zugedacht war. Daher nahmen viele Juden, die in »Mischehen« lebten, an, sie würden mit den Massentransporten nach Osten geschickt werden; dies glaubten offenbar vor allem diejenigen, die spät verhaftet wurden und bereits Nachrichten über die brutale Razzia erhalten hatten. So wurden beispielsweise die jüdische Frau und die als »Geltungsjüdin« klassifizierte Tochter von Max Buker erst am 5. März 1943 abgeholt. Beide begingen aus Furcht vor einer Deportation Selbstmord. Sie starben am 12. und 19. März im Jüdischen Krankenhaus.[85]

Die Insassen der Rosenstraße

Aus jedem Berliner Sammellager der Fabrik-Aktion sind nach den zitierten Aussagen einige hundert Menschen in das Lager im Verwaltungsgebäude der Jüdischen Gemeinde Berlin in der Rosenstraße verbracht worden. Im Bericht von Inge Unikower von 1964 heißt es: »Ausgesondert wurden dort die jüdischen Gatten ›Deutschblütiger‹ und in die Rosenstraße transportiert. Hier waren die kleinen ausgeräumten Bürozimmer so vollgepfercht, daß die Eingesperrten stehen mußten und sich nur für kurze Zeit einmal, mit dem Rücken an die Wand gepreßt und mit angezogenen Knien, hocken konnten.«[86] Siegfried Cohn

83 »Ich fürchte die Menschen mehr als die Bomben«. Aus den Tagebüchern von drei Berliner Frauen 1938–1946. Hrsg. von Angela Martin und Claudia Schoppmann im Auftrag der Berliner Geschichtswerkstatt e.V., Berlin 1996, S. 41–42: Eintrag Becker vom 6. März 1943.

84 Bericht Peter Kirchner bei Herzberg, Überleben, S. 370–371.

85 CJA Berlin, 4.1, Nr. 274, unfol.

86 »Stummer Protest« von Inge Unikower in: Neues Deutschland, Beilage Nr. 46, vom 14. 11. 1964.

beschrieb die Ankunft wie folgt: »Beim Ausladen erhalten diejenigen, die nicht schnell genug vom Wagen springen, Fußtritte von der SS-Begleitmannschaft. In der Rosenstraße werden wir auf Zimmer verteilt und zwar so, daß man beim Schlafen so dicht gedrängt, wie Sardinen in einer Büchse, zusammenliegt. [...] Die Verhältnisse in der Rosenstraße sind unbeschreiblich. In dem Raum, in dem etwa 40 bis 50 Menschen schlafen sollen, sind vielleicht 10 Strohsäcke, so daßs die Mehrzahl der Insassen auf der blanken Erde liegen [muß].«[87] Bislang war aufgrund von Überlebendenberichten angenommen worden, dass die Gestapo zwischen 1500 und 2000 Menschen im Gebäude Rosenstraße 2–4 interniert hatte.[88] Diese Schätzung wird durch eine von Beate Meyer gefundene, zeitgenössische Quelle erhärtet. In einem Vermerk vom 7. März 1943 bezifferte die Reichsvereinigung die Zahl der Insassen auf ca. 2000.[89]

Das war eine enorme Zahl und stellte doch nur ein Viertel der Gesamtzahl der Berliner »Mischehen«. Somit waren also keineswegs alle Juden aus »Mischehen«, insgesamt ja weit über 8000 Menschen,[90] in die Rosenstraße gebracht worden. Dieser Fakt steht allen Annahmen entgegen, dass die Internierung in der Rosenstraße eine radikale Maßnahme gewesen sei, um die Hauptstadt endlich von den Juden zu befreien. Wenn das RSHA wirklich zu diesem Zeitpunkt eine Deportation dieser Gruppe plante, hätte die Gestapo wohl alle 8000 Berliner Juden aus »Mischehen« verhaftet.

Bisher nahm man deshalb an, dass in die Rosenstraße wohl nur Juden, die in »nichtprivilegierten Mischehen« lebten, eingewiesen worden waren.[91] Dagegen spricht aber, dass wir über viele Zeugnisse von Insassen aus »privilegierten Mischehen« verfügen, wie noch zu sehen sein wird. Eher ist wohl davon auszugehen, dass für die Internierung ihre Zwangsarbeit entscheidend war. Die überwiegende Mehrheit der

87 Bericht Siegfried Cohn zit. bei Kwiet, Pogrom, S. 593–594.

88 Jochheim schätzte zunächst 1500 Männer und Frauen; ders., Frauenprotest 1993, S. 13. Er erhöhte diese Zahl später auf bis zu 2000 Menschen; ders./Rösler, Die Rosenstraße, S. 24. Stoltzfus gab zuerst 1500 bis 2000 Gefangene an; Stoltzfus, »Jemand war für mich da«. Der Aufstand der Frauen in der Rosenstraße, in: Die Zeit, Nr. 30, 21. 7. 1989, S. 9–13, hier S. 11.

89 Vgl. Meyer, Inhaftierung der »jüdisch Versippten«, S. 186.

90 Da diese Gruppe als geschützt galt, kann es bis Februar 1943 keine großen Veränderungen gegenüber 1942 gegeben haben; BA, ZwA-DH, R 8150, Film 52407–23, Bl. 152: Zahl der Juden Stand 31. 1. 1942 (RV-Statistik).

91 Stoltzfus nimmt einfach die für 1942 überlieferte Zahl von 1400 Juden in »nichtprivilegierten Mischehen«; Stoltzfus, Aufstand, S. 401–402.

in die Rosenstraße Verbrachten waren Zwangsarbeiter aus der Rüstungsindustrie, die mit der Großrazzia aus den Betrieben entfernt wurden. Und genau dieser Umstand erklärt ihre große, wenngleich begrenzte Zahl. Bisher liegen zwar keine exakten Daten vor, wie viele jüdische Deutsche aus »Mischehen« zum Zeitpunkt der Fabrik-Aktion in der Rüstungsindustrie Zwangsarbeit leisteten. Doch wenn man die heute bekannten Zahlen zugrunde legt, passt die Zahl der Insassen: 11 000 jüdische Zwangsarbeiter hatte die Gestapo in Berlin im Zuge der Fabrik-Aktion aus den Betrieben entfernt. 7000 Menschen waren dann bis zum 6. März deportiert worden, in der Mehrheit Zwangsarbeiter und ihre Familien. Die Zahl der deportierten Angehörigen muss aber wahrscheinlich sehr niedrig beziffert werden, weil in vielen Familien alle Männer und Frauen, außerdem auch fast alle Jugendlichen über vierzehn Jahren Zwangsarbeiter waren. Es kann sich deswegen um höchstens 1500 bis 2000 Angehörige in den Transporten gehandelt haben.[92] Wenn man dann 5000 bis 5500 deportierte Zwangsarbeiter und diejenigen 4000 Menschen addiert, die untergetaucht waren, von denen die Mehrheit ebenfalls Zwangsarbeiter waren, ergibt sich bei 11 000 aus der Industrie Entfernten ein Rest von 1500 bis 2000 Zwangsarbeitern: ganz offenbar die jüdischen Partner aus »Mischehen«. Sie waren ja alle zunächst aus den Berliner Betrieben – wie es die Anordnungen des RSHA zur Fabrik-Aktion vorsahen – abgeholt worden, inklusive einer geringen Zahl »Geltungsjuden«. »Mischlinge«, die nicht in der Zwangsarbeit standen, hatte die Gestapo bei der Großrazzia kaum erfasst.[93]

Unter den 2000 in der Rosenstraße Internierten stellten Männer die Mehrheit, daneben gab es dort auch Frauen und Jugendliche. Gerade Letzteres stellt ein des Öfteren vorgebrachtes Argument dar, welches für die Absicht der Gestapo sprechen könnte, den Abtransport familienweise durchzuführen. In genau diesem Sinn stellte Trotta im deutschen Fernsehen die rhetorische Frage: »Also warum wurden 14jährige solange interniert, wenn es nur um einen Austausch ging für Bürokraten, das kann ich nicht glauben.«[94] Dass die Gestapo einige Jugendliche in der Rosenstraße internierte, war nach den Umständen jedoch

92 Im Herbst 1942 ging die Reichsvereinigung von ungefähr einem Drittel Angehöriger von der Gesamtzahl der jüdischen Zwangsarbeiter aus, vgl. BA, zwA-DH, R 8105, Nr. 3, unfol.: RV-Bericht an RSHA vom 1. 10. 1942, Eintrag für 3. 9. 1942, S. 1.

93 Bericht Ursula Braun; Schröder, Gegnerinnen, S. 78.

94 ZDF Sendung Aspekte 14. 3. 2003 (www.zdfde/ZDFde/inhalt/21/aspekte).

überhaupt nicht unerklärlich, sondern eher logisch. Denn vierzehn Jahre bildete genau die Altersgrenze bei der Rekrutierung von deutschen Juden zur Zwangsarbeit, die von den Nazis festgelegt worden war und vor Ort oft auch unterschritten wurde. Viele Berliner jüdische Jugendliche mussten seit der Schließung jüdischer Schulen im Jahr 1942 Zwangsarbeit leisten und waren demzufolge bei der Razzia von den Betrieben in die Sammellager gebracht worden. Dort sortierte die Gestapo aber »Geltungsjuden« mit »arischem Anhang« aus. Nur ganz wenige von diesen wurden in die Rosenstraße weitertransportiert.

Neuerdings ist auch von einer ganzen Anzahl von in der Rosenstraße festgehaltener Kinder – »viele unter sechs Jahren« – die Rede.[95] Damit soll untermauert werden, dass ein Abtransport bevorstand. Doch bislang gab es kaum verlässliche Aussagen über die Anwesenheit von Kindern in der Rosenstraße. Erst vor kurzem wurde bekannt, dass dort mindestens fünf Kinder unter 12 Jahren, wie die damals achtjährige Evelin-Gisela, interniert waren.[96] Allerdings reicht diese Zahl nicht aus, um damit eine Deportationsabsicht nachzuweisen. Denn selbst wenn in der Rosenstraße mehrere Dutzend Kinder interniert gewesen wären, ist das kein stichhaltiges Argument für einen geplanten Abtransport. Erstens kann eine solche Menge nie und nimmer die Gesamtzahl der Kinder der 2000 Internierten dargestellt haben, zweitens sollten die Kinder aus »Mischehen«, die ja als »Mischlinge« galten, nicht deportiert werden. Grund für die Einlieferung einiger Kinder in die Rosenstraße war offenbar, sie nicht bei der Festnahme eines Elternteils allein zu Haus lassen. So wurde der elfjährige Hans Bronstein aus seiner Wohnung geholt und nach zwei Tagen in der Rosenstraße wieder entlassen.[97] Der damals dreizehnjährige Hans Kuhn war zusammen mit seiner Schwester und seinem Vater zunächst in die Synagoge Levetzowstraße, dann in die Rosenstraße gebracht worden. Nach einer Nacht in einem Zimmer mit mehreren anderen Jungen konnten er und seine Schwester das Lager verlassen, allerdings zunächst ohne ihren Vater.[98]

In die anderen Sammellager brachte die Gestapo während der Berliner Fabrik-Aktion hingegen Hunderte von Kindern, weil beide jüdi-

95 Moeller, Protest, S. 39 und 54.

96 Aussage von Evelin-Gisela Halke in: Leichsenring, Frauen, S. 136. Für den Hinweis hierauf danke Jana Leichsenring, Berlin.

97 CJA Berlin, 4.1, Nr. 246, unfol.

98 Interview Herr K. auf http://www.rosenstrasse-protest.de/interviews/interview.k.html.

schen Elternteile zum Abtransport vorgesehen waren. Im Fall der Rosenstraße ist aber von viel weniger Fällen auszugehen, denn die »arischen« Elternteile und Verwandten mussten ja nicht ins Lager. Die meisten Kinder aus den »Mischehen« blieben daher zu Hause. Zusammen mit ihren »arischen« Müttern konnten sich deshalb viele der Kinder in den nächsten Tagen vor dem Gebäude Rosenstraße versammeln. Diese Kinder stellen heute die Mehrheit der noch lebenden Zeitzeugen des Protestes. Wenn aber keine Deportation geplant war, was motivierte die Berliner Gestapo, tagelang so viele Menschen in der Rosenstraße festzuhalten?

Einlieferung, Überprüfung, Entlassung

Kurt Block sagte 1965 aus: »Im Lager Rosenstraße lernte ich erstmals den bereits erwähnten Stock kennen. Ihm muß bekannt gewesen sein, daß wir Inhaftierten in Mischehen lebten, denn anläßlich eines Appells brachte er sein Bedauern zum Ausdruck, daß er uns, die er mit ›Schweine‹ betitelte, nicht auch dort hinschicken könnte, wohin die anderen bereits unterwegs waren.«[99] Gerade die Zugehörigkeit zur Gruppe der »Mischehen« bildete also offenkundig den Grund für die Internierung in der Rosenstraße. Diejenigen, die sich als »arisch versippt« in den anderen Sammellagern gemeldet hatten, hatte man in die Rosenstraße gebracht, um ihren »Rassestatus« zu überprüfen und dadurch zu entscheiden, wer nach den RSHA-Richtlinien doch deportationsfähig war.

Ein anderer Überlebender schilderte seine Ankunft so: »Dann kamen wir in die Rosenstraße. In der Rosenstraße war die SS. Sie sagten uns, wir seien nur zur *Untersuchung* da, und wenn wir nicht machen würden, was sie uns sagen, würden wir erschossen.«[100] Anhand von Unterlagen, die die meisten in den Fabriken Verhafteten nicht bei sich führten, sollte ihre Klassifizierung als »Geltungsjuden« bzw. als Juden in »Mischehen« geklärt werden, was in dieser Form in den überfüllten anderen Sammellagern und in der Hektik vor den Transporten nach

99 AS LG Berlin, 3 P Ks 1/71 gegen Otto Bovensiepen, Bd. XII, Bl. 82–83: Vernehmung Kurt Block vom 28. 10. 1965.

100 (Hervorhebung d. A.) Gespräch mit K. A., in: Zehn Brüder waren wir gewesen, S. 405–406.

Auschwitz nicht möglich gewesen wäre. Die Überprüfung anhand von nachgereichten Papieren sowie durch Nachfragen bei anderen Behörden hatte der eben erwähnte Kommissar Stock von der Staatspolizeileitstelle durchzuführen. Das Reichssicherheitshauptamt befahl den jüdischen Funktionären der Reichsvereinigung, ihn dabei zu unterstützen, wie aus einer bisher unberücksichtigten Aktennotiz vom 9. März 1943 hervorgeht.[101]

Hildegard Henschel beschrieb das Verfahren kurz nach dem Krieg wie folgt: »Ein Transport folgte dem anderen, die Sammellager leerten sich, nur das Lager in der Rosenstraße 2, in das man alle, die behaupteten, ›arisch versippt‹ zu sein, überführt hatte, war noch unberührt, in furchtbarer Enge, unter sehr schlechten Bedingungen warteten die Menschen auf ihr Urteil. Die Auswahl wurde von der Gestapo nach den geltenden Gesetzen gewissenhaft durchgeführt, es sind kaum Fehlurteile bekannt geworden, auch hier waren die Beamten ängstlich, Irrtümer zu begehen, die sie Stellung und Karriere kosten konnten. Wer aus diesem Lager evakuierungsfähig war, wurde noch im Lauf des Monats März abtransportiert, die anderen wieder in ihr bürgerliches Leben zurückgeführt.«[102] Die merkwürdige »Korrektheit« der Gestapo in der Rosenstraße trotz aller Grausamkeiten wird auch von Rita Kuhn bezeugt.[103]

Ohne dass es bisher exakt nachzuweisen ist, kam es in der Folge wohl auch zu Deportationen von Einzelnen aus der Rosenstraße, wenn sich im Ergebnis der Kontrollen herausstellte, dass jemand nach den RSHA-Richtlinien nicht mehr als »geschützt« galt.[104] Das verstärkte ohne Zweifel die bereits vorhandene Angst der Angehörigen der Insassen vor einem allgemeinen Abtransport. Zugleich aber entschied die Gestapo nach den Überprüfungen schon in den ersten Tagen auch über erste Entlassungen aus der Rosenstraße. Dieser Umstand wurde bisher kaum beachtet. Der staatenlose Vater von Erika Lewin, der in einer »Mischehe« lebte, kam noch vor dem oben erwähnten schweren Bombenangriff des 1. März frei.[105] Sie selbst, ebenfalls staatenlos, wurde,

101 BA, ZwA-DH, R 8150, Nr. 50, Bl. 417: RV-Aktennotiz Nr. 243 über Rücksprache im RSHA am 9. 3. 1943.

102 Henschel, Arbeit, S. 50.

103 Bericht Rita Kuhn; Owings, Frauen, S. 462–463.

104 Darauf verweist auch Meyer, Inhaftierung der »jüdisch Versippten«, S. 190.

105 Bericht Erika Lewin; Schröder, Gegnerinnen, S. 118–119.

nachdem sie zuerst in den Keller gesperrt worden war, nach einigen Tagen als »Mischling I. Grades« im Morgengrauen entlassen.[106] Mehrere Männer aus »privilegierten Mischehen« ließ die Gestapo am Abend des 1. März 1943 frei.[107]

Diese frühen Freilassungen stehen der Auffassung entgegen, dass die Gestapo plante, die Juden aus »Mischehen« nach Auschwitz zu deportieren. Man könnte natürlich annehmen, dass es sich hierbei um Ausnahmen gehandelt habe. Doch gerade an einer dieser Entlassungen wird durch einen Zufall deutlich, dass nicht die Deportation, sondern die Freilassung der in der Rosenstraße Festgehaltenen von der Gestapo von vornherein geplant war. Unter den Freigekommenen befand sich auch Albert Goldberg, dessen Entlassungsschein aus der Rosenstraße erhalten geblieben ist. Das Papier ist allerdings nicht auf den 1. März 1943, wie zu vermuten wäre, sondern auf den 5. März 1943 datiert.[108] Doch am 1. März als seinem Entlassungsdatum gibt es kaum Zweifel, denn nach übereinstimmenden Aussagen Albert Goldbergs und seines Sohnes, Werner, hatte die Gestapo den Vater am späten Abend jenes Tages entlassen, während des ersten großen Bombenangriffes auf Berlin.[109] Dieser verheerende Luftangriff fand – wie schon dargestellt – am 1. März gegen 22 Uhr statt und blieb der einzige in Berlin bis zum 27. März.[110] Obwohl also alles für das tatsächliche Entlassungsdatum 1. März 1943 spricht, steht auf Albert Goldbergs von SS-Hauptscharführer Krell unterschriebenem Entlassungsschein sogar zweimal der 5. März 1943, einmal als Stempel und einmal als Schreibmaschineneintrag.[111]

Der Entlassungsschein müsste von der Gestapo also vordatiert worden sein. Doch warum? Im Einzelfall Goldberg findet sich dafür kein triftiger Grund. Wenn man aber andere noch erhaltene Entlassungs-

106 Bericht Erika Lewin bei Girod/Lidschun/Pfeiffer, Nachbarn. Juden in Friedrichshain, S. 66 und bei Schröder, Gegnerinnen, S. 102 u. 120–122. Vgl. Faksimile Entlassungsschein für den »Mischling I. Grades« Erika Lewin vom 5. 3. 1943 aus dem »Sammellager Rosenstraße«; ebenda, S. 69. Faksimile desselben Entlassungsscheins auch bei Schröder, Gegnerinnen, nach S. 96.

107 Bericht Wolfgang Rosenthal, Kurt Blaustein und Werner Goldberg; Stoltzfus, »Jemand war für mich da«, S. 12; ders., Aufstand, S. 306.

108 Entlassungsschein von Albert Goldberg, Kopie im Besitz des Autors.

109 Auskunft Werner Goldberg am 30. 4. 2004 in Berlin.

110 Der Autor dankt für diese Auskunft Laurenz Demps, Berlin; vgl. Demps, Laurenz: Die Luftangriffe auf Berlin, in: Jahrbuch des Märkischen Museums, 4 (1978), S. 53.

111 Entlassungsschein von Albert Goldberg, Kopie im Besitz des Autors.

scheine aus der Rosenstraße mit Daten vom 5. und 7. März 1943 vergleichend hinzuzieht, stellt man fest, dass alle mit derselben Schreibmaschine mit jeweils identischem Text, »der Jude/die Jüdin [...] geb. am [...] wohnhaft [...] wurde am [...] aus dem Sammellager Rosenstraße 2–4 entlassen«, und mit derselben Blattaufteilung vorgeschrieben worden sind. Erst mit einer zweiten anderen, aber ebenfalls mit dem Goldbergschen Dokument identischen Schreibmaschine hatte man dann die Entlassungsdaten und die Personangaben eingetragen.[112]

So etwas war nicht ungewöhnlich. Großaktionen wie Deportationen bereitete die Gestapo bürokratisch vor. Schon im Herbst 1941 hatte sie die Formulare mit den Vermögenseinziehungen einen Monat vor den Massentransporten drucken lassen und auf den 3. Oktober per Hand vordatiert, ganz ähnlich wie die schon erwähnten, auf den 1. Februar 1943 vordatierten Vermögenseinziehungen der Fabrik-Aktion.[113] Wenn also solche Entlassungsscheine identisch vorgeschrieben und vorausgefüllt schon am 1. März 1943 vorlagen, ist doch sehr wahrscheinlich, dass sie entweder während oder sogar noch vor der Fabrik-Aktion angefertigt wurden. Allein das Vorschreiben und Ausfüllen von Hunderten solcher Zettel durch zwei Personen mit zwei Schreibmaschinen muss geraume Zeit in Anspruch genommen haben. Im Gegensatz zu den Entlassungspapieren aus der Rosenstraße erscheint der Entlassungsschein von Else Kahan, den sie im Sammellager »Clou« ausgehändigt bekam, stärker improvisiert. Dort hatte man zwar auch Entlassungszettel mit Maschine vorgeschrieben, aber die Personendaten mit der Hand ausgefüllt. Offensichtlich ging die dortige Gestapo nur von wenigen und zuvor unbekannten Entlassungen aus.[114]

In der Rosenstraße kam es noch zu anderen frühzeitigen Entlassungen. Anneliese Bach berichtete nach dem Krieg: »Im Jahre 1943 wurde mein Vater von der Gestapo abgeholt und nach einigen Tagen, nachdem wir die Papiere über die Mischehe beigebracht hatten, wieder freigelassen.«[115] Herr B. berichtet über die Überprüfung: »Und dann kam der

112 Faksimile Entlassungsschein für den »Mischling I. Grades« Erika Lewin vom 5.3. 1943 aus dem »Sammellager Rosenstraße«; Schröder, Gegnerinnen, nach S. 96. Vgl. Faksimile von zwei weiteren Entlassungscheinen vom 7.3. 1943; ebenda, vor S. 217.

113 Vgl. zu 1941 Willems, Susanne: »Der entsiedelte Jude«. Albert Speers Wohnungsmarktpolitik für den Berliner Hauptstadtbau, Berlin 2002, S. 291–301.

114 Vgl. Faksimile eines Entlassungsscheins von Else Kahan aus dem Sammellager Clou vom 28. 2. 1943 in: Elkin, Das jüdische Krankenhaus in Berlin, S. 50.

115 CJA Berlin, 4.1, Nr. 56, unfol.: Schreiben vom 2. 8. 1946.

Zeitpunkt, an dem man seine Papiere wieder bekam. Es ist also anzunehmen, daß die SS-Leute sich in der Zwischenzeit bei dem zuständigen Polizeirevier erkundigt haben. Das war ja das Indiz: man mußte nicht nur ein arisches Elternteil oder einen Ehepartner haben, sondern mußte bei ihm auch wohnen. Das war doch das Entscheidende. Auf dem Polizeirevier wurde das überprüft und festgestellt: ja, dieselbe Adresse. Erst daraufhin wurde man entlassen. Warum alle, soweit ich das beurteilen kann, trotz dieser Überprüfung entlassen wurden? Ich nehme an, daß bei der Befragung zuvor in der Großen Hamburger schon jeder so ausgesagt hat, daß ihm nachher nichts Negatives in der Rosenstraße blühen konnte.«[116]

Vor allem diejenigen, die nicht aus den Betrieben abgeholt, sondern spät von der Razzia erfasst wurden bzw. sich nach Aufforderung freiwillig in der Rosenstraße meldeten, entließ die Gestapo meist noch am selben Tag. Eine Bekannte von Gad Beck erhielt erst am 5. März ihre Aufforderung, sich zu stellen. Sie erschien am nächsten Tag in der Rosenstraße und bekam dort sofort einen Entlassungsstempel.[117] Lina Wolfart, die zu Hause gesucht, aber nicht angetroffen worden war, ging ebenfalls selbst zum Lager Rosenstraße. Sie erhielt einen gelben Sichtvermerk und wurde wegen ihrer »Mischehe« nach einigen Stunden wieder entlassen. Die Gestapo befahl ihr, sich bei der Sonderdienststelle des Arbeitsamtes für Juden zur Vermittlung von Zwangsarbeit zu melden.[118]

Ab dem 5. März 1943 begannen sich die Entlassungen zu häufen. Fryderyka Baumbach, damals Jüdin in »Mischehe«, kam am 5. März frei.[119] Hans Bloch, »Mischling I. Grades«, schrieb 1945 nieder: »Meine Frau hat vom 27. 2. 1943 bis Kriegsende illegal gelebt. Ich wurde am Sonntag den 28. 2. 43 von der Gestapo nach der Rosenstr[aße] gebracht und vom Kommandanten Schneider sowie SS-Hauptscharführer Krell mit Fäusten bearbeitet, um auszusagen, wo Frl. Tann die Judensau sich aufhält. Ich kam in den Bunker und wurde noch mehrere Male verhört und auch geschlagen. Da ich hartnäckig leugnete von [etwas] zu wissen, wurde ich am 5. 3. 43 wieder entlassen.«[120] Weitere Hinweise auf Entlassungen am 5. März 1943 fanden sich in den OdF-Akten im Centrum

116 Herr B. in Interview mit Herrn und Frau B. auf http://www.rosenstrassße-protest.de/interviews/interview_b_b.html.

117 Und Gad ging zu David, S. 103.

118 Aussage Lina Wolfart im Globke-Prozess; zit. bei Helas, Juden in Berlin-Mitte, S. 61.

119 Am 1. 3. 1943 verhaftet, dann in Sammellager Rosenstraße; CJA Berlin, 4.1, Nr. 105, unfol.

120 CJA Berlin, 4.1, Nr. 173, unfol.: Schreiben vom 28. 9. 1945.

Judaicum.[121] Kurt Blaustein sagte 1965 als Zeuge im Bovensiepen-Prozess aus, »daß bereits am Freitagabend, [also am 5. März] alle in privilegierter Mischehe lebenden Juden entlassen wurden. Es hieß, daß alle anderen in Mischehe lebenden Juden 1 bis 2 Tage später zur Entlassung kommen sollten.«[122] Trotz der nun sich häufenden Entlassungen scheint sich diese Aussage von Blaustein nicht bestätigen zu lassen, denn viele Juden in »privilegierten Mischehen« überwies die Gestapo erst vier Tage später zur Jüdischen Gemeinde. Der Mann von Clara Byk wurde aus der Rosenstraße sogar erst nach 14 Tagen entlassen.[123]

Wenn jedoch diverse Entlassungen von Partnern aus »privilegierten und nichtprivilegierten Mischehen« sowie von »Geltungsjuden« seit dem 1. März 1943 bezeugt sind, ist die bisher vermutete Deportationsabsicht gegenüber den Insassen der Rosenstraße kaum glaubhaft. Das unterstützen auch die folgenden Quellen. Bischof Wienken hatte am 2. März in Berlin auf Drängen Kardinal Bertrams wegen der Fabrik-Razzia beim Reichsicherheitshauptamt direkt interveniert. Er berichtete Bertram zwei Tage später, am 4. März 1943: »Soeben hatte ich eine Aussprache mit dem Abteilungsleiter des Reichssicherheitshauptamtes für die Judenfragen, Herrn Ober-Sturmbannführer Eichmann. Über das Ergebnis teile ich kurz folgendes mit: 1. Die nichtarischen Katholiken in rassischen Mischehen werden von der Abwanderungsaktion nicht erfaßt. Das gilt auch für den Fall, dass die Ehe kinderlos ist. 2. Die sogenannten Geltungsjuden können gemäß den vorliegenden Richtlinien von der Abwanderungsaktion nicht ausgenommen werden. Sie werden aber nach Theresienstadt verbracht und nicht zum Osten abtransportiert. 3. Die in Berlin Ende voriger Woche von den Arbeitsstätten und zum Teil auch aus den Familien abgeholten nichtarischen Katholiken rassisch gemischter Ehen werden wieder freigelassen und auch wieder als Arbeitskräfte in Rüstungsbetriebe eingestellt.«[124] Diese Auskunft Eichmanns schränkte die geplante Freilassung nicht nur auf den kleinen Kreis der »nichtarischen« Katholiken ein, wie behauptet wurde.[125] Da die katholische Kirche nur nach ihren Mitgliedern fragte,

121 CJA Berlin, 4.1 (OdF-Akten), Buchstaben B, F, L, P und R.

122 LAB, Rep. 057-01, Nr. R 34/34, unfol.: Zeugenvernehmung vom 4.11. 1965 (Bovensiepen-Prozess), Bl. 7.

123 CJA Berlin, 4.1, Nr. 284, unfol.: Schreiben vom 14.9. 1946.

124 Abdruck in: Akten deutscher Bischöfe über die Lage der Kirche, Bd. VI, Dok. 820, S. 25.

125 Moeller, Protest, S. 54.

informierte Eichmann sie wohl auch nur über deren künftiges Schicksal. Während der Satz über die Wiedereinstellung in Rüstungsbetriebe offenkundig der Beruhigung dienen sollte, stand der Passus aus der Antwort Eichmanns, der sich auf die »Geltungsjuden« bezieht und von deren geplanten Abtransport ins Ghetto Theresienstadt spricht, völlig im Einklang mit den RSHA-Richtlinien vom 20. Februar 1943, die das erste Mal allein stehende »Geltungsjuden«, die nicht mit »arischen« Verwandten zusammen lebten, in den Kreis der nach Theresienstadt zu Deportierenden einbezogen hatten.[126] In den Sammellagern jedenfalls wurden – wie oben geschildert – bereits viele »Geltungsjuden«, offensichtlich jene, die Familie hatten, noch während der Fabrik-Aktion freigelassen, andere kamen zur Klärung ihres Falles in die Rosenstraße.

Bestätigt wird die mit den Richtlinien vom 20. Februar 1943 zusammenpassende Auskunft Eichmanns vom 2. März 1943, die Juden in »Mischehen« nicht abzutransportieren, auch noch von zwei bisher unberücksichtigten Dokumenten, die von Eichmanns neuem Chef Ernst Kaltenbrunner stammen. Die erste Quelle datiert vom 5. März 1943. Dieser Erlass gab bekannt, dass alle in Deutschland lebenden Juden mit einer Staatsangehörigkeit aus den vom NS-Staat besetzten Gebieten sowie der verbündeten Staaten Slowakei, Kroatien, Rumänien und Bulgarien künftig der Deportation unterlägen. Abschließend hieß es: »Die mit der Abbeförderung von Juden nach dem Osten bezw. nach Theresienstadt beauftragten Evakuierungsdienststellen übersandten Richtlinien zur technischen Durchführung der Evakuierung nach dem Osten (IV B 4a 2093/42 g (392), bezw. zur Durchführung der Wohnsitzverlegung nach Theresienstadt (IV B 4a 2537/42) sind hinsichtlich der Bestimmung des zu evakuierenden Personenkreises sinngemäss zu ergänzen.«[127]

Seit dem 20. Februar hatte es also keine offizielle Änderung der Richtlinien in Bezug auf die »Mischehen« gegeben, denn sonst hätten nach allen Verwaltungsregeln die entsprechenden Erlasse in diesem

126 Vgl. die oben zitierten Richtlinien zur »Wohnsitzverlegung nach Theresienstadt« RSHA IV B 4, 2537/42 vom 20. 2. 1943; Kopie des Dokuments Nr. 541 des Eichmannprozesses in Israel in: Die zwei Stellvertreter Eichmanns in Berlin und Paris. (ohne Seitenzählung). Ausnahmebestimmungen bei Adler, Der verwaltete Mensch, S. 200.

127 YV Jerusalem, R2/Nr. 22, unfol.: Erlass Kaltenbrunner vom 5. 3. 1943 in Rundschreiben Nr. 57/43 der NSDAP Gauleitung Wien (Stellv. Gauleiter Scharizer) vom 9. 4. 1943.

Schreiben aufgeführt werden müssen. Und Kaltenbrunner bestätigte die unveränderte Lage am 8. März 1943 in einem Schreiben an Reichsinnenminister Frick noch einmal deutlich: »Die bisherigen Judenevakuierungen haben sich auf die nicht in einer Mischehe lebenden Juden beschränkt.« Weiter hieß es in Kaltenbrunners Schreiben: »Die Zahl der auf diese Weise im Inland verbliebenen Juden ist daher nicht unerheblich.« Der Chef der Sicherheitspolizei und des SD betonte dies, weil zur Zeit der Fabrik-Aktion der Reichsinnenminister ihm gegenüber geäußert hatte, er halte »im Hinblick auf die Entwicklung der Judenfrage« die Verabschiedung einer zuvor geplanten »Verordnung über Rechtsbeschränkungen für Juden« in Deutschland nicht mehr für notwendig. Kaltenbrunner sah das völlig anders: Weil die vorbereitete Verordnung »auch diese Juden erfassen würde, sind die in ihr vorgesehenen Maßnahmen nicht gegenstandslos«.[128]

Deutlich wird an diesen Dokumenten, dass weder Eichmann noch Kaltenbrunner zur Zeit der Ereignisse in der Rosenstraße von einer Deportation der Juden in »Mischehen« ausgingen. Weder ist in den Dokumenten von einem kurzfristigen Abbruch geplanter Transporte, noch von einer Änderung langfristiger Planungen die Rede. Kaltenbrunner hätte in seinem internen Schreiben an Frick wohl kaum ein Blatt vor den Mund genommen und ihm sicher seine Unkenntnis bei einer kurzfristig vom RSHA geänderten Transportplanung zugute gehalten. Kaltenbrunner sprach aber davon, dass die Deportationen sich bislang nicht auf diese Gruppe erstreckt hätten, und ging davon aus, dass diese auch noch für längere Zeit im Reichsgebiet verblieben, weshalb schärfere rechtliche Regelungen notwendig seien. Die als 13. Verordnung zum Reichsbürgergesetz schließlich am 1. Juli 1943 erlassene Bestimmung hob jeden Rechtsschutz für Juden auf. Strafbare Handlungen von Juden fielen fortan ausschließlich unter Polizeigewalt. Nach dem Tod verfiel ihr Vermögen automatisch dem Reich.[129]

128 Schnellbrief CdS Kaltenbrunner an Frick am 8. 3. 1943, Abdruck in: Poliakov, Léon/Wulf, Josef: Das Dritte Reich und seine Diener. Dokumente, Berlin (DDR) 1975, Kapitel 3, Dok. Nr. XI, S. 264–265. Für den Hinweis auf dieses Dokument danke ich Peter Witte, Hemer.

129 RGBl., 1943 I, S. 372.

Die Suche nach Ersatzpersonal für jüdische Einrichtungen

Die Überprüfung des »Rassestatus« der in den Sammellagern Selektierten bildete aber nicht das einzige Motiv für die Internierung in der Rosenstraße. Denn in der Rosenstraße hielt die Gestapo ja nicht alle 8000 Juden aus »Mischehen« fest, sondern nach allen Berichten vor allem die aus den Betrieben entfernten Zwangsarbeiter. Im Gebäude befanden sich zudem viel mehr Männer als Frauen und Jugendliche.[130]

Dass unter den 2000 Insassen nur wenig mehr als einhundert Frauen und wenige Jugendliche gewesen sein sollen, ist weder hinreichend damit zu erklären, dass sie aus den Firmen abgeholt worden waren, denn auch viele Frauen aus »Mischehen« leisteten zu diesem Zeitpunkt Zwangsarbeit, noch damit, dass doppelt so viele jüdische Männer mit nichtjüdischen Frauen verheiratet waren als jüdische Frauen mit nichtjüdischen Männern.[131] Auch die als Erklärung herangezogene These, dass nur oder überwiegend »nichtprivilegierte Mischehen« im Lager Rosenstraße interniert worden wären, verfehlt den Kern.[132] Denn erstens stimmt nachweisbar die letzte Annahme nicht, zweitens hätte der Anteil der internierten Frauen dann weit höher sein müssen. Erwiesen ist, dass sich in der Rosenstraße unter der begrenzten Zahl Frauen aber nicht nur solche befanden, die in »Mischehen« lebten, sondern nicht wenige »Geltungsjüdinnen«.[133]

Warum also hatte die Berliner Gestapo vor allem Männer in die Rosenstraße gebracht und sie dort tagelang festgehalten? Um diese Frage zu beantworten, müssen wir uns noch einmal an die Ziele der Fabrik-Aktion erinnern, nämlich nunmehr sämtliche, nicht in »Mischehen« lebenden jüdischen Deutschen entweder nach Auschwitz oder ins Ghetto Theresienstadt zu deportieren. Dieses Vorhaben schloss jetzt die bisher zumindest in Teilen vor den Transporten »geschützten« Funktionäre, Angestellten und Mitarbeiter jüdischer Einrichtungen wie der Reichsvereinigung und ihrer Bezirkstellen sowie der größeren jüdischen Gemeinden ein. Nach dem Abschluss der letzten Deportations-

130 Bericht Hans Reichow bei Helas, Juden in Berlin-Mitte, S. 210; vgl. Jochheim, Frauenprotest 1993, S. 124.

131 Vgl. letztere These bei Jochheim, Frauenprotest (2001), S. 86.

132 Vgl. zu dieser These Stoltzfus, Aufstand, S. 401–402; Schröder, Gegnerinnen, S. 48.

133 Vgl. das folgende Unterkapitel.

welle würden aber in jedem Fall noch jüdische Deutsche im Reich zurückbleiben. Die Verbleibenden – das waren künftig vor allem solche, die in »Mischehen« lebten – sollten künftig nur noch von jüdischen Stellen betreut und versorgt werden, die aber in ihrem Umfang den neuen Verhältnissen nach den Massentransporten angepasst, also stark reduziert werden sollten. Um möglichst viele der letzten noch bei den jüdischen Institutionen tätigen und hierdurch bislang »geschützten Volljuden« deportieren zu können, wollte das Reichssicherheitshauptamt diese in den wichtigsten Positionen durch jüdische Deutsche aus »Mischehen« kurzfristig ersetzen.

Das Reichssicherheitshauptamt beabsichtigte also, überall im Reich nach der letzten großen Welle der Massendeportationen nur noch einen minimierten jüdischen Verwaltungsbetrieb zuzulassen, der für die Betreuung der wenigen verbleibenden »geschützten« Juden zuständig sein sollte. In Dresden verhaftete man die Angestellten der Jüdischen Gemeinde bereits am 27. Februar und deportierte sie mit den anderen Juden am 1. März 1943.[134] Klemperer notierte: »Ich ging zu Eisenmanns [...], es war gegen elf Uhr. Dort erfuhr ich durch Herbert Eisenmann: Die Lager-Isolierung besteht seit gestern morgen. Alle Nicht-Mischehlinge, die bisher außerhalb des Lagers wohnten (so die Frau Judenkowitz und ein Sekretär Eisner, die im Gemeindehaus untergebracht waren und dort arbeiteten) – buchstäblich alle sind seit gestern im Lager. Nur Hirschel und Kahlenberg sind zur Abwicklung der Geschäfte frei geblieben. Alle andern werden evakuiert. – Man wird keinen von ihnen wiedersehen.«[135]

In Hamburg, wo noch mehr Juden als in Dresden, und vor allem solche in »Mischehen«, lebten, sollte das zu deportierende Personal der jüdischen Einrichtungen durch einige Dutzend Menschen »aus dem Kreise der in Mischehen lebenden Juden« ohne großen Aufwand ersetzt werden. In der Hansestadt organisierte das Arbeitsamt – wohl aufgrund des geringen Umfanges – den Austausch. Die Hamburger Bezirksstelle der Reichsvereinigung informierte am 12. März 1943 die Zentrale der Reichsvereinigung in Berlin: »Bei den zurzeit für Hamburg vorgesehenen Abwanderungen ist laut Mitteilung der Aufsichtsbehörde damit zu rechnen, daß der größte Teil des hier beschäftigten

134 Gryglewski, Judenverfolgung in Dresden, S. 138.
135 Klemperer, Tagebücher 1942–1945, S. 337: Eintrag vom 28. 2. 1943.

Personals mit abwandert. Soweit für die Aufrechterhaltung des Betriebes unter Zugrundelegung des Gesichtspunktes größter Sparsamkeit Personal benötigt wird, soll dieses durch das Arbeitsamt aus dem Kreise der in Mischehen lebenden Juden ersetzt werden. Es ist nötig, schon jetzt damit zu beginnen. Da wir im voraus nicht die Namen kennen, bitten wir den Unterzeichnenden zu ermächtigen, abwandernde Mitarbeiter für die ein Ersatz unbedingt erforderlich ist, durch entsprechende Kräfte zu ersetzen. Wir bemerken, daß in den letzten 6 Wochen 10 Angestellte im Bereich unserer Bezirksstelle abgewandert sind, für die Ersatzgestellungen nicht beantragt worden sind.«[136]

In der Reichshauptstadt hatte der Vorgang jedoch eine viel größere Dimension als in Städten wie Hamburg oder Dresden, denn hier war der Sitz der Reichsvereinigung und der größten Kultusgemeinde, außerdem lebte hier inzwischen die Mehrheit der jüdischen Deutschen. In Berlin ging es um Hunderte Neueinzustellende. Obwohl seit 1941 mehrmals Personal entlassen und deportiert worden war,[137] beschäftigte Ende Januar 1943 die Berliner Jüdische Gemeinde immerhin noch 816 Mitarbeiter (137 in der Verwaltung, 651 im Fürsorge- und Gesundheitswesen und 28 im so genannten Behördeneinsatz beim Reichssicherheitshauptamt). Die Reichsvereinigung verfügte noch über 174 Angestellte. Insgesamt also handelte es sich um fast 1000 Menschen, von denen die meisten binnen kurzem deportiert werden sollten, denn nur wenige Dutzend unter ihnen lebten in »geschützten Mischehen«.[138]

Damit aber die Berliner jüdischen Einrichtungen notwendige Funktionen – wenngleich in reduziertem Umfang – weiter ausüben konnten, brauchte man für viele Positionen in Wohlfahrt, Versorgung und Verwaltung qualifizierten Ersatz. Notwendig war wohl auch ein rascher, quasi nahtloser Übergang. Im Jüdischen Krankenhaus mussten Patienten versorgt werden. Da Winter herrschte, waren Gebäude zu heizen. Anstelle wochenlang in den durch die Fabrik-Aktion veralteten Karteien

136 BA, ZwA-DH, R 8150, Nr. 51, Bl. 233: Jüd. Religionsverband Hamburg (Plaut) an RV am 12. 3. 1943.

137 Zu Beginn des Jahres 1941 befahl das RSHA drastischen Personalabbau, 1942 wurden mehrmals Hunderte von Mitarbeitern verschleppt. Mit der sog. Gemeindeaktion deportierte man im Oktober 1942 von noch 1500 Mitarbeitern 533; Gruner, Reichshauptstadt, S. 246–251; Meyer, Gratwanderung, S. 309–310.

138 BA, ZwA-DH, R 8150, Nr. 51, Bl. 4: Notiz über Mitarbeiterstand JKV Berlin am 31. 1. 1943. Sowie CJA Berlin, Diverses JKV Berlin, Mitarbeiter Stand 31. 1. 1943, unfol.: Reorganisationsplan für RV und JKV Berlin vom 31. 1. 1943 (für den Hinweis auf diese Akte danke ich Thomas Jersch, Berlin).

nach Kandidaten zu suchen, schien die einfachste Lösung für die Gestapo zu sein, die aus den Betrieben entfernten Zwangsarbeiter, die damit auch gesundheitlich für die Aufgabe geeignet waren, an einem Platz zu sammeln. Eine Auswahl von Kandidaten durch das Arbeitsamt schien in der Berliner Situation kein geeigneter Weg: Zum einen wegen der zu großen Menge des benötigten Personals, zum zweiten deshalb, weil das Arbeitsamt die jüdischen Zwangsarbeiter prinzipiell als Hilfskräfte unabhängig von ihrer vorherigen Profession rekrutiert hatte und deshalb über keine Möglichkeit verfügt haben dürfte, ihre Karteien nach Hunderten unterschiedlichen Qualifikationen der Juden aus »Mischehen« zu durchsuchen. Das Arbeitsamt konnte drittens nach der Razzia nicht mehr wissen, wer überhaupt noch in Berlin weilte und damit verfügbar war, und wer nicht. Selbst die Gestapo verfügte in diesen Tagen nicht über dieses Wissen, deshalb ließ sie in den nächsten Wochen eine völlig neue »Kartei der in Berlin verbliebenen Juden« anfertigen.[139] Dass in der Rosenstraße überwiegend Männer, sowohl aus »privilegierten« wie »nichtprivilegierten Mischehen«, interniert wurden, erklärt sich wohl aus der für sie vorgesehenen Angestelltentätigkeit, die damals überwiegend von Männern ausgeübt wurde. Im Deutschland der 1920er und 1930er Jahre fanden Frauen lediglich im Sozial- und Gesundheitswesen sowie als Schreibkräfte in den Verwaltungen Beschäftigung. Zudem sollten – wie wir sehen werden – unter den in der Rosenstraße Festgesetzten Dutzende Hilfskräfte von der Gestapo rekrutiert werden, für reine Männerarbeiten.

Der perfide Plan des Reichssicherheitshauptamtes zielte also auf die Deportation der Angestellten der jüdischen Einrichtungen Berlins, die bislang noch als »geschützt« gegolten hatten. Die Internierung von 2000 Menschen in der Rosenstraße stellte den effektivsten Weg dar, binnen weniger Tage mehrere hundert geeignete Personen, darunter viel Fachpersonal, für eine Tätigkeit bei jüdischen Stellen zu rekrutieren. Zu diesem Zweck wurden auf Geheiß des Reichssicherheitshauptamtes die bei der Razzia festgenommenen Juden aus »Mischehen« in das Lager Rosenstraße gebracht. Die Auswahl sollte die Gestapo unter Mithilfe der Reichsvereinigung vornehmen. Fritz Woehrn, im RSHA IV B 4 im Sachgebiet A »Evakuierungen« für »Allgemeines« zuständig,[140] ließ

139 BA, ZwA-DH, R 8150, Nr. 50, Bl. 430: Aktennotiz (Moritz Henschel) über Rücksprache bei Stapoleitstelle Berlin (Stock, Dobberke) am 18. 3. 1943.

140 Vgl. Nachkriegsaufstellung der RSHA-Mitarbeiter bei Hilberg, Vernichtung, Bd. 2, S. 427.

sich deshalb später über die »Durchführung der Abwanderung von Mitarbeitern der RV und der Auswahl der Ersatzkräfte für die RV« Bericht erstatten.[141]

Die Gestapo ließ allerdings in den ersten Tagen der Fabrik-Aktion über den geplanten Austausch und den bevorstehenden Abtransport der bisherigen Mitarbeiter zunächst nichts verlauten. Sie hatte aus der Erfahrung vom Oktober 1942 gelernt, als nach der Ankündigung, dass rund 500 Angestellte der Berliner Jüdischen Gemeinde deportiert werden würden, zwanzig Mitarbeiter geflüchtet waren.[142] Die Mitarbeiter der jüdischen Einrichtungen mussten sich daher aufgrund der vor der Fabrik-Aktion ausgegebenen »gelben Scheine« sicher wähnen. Aber auch den Insassen in der Rosenstraße wurde das wahre Ziel dieser Internierung zunächst nicht enthüllt. Viele der tagelang Festgehaltenen standen deshalb unter einem extrem starken Druck. Der Vater von Helmut Fürst, damals in einer »Mischehe« lebend, starb im Lager Rosenstraße nach siebentägiger Inhaftierung.[143]

Die Entlassungen aus der Rosenstraße begannen am 1. März 1943 und zogen sich mindestens bis zum 12. März hin.[144] Es gab einige Fälle, in denen die Gestapo lange Zeit für die Klärung der Angaben zum »Rassenstatus« benötigte.[145] Der Hauptgrund für die Zeitspanne von bis zu zehn Tagen lag aber in ebendiesem perfiden Plan der Gestapo, mehrere hundert zur Deportation vorgesehene Mitarbeiter in jüdischen Einrichtungen durch Menschen aus der Rosenstraße zu ersetzen, wie die im Folgenden zitierten Zeitzeugenaussagen und bisher unberücksichtigte Dokumente der Reichsvereinigung zeigen. Gestapo und Vertreter der Reichsvereinigung wählten Männer und Frauen für spezifische Tätigkeiten in der Berliner Jüdischen Gemeinde und der Reichsvereinigung, z. B. für die Steuer-, Grundstücks- und Archivabteilungen sowie für das Jüdische Krankenhaus aus. Außerdem benötigte die Sicherheitspolizei selbst Dutzende Männer für Hilfs- und Transportdienste bei den Deportationen in den anderen Sammellagern sowie für

141 BA, ZwA-DH, R 8150, Nr. 50, Bl. 417: RV-Aktennotiz Nr. 243 über Rücksprache im RSHA am 9. 3. 1943.

142 Gruner, Reichshauptstadt, S. 246–251; Meyer, Gratwanderung, S. 309–310.

143 CJA Berlin, 4.1, Nr. 469, unfol.: Bericht Helmut Fürst (geb. 1911) vom 15. 7. 1946.

144 Vgl. zu solch spätem Entlassungsdatum Bericht Erich F. bei Meyer, Inhaftierung der »jüdisch Versippten«, S. 187; sowie Bericht Clara Byk vom 14. 9. 1946; CJA Berlin, 4.1, Nr. 284, unfol.

145 Vgl. die Schilderung bei Meyer, Inhaftierung der »jüdisch Versippten«, S. 188–189.

Bauarbeiten beim Reichssicherheitshauptamt. Die Insassen der Rosenstraße wurden deshalb in der Woche nach der Fabrik-Aktion mehrmals nach ihren Qualifikationen befragt. Die Auswahlprozedur erfolgte zunächst offenbar als Einzelselektion für kleinere Hilfsarbeiten außerhalb der jüdischen Einrichtungen, bevor dann eine große Auswahl bei einem oder mehreren Hofappellen für die Tätigkeit in der Jüdischen Gemeinde und der Reichsvereinigung vorgenommen wurde.

Gerda Kühnel, seit dem 28. Februar in Rosenstraße interniert, berichtete: »Am nächsten Tag erschien ein SS-Mann in Uniform – ich glaube er hieß Schneider – in Begleitung eines Zivilisten in unserem Zimmer und fragte, wer von den Frauen stenographieren konnte, aber es durfte keine Sternträgerin sein. Meine Schwester riet mir noch zu, mich zu melden. Ich wagte es nicht, weil ich Sternträgerin war. Nachdem Schneider eine Frau ausgesucht hatte, fragte mich der Zivilist, ob ich auch Stenographie und Schreibmaschine beherrsche. Ich bejahte es und sagte aber, daß ich Sternträgerin sei. Der Zivilist sagte etwa sinngemäß: ›Ach, kommen Sie mal mit.‹ [. . .] Wie ich später feststellte, handelte es sich um den Transportunternehmer Erich Scheffler, der seine Büroräume in der Gr[oßen] Präsidentenstr[aße], Nähe Bhf. Börse, hatte.«[146] Scheffler führte offenbar Transportaufträge für die Gestapo aus.[147]

Erich Munter, damals so genannter Geltungsjude, dessen Frau bei der Fabrik-Aktion deportiert wurde, berichtet über seine Rekrutierung in den ersten Tagen: »Eines Tages erschien der mir bekannte Glaubensgenosse Selmar Neumann und der Gestapo-Angehörige [Walter] Dobberke im Lager Rosenstr[aße], um neue Arbeitskräfte für das jüdische Krankenhaus in der Iranischen Straße herauszusuchen. Als die beiden Vorgenannten aus den einzelnen Zimmern ihre Arbeitskräfte heraussuchten, entdeckte mich Selmar Neumann und nahm mich gleich mit. [. . .] Aufgrund meiner zu erwartenden Dienstleistung wurde ich etwa Mitte März aus dem Lager Rosenstr[aße] mit der Auflage entlassen, mich am darauffolgenden Tage im jüdischen Krankenhaus zu melden.«[148] Auch Günther Rischkowsky wurde von den oben Genannten

146 AS LG Berlin, Js 9/65 Bovensiepen-Verfahren, ZH 75 (Gerda Kühnel), Bl. 7: Vernehmung von Gerda Kühnel am 30. 9. 1966.

147 Ebenda, Bl. 9.

148 AS LG Berlin, 3 P Ks 1/71 gegen Otto Bovensiepen, Bd. XXXIII, Bl. 187: Vernehmung vom 26. 10. 1967, S. 4. Vgl. Erich Munter in: Stellenplan Reichsvereinigung vom 11. 11. 1943; CJA Berlin, Diverses JKV Berlin, unfol.

am selben Tag – wahrscheinlich am 3. März – ausgesucht, um ab 10. März 1943 als Hilfsarbeiter im Krankenhaus zu arbeiten.[149]

Kurt Block, der in einer »privilegierten Mischehe« lebte, wurde nach seiner Aussage ungefähr am 4. März 1943 aus dem Lager entlassen, da ihn die Gestapo für Hilfsdienste bei den noch laufenden Verhaftungen für die Transporte sofort brauchte. Er berichtete 1965: »Noch während meiner Inhaftierung wurden 10 jüdische Bürger als Gepäckträger abgeordnet, die bei den Festnahmen von jüdischen Bürgern das Gepäck der Festgenommenen tragen mußten. Die Festgenommenen wurden nach dem Sammellager Große Hamburger Straße gebracht.«[150] Auch Kurt Block musste in dieser »Abholkolonne« arbeiten. Später überstellte die Gestapo ihn als Handwerker zu dem Bautrupp des RSHA in die Kurfürstenstraße.[151]

Nach den ersten begrenzten Rekrutierungen für die Gestapoaufgaben häuften sich ab dem 5. März die Entlassungen. Einigen wurde ihre Entlassung einen Tag zuvor angekündigt.[152] Die Deportation von fast 7000 Berlinern innerhalb von nur wenigen Tagen hatte offensichtlich einen solch enormen organisatorischen und personellen Aufwand erfordert, dass sich die Gestapo erst nach der Abfertigung des letzten Auschwitz-Transports der Auswahlprozedur in der Rosenstraße vollständig widmen konnte. Doch auch dann zog sich die Selektion des Ersatzpersonals noch über mehrere Tage hin. Zunächst wurden offenbar vor allem diejenigen Insassen entlassen, die nicht für eine Tätigkeit in den jüdischen Einrichtungen ausgesucht wurden bzw. nicht für diese in Frage kamen. Die Gestapo machte ihnen zur Auflage, sich bei der »Zentralen Dienststelle für Juden« des Berliner Arbeitsamtes zur Zwangsarbeit zu melden. Erst danach konnten sie neue Lebensmittelkarten erhalten.[153]

149 (Im Original fälschlich 3.4. 1943); Bericht bei Hartung von Doetinchem, Zerstörte Fortschritte, S. 200–201.

150 AS LG Berlin, 3 P Ks 1/71 gegen Otto Bovensiepen, Bd. XII, Bl. 82–83: Vernehmung Kurt Block vom 28. 10. 1965.

151 CJA Berlin, Diverses JKV Berlin, unfol.: Stellenplan JKV Berlin vom 1. 4. 1943. Vgl. Vernehmung Kurt Block vom 28. 10. 1965; AS LG Berlin, 3 P Ks 1/71 gegen Otto Bovensiepen, Bd. XII, Bl. 82–83.

152 Charlotte Israel soll die Nachricht über die bevorstehende Entlassung ihres Mannes sogar schriftlich von einem jüdischen Ordner überbracht bekommen haben; Stoltzfus, Aufstand, S. 335.

153 Vermerk »Keine Ausgabe von Lebensmittelkarten« auf Entlassungsschein v. 5. 3. 1943; Faksimile in Girod/Lidschun/Pfeiffer, Nachbarn, S. 69. Vgl. Jochheim, Frauenprotest 1993, S. 134.

Alle Entlassenen befanden sich in einer desolaten psychischen, körperlichen und hygienischen Verfassung. Sie hatten über eine Woche in überfüllten Räumen zugebracht, sich weder waschen noch richtig schlafen können. Die sanitären Verhältnisse im Gebäude waren katastrophal, wie Siegfried Cohn berichtet, die zu geringe Zahl der Toiletten »in einem unbeschreiblichen Zustand«.[154] Die extreme Überfüllung des Gebäudes Rosenstraße 2–4 führte zudem zu Entorgungsschwierigkeiten. Der Hausmeister meldete der Jüdischen Gemeinde am 7. März 1943, dass »sofort an die Müllabfuhr herangetreten werden muß, da sich die durch die gewaltigen Menschenansammlungen im Hause (es sollen zur Zeit ca. 2000 Menschen dort untergebracht sein) unglaubliche Mengen Müll, Abfälle aller Art angesammelt haben«. Auch wenn nach den ersten Entlassungen nicht ganz so viele Insassen mehr dort gewesen sein dürften, lag das Problem nicht allein in der Anhäufung des Mülls. Der Heizer schrieb: »Die Polizei macht dauernd Kontrollen, weshalb dringende Beschleunigung in der Abholung geboten ist, um allen Unannehmlichkeiten aus dem Wege zu gehen.«[155] Wenn es in der Rosenstraße um die Vorbereitung von Deportationen gegangen wäre, hätte die Gestapo sicher solche Kontrollen der Ordnungspolizei unterbunden. Die Jüdische Gemeinde erledigte jedenfalls »sofort telefonisch« das Nötige.[156] Am Tag darauf wiederholte sie in einem Schreiben an die Städtische Müllabfuhr die Forderung, auf dem Grundstück Rosenstraße Ecke Heidereutergasse die »dort auf dem Hof stehenden Müllkästen anstatt einmal wöchentlich dreimal entleeren zu lassen«. Die Jüdische Gemeinde bat die Stadt, dem Antrage »recht bald stattzugeben«.[157]

Über die sanitären Verhältnisse im Gebäude hinaus lässt dieses Dokument auch Rückschlüsse auf die allgemeinen Vorgänge zu. Wenn es – wie bisher immer angenommen – am 6. März einen Abbruch des Deportationsplanes gegeben hätte und die Insassen alle entlassen wor-

154 Bericht Siegfried Cohn zit. bei Kwiet, Pogrom, S. 594.

155 CJA Berlin, Sammlung Ausstellung Juden in Berlin 1933–1945, Allgemeines/Grundsteuer/Müllabfuhr Heidereuthergasse 4/5, unfol.: Aktennotiz der JKV Berlin/Bau- und Grundstücksverwaltung vom 7. 3. 1943. Ich danke Beate Meyer für dieses und das folgende Dokument.

156 CJA Berlin, Sammlung Ausstellung Juden in Berlin 1933–1945, Allgemeines/Grundsteuer/Müllabfuhr Heidereuthergasse 4/5, unfol.: Handschriftliche Notiz auf Aktennotiz der JKV Berlin/Bau- und Grundstücksverwaltung vom 7. 3. 1943.

157 Ebenda: RV/Bezirkstelle Berlin-Bauabteilung an Depot III Städtische Müllbeseitigungsanstalt am 8. 3. 1943.

den wären, hätte die Jüdische Gemeinde bei der Berliner Stadtreinigung nur beantragen müssen, die angehäufte Müllmenge zu beseitigen. Wenn die Jüdische Gemeinde aber künftig dreimal wöchentlich die Müllabfuhr bestellte, rechnete sie am 8. März 1943, da die Selektion des Personals noch nicht abgeschlossen war, mit weiterem tagelangen, wenn nicht wochenlangen Aufenthalt vieler Menschen im Gebäude Rosenstraße 2–4. Und das mit gutem Grund, denn die Auswahl des Personals durch die Gestapo zog sich hin.

Schließlich entließ die Lagerleitung nach und nach auch Menschen, die für eine Tätigkeit in den jüdischen Einrichtungen rekrutiert worden waren. Am 7. März 1943 wurde Anita Pukacz entlassen und danach als gelernte Säuglingsschwester im Jüdischen Krankenhaus angestellt.[158] Stella Borchers kam am 7. oder 8. März frei. Sie musste am 9. März bei der Jüdischen Gemeinde als Stenotypistin in der Beitrags- und Gebührenstelle anfangen.[159] Dr. Walter Baron, damals in »privilegierter Mischehe« lebend, wurde nach seiner Internierung im März 1943 zur Arbeit an die Finanzabteilung der Jüdischen Gemeinde überwiesen.[160]

Bis zum 8. März kamen nach und nach viele Internierte frei.[161] Im Zusammenhang mit dieser Entlassungswelle hielt die Gestapo einen oder sogar mehrere Hofappelle ab, worüber mehrere Zeitzeugen berichten.[162] Julius Coper gelangte von der Levetzowstraße zur Rosenstraße: »Nach 8tägiger Inhaftierung wurden wir alle auf den Hof gerufen und von einem mir namentlich nicht bekannten Gestapoangehörigen nach unseren Kenntnissen befragt.«[163] Der Vater von Lilo Merten erinnerte sich ebenfalls an den Hofappell, auf dem angeordnet wurde: »Aufstel-

158 Ebenda, Bestand 4.1, Nr. 1528, unfol. Vgl. anderen Bericht bei Hartung von Doetinchem, Zerstörte Fortschritte, S. 198–199.

159 LAB, Rep. 057-01, Nr. R 34/34, unfol.: Zeugenvernehmung vom 14. 7. 1966 (Bovensiepen-Prozess), Bl. 1–2. Vgl. Stellenplan JKV Berlin vom 1. 4. 1943; CJA Berlin, Diverses JKV Berlin, unfol. Über die Entlassung aus der Rosenstraße und die anschließende Meldung bei der Jüdischen Kultusvereinigung zitiert auch Ball-Kaduri einen Zeitzeugen; Gespräch von 1959 mit Ernst Einhorn; Ball-Kaduri, Berlin wird judenfrei, S. 222–223.

160 CJA Berlin, 4.1, Nr. 89, unfol.

161 Bei der Durchsicht Hunderter Personenakten (Buchstaben B, F, L, P und R) fanden sich viele Entlassungsdaten vom 6. bis 8. 3. 1943; CJA Berlin, 4.1. Faksimile zweier Entlassungsscheine vom 7. 3. 1943 bei Schröder, Gegnerinnen, zwischen S. 215 u. 216. Vgl. auch Unikower, Suche, S. 267.

162 Vgl. auch Und Gad ging zu David, S. 98; vgl. Bericht Gad Beck bei Schröder, Hitlers unbeugsame Gegnerinnen, S. 140.

163 AS LG Berlin, 3 P Ks 1/71 gegen Otto Bovensiepen, Bd. XII, Bl. 91: Vernehmung Julius Coper vom 1. 11. 1965.

len! Durchzählen!« All denen, die vortreten mussten, wurde befohlen: »Morgen früh trittst du hier an! Oranienburger Straße.« Er habe danach in der Jüdischen Gemeinde Archivmaterial verpacken müssen.[164] Der in »Mischehe« lebende Leo Merten wurde künftig im Gesamtarchiv der Jüdischen Gemeinde beschäftigt, wo er eine Kartei über die Austritte von Juden aus der Gemeinde anfertigen und Hilfsarbeiten aller Art erledigen musste.[165] Curt Radlauer, damals ebenfalls in einer »Mischehe« lebend, beschrieb später die Szene so: »Noch in der Rosenstr[aße] wurde ich anläßlich eines Appells auf dem Hof von dem Gestapobeamten Prokop gefragt, was ich von Beruf bin und ob ich von Grundstücksverwaltung und Hypothekenrecht etwas verstehe. Als ich dies bejahte, forderte er mich auf, mich für eine derartige Tätigkeit bei der Jüdischen Gemeinde in der Oranienburger Straße bereitzuhalten. Ich erhielt in den darauffolgenden Tagen einen schriftlichen Bescheid mit der Unterschrift des Prokop, meine Tätigkeit aufzunehmen. Ich wurde aus dem Lager Rosenstr[aße] entlassen und meldete mich mit dem Schreiben bei der Jüdischen Gemeinde und nahm meine Tätigkeit dort auf.«[166] Curt Radlauer wurde so Bearbeiter für Grundsteuern in der Rechts- und Abwicklungsstelle der Jüdischen Gemeinde.[167] Er hatte 1966 als Zeuge im Bovensiepen-Verfahren nach seiner Schilderung der Auswahl für die Arbeit auf Befragen der Vernehmer zusätzlich Folgendes geäußert: »Ich habe dabei festgestellt, daß man uns in Mischehe lebende Juden herangezogen hatte, weil man unsere Vorgänger bereits deportiert hatte oder deportieren wollte.«[168]

Zu dem Vorhaben des RSHA, angestammtes Personal jüdischer Einrichtungen zu deportieren und Ersatz aus dem Kreis in der Rosenstraße Internierten auszusuchen, gibt neben den zitierten Aussagen ein zeitgenössisches Dokument genauere Auskunft. Fritz Woehrn (RSHA) informierte sich am 9. März 1943 über die »Durchführung der Ab-

164 Bericht Lilo Merten über Erzählung ihres Vaters; Schröder, Hitlers unbeugsame Gegnerinnen, S. 260.

165 Vgl. Stellenplan JKV Berlin vom 1. 4. 1943; CJA Berlin, Diverses JKV Berlin, unfol.

166 AS LG Berlin, Js 9/65 Bovensiepen-Verfahren, ZH 110 (Radlauer, Curt), Bl. 11–12: Vernehmung Curt Radlauer vom 10. 11. 1966; Vgl. auch ebenda, ZH 110 (Radlauer, Curt), Bl. 1–2: Vernehmung Curt Radlauer vom 4. 5. 1965.

167 Laut Stellenplan JKV Berlin vom 1. 4. 1943; CJA Berlin, Diverses JKV Berlin, unfol.

168 AS LG Berlin, Js 9/65 Bovensiepen-Verfahren, ZH 110 (Radlauer, Curt), Bl. 11–12: Vernehmung Curt Radlauer vom 10. 11. 1966.Vgl. auch Vernehmung Curt Radlauer vom 4. 5. 1965; ebenda, ZH 110 (Radlauer, Curt), Bl. 1–2.

wanderung von Mitarbeitern der RV und der Auswahl der Ersatzkräfte für die RV«. Kurt Levy von der Reichsvereinigung berichtete ihm Folgendes: »Es waren am 6. März 1943 im Sammellager Rosenstraße 302 Ersatzkräfte ausgewählt worden, die aber nicht durchweg den Anforderungen der RV genügten. Von der Lagerführung sind nachträglich noch weitere Ersatzkräfte zur Auswahl gestellt worden, so dass am 9. 3. 1943 morgens rund 320 Personen von der Rosenstraße zur Oranienburgerstraße 29 geschickt wurden, damit sie dort im einzelnen auf ihre Eignung für die in Betracht kommenden Dienststellen geprüft werden. Bis gegen 13 Uhr waren rund 190 Ersatzkräfte ausgewählt, mit denen der Versuch der Beschäftigung gemacht werden soll. Es waren aber noch nicht alle Personen überprüft. Es besteht noch dringender Bedarf für die Bauabteilung der B[ezirks-]St[elle] Berlin, ferner an Pflegekräften für das Gesundheitswesen, an Stenotypistinnen sowie an Ersatzkräften für das RSHA Amt VII. Es wird vermutet, dass aus dem Rest, der noch zu prüfen ist, etwa noch 20 Ersatzkräfte in Betracht kommen.«[169]

Es befanden sich offensichtlich am 9. März, zum Zeitpunkt der Überstellung der 320 Ausgewählten zur Jüdischen Gemeinde in der Oranienburger Straße, noch viele Insassen im Lager Rosenstraße. Woehrn vom RSHA befahl bei dieser Vorladung der Reichsvereinigung, die Zahl der Ersatzkräfte auf 225 zu begrenzen, außerdem strikt zu prüfen, dass die »Ersatzgestellungen« sich nur auf die laut RSHA-Richtlinien vom 20. Februar 1943 von den Deportationen befreiten Gruppen, also auf »Juden in Mischehen bezw. bei aufgelöster Mischehe [auf] vom Kennzeichnungszwang befreit[e], ferner auf Geltungsjuden in Hausgemeinschaft mit dem arischen Elternteil (falls nicht mit einem Juden verheiratet) beschränken«.[170] Die Zahl von rund 225 Auszuwählenden bezog sich nicht nur auf die Jüdische Kultusvereinigung, obwohl alle Ausgewählten zunächst in der Oranienburger Straße, wo das Büro der Berliner Gemeinde lag, antreten mussten, und nicht in der Kantstraße, wo offiziell die Reichsvereinigung firmierte. Julius Coper berichtete, er habe nach acht Tagen Rosenstraße die Auflage erhalten, sich nach der Entlassung bei der Jüdischen Gemeinde Oranienburger Straße zu

169 BA, ZwA-DH, R 8150, Nr. 50, Bl. 417: RV-Aktennotiz Nr. 243 über Rücksprache im RSHA am 9. 3. 1943.

170 Ebenda.

melden. Von dort sei er zur Reichsvereinigung in der Kantstraße als Bürogehilfe vermittelt worden.[171]

Die Anstellung der neuen und die Deportation der früheren Mitarbeiter

Weil die früheren Mitarbeiter so rasch wie möglich deportiert werden sollten, lautete die Anweisung des RSHA am 9. März 1943, dass mit der Beschäftigung neuen Mitarbeiter sofort begonnen werden müsse, auch wenn die Arbeitspapiere der Firmen, bei denen sie als Zwangsarbeiter bis zur Fabrik-Aktion beschäftigt waren, noch nicht an sie zurückgegeben worden seien. Ihre Beschaffung könne über die Staatspolizeileitstelle organisiert werden. Das RSHA hatte zugleich angeordnet, die »Ausweise für die neu einzustellenden Mitarbeiter beschleunigt vorzubereiten und der Staatspolizeileitstelle Berlin zur Abstempelung vorzulegen«.[172]

Ein Abgleich bisher unberücksichtigter Personallisten der Jüdischen Gemeinde Berlin vom 31. Januar 1943 und vom 1. April 1943 erlaubt einen genaueren Blick auf diese Reorganisationsvorgänge, denn neben den Namen wurde immer auch der spezielle »Rassestatus« der Mitarbeiter vermerkt. Nach der Fabrik-Aktion wurden insgesamt über 200 Juden aus »Mischehen« sowie Dutzende »Geltungsjuden« neu eingestellt, während Hunderte, nicht in »Mischehe« lebende jüdische Deutsche aus den Mitarbeiterlisten verschwanden. In der Beitrags- und Gebührenstelle der Jüdischen Gemeinde hatten beispielsweise vor den Februar/März-Transporten noch 35 Personen gearbeitet. Danach beschäftigte diese nur noch 25 Mitarbeiter, von denen man aber acht Männer und eine Frau aus »Mischehen« – die schon genannte Stella Borchers – sowie eine »Geltungsjüdin« neu eingestellt hatte. Während diverse Namen vom Januar fehlen, konnten zwei Männer aus »Mischehen« hingegen ihre Arbeitsplätze behalten. In der Personalverwaltung verringerte sich die Zahl der Angestellten von 28 auf 21. Drei Männer

171 AS LG Berlin, 3 P (K) Ks 1/71 gegen Otto Bovensiepen, Bd. II, Bl. 174: Vernehmung vom 19. 3. 1965, S. 1. Vgl. Coper als Mitarbeiter RV-Zentrale, in: Stellenplan Reichsvereinigung vom 11. 11. 1943; CJA Berlin, Diverses JKV Berlin, unfol.

172 BA, ZwA-DH, R 8150, Nr. 50, Bl. 417+RS: RV-Aktennotiz Nr. 243 über Rücksprache im RSHA am 9. 3. 1943.

aus »Mischehen« tauchen in der Liste vom 1. April wieder auf, sieben Männer in »Mischehen« kamen neu hinzu. Nur ein Jude in »Mischehe« aus dem Mitarbeiterverzeichnis vom Januar fehlt in der Namensliste vom April. Solche Fälle gab es vereinzelt, weil auch Versetzungen innerhalb der Gemeindeeinrichtungen Bestandteil der Reorganisation waren.

In der Antrags- und Inventarstelle und im Bestattungswesen arbeiteten am 1. April 24 Männer aus »Mischehen«. Zu den elf dort bereits im Januar tätigen Männern aus »Mischehen« waren noch 13 Männer in »Mischehen« hinzugekommen, außerdem vier »Geltungsjuden«. Im Gesamtarchiv arbeiteten künftig sieben Männer in »Mischehen«. Vor der Fabrik-Aktion waren es acht Mitarbeiter, aber nur einer aus einer »Mischehe«. Im Referat Kataster arbeiteten von 21 (im Januar 24) nun 14 Personen in »Mischehen«. Von den Letzteren waren sechs Männer und eine Frau neu eingestellt worden sowie zusätzlich zwei »Geltungsjüdinnen«. Die von Dr. Martha Mosse geleitete Wohnungsstelle, die von 32 auf 15 Angestellte verkleinert worden war, beschäftigte am 1. April sechs Männer aus »Mischehen«, davon fünf neu eingestellte. Nur ein Mann in »Mischehe«, der spätere ostdeutsche Landesrabbiner Martin Riesenburger, hatte zuvor dort einen Posten. In der Kleiderkammer arbeiteten vor der Fabrik-Aktion 42 Menschen. Am 1. April verzeichnete man nur noch 27 Mitarbeiter, darunter sechs Männer in »Mischehen«. Von diesen waren vier neu eingestellt worden, ebenso wie neun »Geltungsjuden« (zwei Männer und sieben Frauen).[173] Der Mitarbeiterstand war also in fast jeder Abteilung mehr oder weniger reduziert worden, während der Anteil von Juden aus »Mischehen« und »Geltungsjuden« stark anstieg.

Auch für die Reichsvereinigung rekrutierte man in diesen Tagen neues Personal aus dem Kreise der Internierten. Dort wurden zur Deportation vorgesehene Angestellte durch neues Personal Anfang März ersetzt und die alten Mitte März deportiert, so berichtete Erich Fabian.[174]

173 Bei den von 19 auf 10 reduzierten Hauswartsstellen kam zu den im Januar vorhandenen drei männlichen jüdischen »Mischehe«-Partnern ein neuer hinzu. In der Reparaturwerkstatt hatten Ende Januar 19 Menschen gearbeitet. Unter den 14 Personen vom April befanden sich sieben Männer aus »Mischehen«, davon fünf Neubeschäftigte, sowie drei »Geltungsjuden«, davon eine Frau. Berechnet vom Autor nach Stellenplan JKV Berlin vom 1. 4. 1943 und Mitarbeiterstand JKV Berlin (Namensliste) vom 31. 1. 1943; CJA Berlin, Diverses JKV Berlin, unfol. Für den Hinweis auf diese Quellen danke ich Thomas Jersch, Berlin.

174 Zit. bei Ball-Kaduri, Berlin wird judenfrei, S. 226.

Walter Freund, nach einer Woche aus der Rosenstraße entlassen, bekam eine solche Stelle bei der Reichsvereinigung.[175] Wie schon erwähnt, wurden im Lager Rosenstraße Frauen und Männer aber nicht nur als Angestellte und Schreibkräfte für beide Verwaltungseinrichtungen rekrutiert, sondern auch als Personal für das Jüdische Krankenhaus: Eva Bileski gelangte als so genannte Geltungsjüdin über das Sammellager Kaserne Rathenower Straße in das Lager Rosenstraße. Von dort wurde sie nach ihrer Entlassung als Stenotypistin in das Jüdische Krankenhaus vermittelt.[176]

Dutzende Männer benötigten das RSHA und die Berliner Gestapo selbst. Eine ganze Reihe von Juden aus »Mischehen« wählten sie für spezielle Aufgaben aus: Im Auftrag der Gestapo stellte die Reichsvereinigung 20 Mann ein, die als zusätzliche Ordner für das Sammellager Große Hamburger Straße arbeiten mussten, außerdem mehrere Personen, die eine »Kartei der in Berlin verbliebenen Juden« aufstellen sollten.[177] Vor der Fabrik-Aktion verfügte das Sammellager Große Hamburger Straße über 92 jüdische Ordner, davon fünf aus »Mischehen«. Diese mussten innerhalb des Lagers für die Gestapo Hilfsdienste bei der Vorbereitung der Transporte verrichten. Am 1. April 1943 nach dem Ende der Großtransporte beschäftigte die Gestapo dort noch 67 Ordner. Unter diesen waren jetzt 25 Juden aus »Mischehen«, fünf bereits vor der der Fabrik-Aktion dort Beschäftigte und die 20 neu eingestellten.[178] In der so genannten Transportkolonne, die die Gestapo bei der Abholung einzelner Juden aus den Wohnungen begleiten und für den Transport von deren Gepäck sorgte, arbeiteten zu diesem Zeitpunkt 30 Männer aus »Mischehen«, davon 27 Personen, die nach der Fabrik-Aktion neu eingestellt worden waren.[179]

175 LAB, Rep. 057-01, Nr. R 34/34, unfol.: Zeugenvernehmung vom 22. 5. 1967 (Bovensiepen-Prozess), S. 3. (auch AS LG Berlin, Bovensiepen-Prozess, Bd. XXX, Bl. 94).

176 CJA Berlin, 4.1, Nr. 150, unfol.: Schreiben Eva Bileski vom 9. 10. 1945. Vgl. Hartung von Doetinchem, Zerstörte Fortschritte, S. 198 u. 200. Vgl. CJA Berlin, Diverses JKV Berlin, unfol.: RV-Stellenplan vom 11. 11. 1943.

177 BA, ZwA-DH, R 8150, Nr. 50, Bl. 430: Aktennotiz (Moritz Henschel) über Rücksprache bei Stapoleitstelle Berlin (Stock, Dobberke) am 18. 3. 1943.

178 Im Lager Auguststraße und im sog. Durchgangslager Gormannstraße waren am 1. 4. 1943 keine Juden in »Mischehen« bzw. Geltungsjuden eingesetzt; vgl. CJA Berlin, Diverses JKV Berlin, unfol.: Stellenplan JKV Berlin vom 1. 4. 1943 und Mitarbeiterstand JKV Berlin (Namensliste) vom 31. 1. 1943.

179 Vgl. CJA Berlin, Diverses JKV Berlin, unfol.: Stellenplan JKV Berlin vom 1. 4. 1943 und Mitarbeiterstand JKV Berlin (Namensliste) vom 31. 1. 1943.

Ungefähr 15 der Männer, die zunächst im Lager Große Hamburger als Ordner und Abholer benötigt worden waren, versetzte man – nach der Abwicklung der Märztransporte – zu »Sonderarbeiten im behördlichen Auftrag« des RSHA, zu den Bibliotheksarbeiten in der Eisenacher Straße bzw. zu Bauarbeiten in der Kurfürstenstraße.[180] Zusätzlich hatte das Reichssicherheitshauptamt für diese Tätigkeiten schon Anfang März 1943 Juden aus »Mischehen« direkt in der Rosenstraße rekrutiert, denn auch die Mehrzahl der seit 1941 für das RSHA im so genannten Behördenauftrag beschäftigten jüdischen Zwangsarbeiter sollten jetzt deportiert werden. Kurz nach dem Krieg wurde dieser Vorgang von Ludwig Misch so geschildert: »Im März 1943 machte sich die Einstellung neuer Kräfte erforderlich, weil die Mehrzahl der in der Bibliothek tätigen Juden deportiert werden sollte. Die Auswahl der neuen Kräfte erfolgte in der Weise, daß in dem Sammellager Rosenstr[aße], in welchem zur Zeit infolge einer Aktion ein großer Teil Juden untergebracht worden waren, Herren des Vorstandes der Reichsvereinigung erschienen und erklärten, daß wissenschaftlich Vorgebildete für bibliothekarische Zwecke benötigt würden. Die Auswahl erfolgte dann, nachdem die Betreffenden freigelassen worden waren [...].« Die Vorausgewählten wurden dann in der Reichsvereinigung Beamten des RSHA vorgestellt und von diesen letztlich für die Arbeit rekrutiert.[181]

Im »Behördenauftrag« beim RSHA-Hauptamt VII in der Eisenacherstraße hatten vor der Fabrik-Aktion zehn jüdische Deutsche gearbeitet, nur zwei kamen aus einer »Mischehe«. Dieser Einsatz wurde noch ausgeweitet. Ende März 1943 leisteten nun 22 Männer dort Zwangsarbeit, davon 17 Männer aus »Mischehen«, unter ihnen Ludwig Misch[182], sowie zusätzlich drei »Geltungsjuden«. Für den inzwischen 16 Kräfte umfassenden Bautrupp in der Kurfürstenstraße 116 wählte das RSHA neun Juden aus »Mischehen« neu aus.[183]

Nach der Fabrik-Aktion hatte man auf diese Weise bei der Jüdischen Gemeinde insgesamt 115 Juden und vier Jüdinnen aus »Mischehen«

180 CJA Berlin, Diverses JKV Berlin, unfol.: Stellenplan JKV Berlin vom 1. 4. 1943.

181 LBI/A New York, Memoir Coll., Ludwig Misch Coll., AR 2073, unfol.: Vorlage für das amerikanische Generalkonsulat in Berlin vom 10. 8. 1947, S. 1.

182 CJA Berlin, Diverses JKV Berlin, unfol.: Mitarbeiterstand Reichsvereinigung vom 11. 11. 1943.

183 Nach Stellenplan JKV Berlin vom 1. 4. 1943 und Mitarbeiterstand JKV Berlin (Namensliste) vom 31. 1. 1943; CJA Berlin, Diverses JKV Berlin, unfol.

›neu eingestellt, außerdem 16 »Geltungsjüdinnen« und 12 »Geltungsjuden«. Zuvor hatten dort 47 jüdische Deutsche in »Mischehen« gearbeitet und trotz der Deportationen ihre Stellung behalten, außerdem zwei Jüdinnen in »Mischehen« sowie zwei »Geltungsjüdinnen«.[184] Wenn man 50 im Jüdischen Krankenhaus Neubeschäftigte, die sich aus einer Liste vom November 1943 ergeben, hinzurechnet, macht das zusammen ungefähr 200 Ersatzkräfte.[185] Schätzt man für die Reichsvereinigung, für die keine Zahlen vorliegen, noch zusätzliche 25 Personen, passt das zur Vorgabe des RSHA, die Anstellungen auf 225 Personen zu begrenzen.[186]

Die für die Verwaltungsaufgaben und den Behördeneinsatz Neueingestellten waren überwiegend Männer, die als Transport- und Hilfskräfte, aber auch als in Steuer-, Rechts- und Grundstücksfragen hoch qualifiziertes Fachpersonal tätig waren. Jüdinnen aus »Mischehen« bzw. »Geltungsjüdinnen« wählte man in der Rosenstraße aus, um Aufgaben als Krankenschwestern und Stenotypistinnen zu übernehmen. Frauen stellten deshalb lediglich ein Viertel der nur noch 450 Angestellten der Jüdischen Gemeinde vom April 1943. Die schließlich für eine Tätigkeit in der Reichsvereinigung und in der Jüdischen Kultusvereinigung bestätigten Kräfte erhielten im Laufe der nächsten Tage neue Mitarbeiterausweise.[187] Alle Ausgewählten begannen ihre Beschäftigungen unter der Drohung des RSHA, wer sich nicht bei der Arbeit in der Reichsvereinigung bewähre, werde von der »Aufsichtsbehörde« für »anderweit[ig]en Arbeitseinsatz bei grober Handarbeit« eingeteilt.[188] Hildegard Henschel berichtete über ihre Empfindungen bei deren Arbeitsaufnahme: »Zermürbt durch die vorangegangenen Ereignisse [...] galt es, mit den nicht evakuierbaren, arisch versippten Juden, die bisher nur zum kleinsten Teil in jüdischen Organisationen tätig gewesen waren,

184 Berechnet nach Stellenplan JKV Berlin vom 1.4. 1943 und Mitarbeiterstand JKV Berlin (Namensliste) vom 31.1.1943; CJA Berlin, Diverses JKV Berlin, unfol.

185 Vgl. RV-Stellenplan vom 11.11.1943; ebenda.

186 CJA Berlin, 4.1, Nr.150, unfol.: Schreiben vom 9.10. 1945 sowie Bericht zit. bei Hartung von Doetinchem, Zerstörte Fortschritte, S.198 u. 200. Vgl. Stellenplan Reichsvereinigung vom 11.11.1943; CJA Berlin, Diverses JKV Berlin, unfol.

187 Einige Ausweise, die zurückgegeben wurden, blieben erhalten: Zwei Ausweise für die Arbeit in der RV wurden am 12. März von Kurt Levy unterschrieben; CJA Berlin, 1, 75 C Be 2, Nr 14, Bl. 5 u. 11. Faksimiles einiger dieser Ausweise in: Jüdische Geschichte in Berlin. Bilder und Dokumente, S. 323.

188 BA, ZwA-DH, R 8150, Nr.50, Bl.417RS: RV-Aktennotiz Nr.243 über Rücksprache im RSHA am 9.3.1943. Vgl. Hildegard Henschel zit. bei: Ball-Kaduri, Berlin, S. 221.

alle notwendigen Posten zu besetzen und sie so einzuarbeiten, daß auch bei völligem Ausscheiden der Volljuden die Maschinerie funktionierte. Man wußte, daß die Frist für diese Umstellungsarbeiten nur kurz war, man war sich darüber klar, daß in wenigen Monaten alle Volljuden, die evakuierungsfähig waren, Berlin verlassen haben würden.«[189]

Bereits am 9. März 1943, also noch am Tag des ersten Austausches, erfolgten dann die ersten Massenverhaftungen unter den »alten« Angestellten der Jüdischen Gemeinde und der Reichsvereinigung.[190] Auch der Vater und die Frau von Hans-Peter Messerschmidt gehörten dazu. Die Gestapo brachte sie in das Lager Große Hamburger Straße.[191] Nur die Abteilungsleiter in der Jüdischen Gemeinde und deren Sekretärinnen blieben in aller Regel von diesen Verschleppungen verschont.[192] Am 10. März wurde die Hälfte des bisherigen Krankenhauspersonals abgeholt.[193] Ihnen blieben nur wenige Tage bis zum Abtransport.

Insgesamt deportierte die Gestapo in Berlin mehrere hundert ehemalige Mitarbeiter der Reichsvereinigung und der Jüdischen Kultusvereinigung sowie deren Angehörige mit zwei Zügen: Am 12. März 1943 verließ ein Großtransport Berlin.[194] Er kam am 13. März in Auschwitz mit 964 Personen an[195], darunter 344 Männer sowie 620 Frauen und Kinder. 559 von ihnen, 126 Männer und 473 Frauen und Kinder, ermordete die SS sofort.[196] Bereits am 17. März 1943 verließ der nächste Transport Berlin mit 1164 Personen in Richtung Theresienstadt.[197] Unter ihnen befanden

189 Henschel, Arbeit, S. 50. Zit. bei Ball-Kaduri, Berlin wird judenfrei, S. 221.

190 Henschel, Arbeit, S. 50.

191 Messerschmidt, Wie ein Optimist, S. 51.

192 Nach Stellenplan JKV Berlin vom 1. 4. 1943 und Mitarbeiterstand JKV Berlin (Namensliste) vom 31. 1. 1943; CJA Berlin, Diverses JKV, unfol.

193 Elkin, Das jüdische Krankenhaus, S. 39–40; Hartung von Doetinchem, Zerstörte Fortschritte, S. 191–192.

194 Im Gedenkbuch mit 941 Personen notiert; Gedenkbuch Berlins, S. 1420. Vgl. mit etwas abweichenden Zahlen (964 u. 947) bei Gruner, Judenverfolgung in Berlin, S. 99.

195 Möglicherweise wurden einige Juden aus München an den Transport angeschlossen, denn aus München soll ein Transport am 13. März nach Auschwitz gegangen sein; Wolfgang Benz, »Evakuierung«. Deportation und Vernichtung der Juden aus Bayern, in: ders., Herrschaft und Gesellschaft im nationalsozialistischen Staat. Studien zur Struktur- und Mentalitätsgeschichte, Frankfurt/Main 1990, S. 177.

196 Czech, Kalendarium, S. 440. Vgl. Vermerk KZ Auschwitz für WVHA vom 15. 3. 1943; Abdruck, in: Eschwege, Kennzeichen J, S. 261.

197 Gedenkbuch Berlins, S. 1422. Vgl. mit abweichender Zahl 1159 Gruner, Judenverfolgung in Berlin, S. 101. Vgl. Henschel, Arbeit, S. 50. Vgl. zur Ankunft des Zuges am 18. 3. 1943 mit 1282 Personen; Theresienstädter Gedenkbuch. Die Opfer der Judentransporte aus Deutschland nach Theresienstadt 1942–1945, hrsg. vom Institut Theresienstädter Initiative, Prag 2000, S. 58.

sich vor allem die während der Fabrik-Aktion festgenommenen älteren Menschen, die in der Großen Hamburger Straße und in der Gerlachstraße eingesperrt waren, sowie frühere Angestellte jüdischer Einrichtungen mit »Privilegierungen«. Dieser Transport war der erste Großtransport ins Ghetto Theresienstadt seit September 1942. In der Zwischenzeit hatte man regelmäßig »nur« je 100 Personen in Waggons, die regulären Personenzügen angehängt worden waren, dorthin verschleppt.[198] In jenem Sonderzug der Reichsbahn befanden sich am 17. März 1943 vor allem von den Nazis »privilegierte Opfer«: Inhaber von militärischen Auszeichnungen, Offiziere, Ärzte. In dem Transport fuhren aber auch diverse »Geltungsjuden und Geltungsjüdinnen« mit. Sie wurden gemäß den Februar-Richtlinien in das Ghetto verschleppt, weil sie nicht mehr in gemeinsamen Haushalten mit ihrer »arischen« Verwandtschaft und ohne jeden Anhang lebten. Ebenso befanden sich im Zuge auch einige wenige jüdische Partner aus »Mischehen«, die aber nur deshalb deportiert werden konnten, weil ihre Ehen geschieden, also aufgelöst worden waren. Diese Juden aus »Mischehen« deportierte die Gestapo also nicht nach Auschwitz, wie heute oft angenommen, sondern ins Ghetto Theresienstadt, wie es in den RSHA-Richtlinien vom 20. Februar vorgeschrieben war.[199]

Nach diesen zwei Großtransporten befand Goebbels, dass die Großaktion in Berlin abgeschlossen sei. Über sein Gespräch mit Hitler am 19. März 1943 notierte er in seinem Tagebuch: »Der Führer ist glücklich darüber, daß, wie ich ihm berichte, die Juden zum größten Teil aus Berlin evakuiert sind. Er meint mit Recht, daß der Krieg uns die Lösung einer ganzen Reihe von Problemen ermöglicht hat, die man in normalen Zeiten niemals hätte lösen können. Jedenfalls werden die Juden die Verlierer dieses Krieges sein, so oder so.«[200] Deutlich wird hier, dass sowohl Goebbels als auch Hitler zu diesem Zeitpunkt von einer erfolgreichen Aktion ausgingen und nicht von einer gescheiterten. Das bekräftigt einmal mehr, dass das Ziel der Fabrik-Aktion eben nicht in der Deportation aller Juden in »Mischehen« bestand.

Währenddessen, mehr als eine Woche nach den großen Selektionen in der Rosenstraße, stellte sich heraus, dass einige der frisch Rekrutierten den Arbeitsanforderungen in den jüdischen Einrichtungen nicht

198 Vgl. Gedenkbuch Berlins, S. 1421–1422. Vgl. Gruner, Judenverfolgung in Berlin, S. 101.
199 BA Berlin, Zsg 138, Nr. 66, Bl. 159 ff.: Liste Transport vom 17. 3. 1943.
200 Tagebücher Goebbels, Teil II, Bd. 7, S. 595: Eintrag vom 20. 3. 1943.

genügten. Wie Moritz Henschel (RV) am 18. März 1943 über eine Rücksprache mit Stock und Dobberke in der Staatspolizeileitstelle notierte, sollte neues Personal deswegen »unter den wegen bestehender Mischehe usw. entlassenen Juden und Geltungsjuden, die jetzt in andere Arbeit vermittelt würden«, gesucht werden.[201] Deutlich wird in diesem Dokument noch einmal der Grund der Entlassungen in der Rosenstraße genannt: »wegen bestehender Mischehe«. Nach erneuerter Suche unterschrieb Moritz Henschel daher jetzt noch einmal weitere Mitarbeiterausweise am 18. und 25. März für die RV-Bezirksstelle Berlin, wie die Jüdische Gemeinde jetzt genannt wurde.[202]

Vor der Fabrik-Aktion hatten die Verantwortlichen unter den 816 Angestellten der Jüdischen Gemeinde Berlin, einschließlich der 211 im Krankenhaus, nur 75 als in »Mischehen« lebend klassifiziert, also weniger als 10 Prozent. Am 1. April 1943, nach der Reorganisation des Betriebes durch die Gestapo, beschäftigte die Berliner Gemeinde (ohne Krankenhaus) nur noch ca. 450 Menschen, davon nun 168 in »Mischehe« lebende Juden. Ihr Anteil betrug nach der Fabrik-Aktion also mehr als ein Drittel aller Beschäftigten.[203]

In Berlin organisierte die Gestapo weitere Deportationen in den nächsten Monaten. So fuhren noch zwei Sonderzüge, die ehemalige Angestellte der jüdischen Institutionen mit ihren Familien enthielten, nach Auschwitz: am 19. April 1943 mit 681 Personen[204] und am 7. Mai mit 406.[205] Und das waren keineswegs die letzten Transporte. Johanna Farkas schrieb nach dem Krieg: »Im Februar 1943 wurde ich mit meinem Kind aus der Wohnung geholt und landete nach sechsstündiger Fahrt im offenen Wagen mit SS-Bewachung in der Hermann Göring-Kaserne. Von dort kam ich noch einmal frei, weil mein Mann noch zurückgestellt war. Am 10. Mai 1943 schlug dann unsere Stunde.« Diese Familie wurde am 17. Mai 1943 ins Ghetto Theresienstadt deportiert.[206]

201 BA, ZwA-DH, R 8150, Nr. 50, Bl. 430: Aktennotiz (Moritz Henschel) über Rücksprache bei Stapoleitstelle Berlin (Stock, Dobberke) am 18. 3. 1943.

202 CJA Berlin, 1, 75 C Be 2, Nr 14, Bl. 2–12.

203 Nach Stellenplan JKV Berlin vom 1. 4. 1943 und Mitarbeiterstand JKV Berlin (Namensliste) vom 31. 1. 1943; CJA Berlin, Diverses JKV, unfol.

204 Gedenkbuch Berlins, S. 1420. Mit anderen Zahlen (338 und 688); Gruner, Judenverfolgung in Berlin, S. 99.

205 Gedenkbuch Berlins, S. 1420. Mit einer anderen Zahl (395); Gruner, Judenverfolgung, S. 99.

206 CJA Berlin, 4.1, Nr. 344, unfol.

Die Gestapo wandte für Theresienstadt inzwischen wieder das Verfahren an, je 100 Menschen in Waggons an fahrplanmäßige Züge anzuhängen, so von Berlin aus am 19. April, am 17., 18. und 19. Mai 1943.[207]

Mitte Mai 1943 befahl der Reichsführer der SS, Heinrich Himmler, dass bis zum 30. Juni die Deportation der Juden »aus dem Reichsgebiet einschließlich Böhmen und Mähren nach dem Osten bzw. nach Theresienstadt« abzuschließen sei. Es müssten nun auch Kranke deportiert werden. Die lokale Gestapo solle das RSHA in Berlin acht Tage vorher informieren, um Transportmittel bereitzustellen. Über die Zahl der letzten »lagermäßig untergebrachten Juden« sei bis zum 1. Juni 1943 zu berichten.[208] Damit dezentralisierte das RSHA nun die Planung der Transporte, die vorher immer zentral von Berlin aus gesteuert wurden, und zwar wegen der geringen Menge noch zu deportierender Juden. Weil im Altreich nur noch wenige jüdische Deutsche lebten, löste die Gestapo formal die bisherige organisatorische Struktur der Zwangsgemeinschaft der Juden in Deutschland, die Reichsvereinigung samt ihren Bezirksstellen, am 10. Juni 1943 auf. Danach wurde eine neue, verkleinerte Zwangsorganisation unter dem gleichen Namen geschaffen, deren Regionalstrukturen statt durch Bezirksstellen mit mehreren Mitarbeitern nur noch durch einzelne Vertrauensmänner in 41 Städten repräsentiert wurden.[209] Aus Berlin schickte die Gestapo am 16. Juni 1943 noch einen großen, so genannten Alterstransport mit 443 Insassen nach Theresienstadt.[210] Unter jenen befanden sich Personal sowie Patienten des Jüdischen Krankhauses und des Siechenheimes, außerdem viele Juden, die vorher als Ordner und Schreibpersonal von der Gestapo bei den Massentransporten eingesetzt worden waren.[211] Am 28. Juni 1943 verließ der vorerst letzte Sondertransport Berlin mit 314 Insassen in Richtung Auschwitz.[212]

207 Gruner, Judenverfolgung in Berlin, S. 101.
208 FS des RSHA (IV B 4a 2093/42) vom 21. 5. 1943, Auszug in: ITS Arolsen 1979, S. LXII. Vgl. Lozowick, Hitler's Bureaucrats, S. 107–108 u. 113.
209 Zu diesem Vorgang: Wolfgang Benz, Überleben im Untergrund, in: Benz (Hrsg.), Juden in Deutschland, S. 690–700; Gruner, Armut und Verfolgung, S. 430–431.
210 Gruner, Judenverfolgung in Berlin, S. 101.
211 BA Berlin, Zsg 138, Nr. 67, Bl. 18 ff.: Bemerkungen auf Gestapoliste zum Alterstransport am 16. 6. 1943.
212 Gedenkbuch Berlins, S. 1420. Mit anderen Zahlen (319 und 297); Gruner, Judenverfolgung in Berlin, S. 99.

Die jüdischen Einrichtungen in Berlin beschäftigten nach den Transporten im Juli 1943 nur noch 352 Mitarbeiter[213], im November nur noch 333.[214] Die Mehrheit der im Stellenplan der Reichsvereinigung zu jenem Zeitpunkt Erfassten waren jüdische Deutsche aus »Mischehen«, darunter viele aus der Rosenstraße. In den Berliner Einrichtungen arbeiteten nun 203 Juden aus »Mischehen«, überwiegend Männer, sowie 81 »Geltungsjuden« und Geltungsjüdinnen.[215]

213 Davon allein inzwischen 64 beim Behördeneinsatz des RSHA (Bautrupps und Bibliotheksarbeiten); BA, ZwA-DH, R 8150, Nr. 50, Bl. 487: Notiz über Mitarbeiterstand Berlin am 10. 7. 1943.

214 Von den 182 Angestellten der Reichsvereinigung arbeiteten 136 im Krankenhaus, außerdem bei der Abwicklungsstelle acht, im Lager Große Hamburger Straße 51 und im sog. Behördeneinsatz jetzt 92; nach Tabelle Reichsvereinigung vom 11. 11. 1943 sowie Mitarbeiterstand Reichsvereinigung am 11. 11. 1943; CJA Berlin, Diverses JKV Berlin, unfol.

215 CJA Berlin, Diverses JKV Berlin, unfol.: Stellenplan Reichsvereinigung vom 11. 11. 1943.

Kapitel 4: Der Protest und die Folgen

Die »stumme Demonstration« der Angehörigen in der Rosenstraße

Goebbels notierte am 11. März 1943 in seinem Tagebuch: »Die Evakuierung der Juden aus Berlin hat doch zu manchen Mißhelligkeiten geführt. Leider sind dabei auch die Juden und Jüdinnen aus privilegierten Ehen zuerst mit verhaftet worden, was zu großer Angst und Verwirrung geführt hat. [...] Die Verhaftung von Juden und Jüdinnen aus privilegierten Ehen hat besonders in Künstlerkreisen stark sensationell gewirkt [...]«[1] Die Angehörigen und Bekannten der Internierten in der Rosenstraße reagierten aber nicht nur mit Furcht und Schrecken auf die Vorgänge. Überwiegend nichtjüdische Verwandte und überwiegend Frauen fanden sich spontan und rasch vor dem Gebäude Rosenstraße 2–4 ein.

Zeitgenössische Dokumente zu diesen Vorgängen gibt es bisher nicht. Selbst die bekannte Tagebuchnotiz von Andreas-Friedrich scheint nicht ganz authentisch, sondern erst kurz nach dem Kriegsende angefertigt worden zu sein.[2] Die meisten heute vorhandenen Berichte sind mit jahrzehntelangem Abstand, manche erst nach einem halben Jahrhundert aufgezeichnet worden. Wenn man sich die Berichte über diesen Protest ansieht, so zeigen sich viele Widersprüche. Heißt es einmal, es sei eine Hand voll Leute gewesen, so ein anderes Mal, die Straße sei schwarz von Menschen gewesen. Schreiben einige, die Versammelten riefen laut, so meinen andere, sie hätten gar nichts gesagt. Berichten einige, dass die SS sie vor dem Haus bedroht hätte, so erzählen andere, dies habe die Polizei zu verantworten gehabt. Diese oft diametralen Widersprüche in den Aussagen der Zeitzeugen stehen für die unterschiedliche individu-

1 Tagebücher Goebbels, Teil II, Bd. 7, S. 528: Eintrag vom 11. 3. 1943.

2 Ruth Andreas-Friedrich, Der Schattenmann, Frankfurt/Main 1983, S. 103–104. Zur Authentizität ihres Tagebuchs vgl. Helmut Peitsch, »Deutschlands Gedächtnis an seine dunkelste Zeit«. Zur Funktion der Autobiographik in den Westzonen Deutschlands und den Westsektoren von Berlin 1945 bis 1949, Berlin 1990, S. 300–303.

elle Wahrnehmung damals und ihre sehr persönlich gehaltenen Erinnerungen darüber heute. Aus den Interviews, Erinnerungen und Prozessaussagen, die sich mit den Ereignissen vom Februar 1943 beschäftigen, gewinnt man deshalb nur ein diffuses und widersprüchliches Bild.

In vielen Erinnerungen von Überlebenden, die Jahrzehnte später befragt wurden, hat zudem die bereits seit dem Kriegsende kursierende Geschichte vom »Aufstand der Frauen« offenbar ihre Spuren hinterlassen.[3] So finden sich in diversen Berichten kurze Reflexionen zu den Vorgängen in der Rosenstraße, ohne dass man selbst dabei gewesen war. Susanne Veit schrieb in ihren Memoiren: »[...] gerade um diese Zeit fand die Abhole-Aktion bei ›gemischten‹ Familien statt, als zwei Tage lang die jüdischen Familienmitglieder, vor allem die jüdischen Ehemänner abgeholt wurden. Diese Aktion wurde für die Nazis ein Mißerfolg durch die beherzten ›arischen‹ Ehefrauen, die vor der Sammelstelle aufmarschierten und auf der Straße eine so laute Protestdemonstration machten, daß man noch einmal klein beigeben und alle wieder entlassen mußte.«[4] Ähnlich beschrieb mir Margarete S. die Ereignisse um die Fabrik-Aktion, als ich sie 1990 interviewte: »[...] Passen Sie auf: Mein [Onkel] hat gesagt: [...] ihr beide seid schon auf der Liste. Und die gleiche Nacht sind wir weg; zu der Cousine meines Mannes, die auch Jüdin war, aber einen christlichen Mann hatte. Die sind ja verschont geblieben. Viele [...] sind auch geholt worden, [...] bis die Frauen und Männer sich aufgeregt haben [...]. Da haben sie demonstriert. Und da mußten sie die jüdischen Männer und Frauen freilassen, wo christliche Männer und christliche Frauen waren.« Auf meine Nachfrage, ob sie das damals, also noch im Krieg gehört habe, antwortete sie: »Das hab ich erst später erfahren, das wußt ick nicht. Das hat der Onkel auch nicht erzählt und gesagt.«[5]

Die Mehrheit der heutigen verfügbaren Aussagen von Teilnehmern der Ereignisse ist nicht nur lange nach dem Krieg, sondern noch dazu

3 Vgl. die Darstellung bei Gad Beck, der als damaliger Insasse die tradierten »Fakten« referiert, bis hin zu den aufgebauten und dann zurückgezogenen Maschinengewehren der SS; Und Gad ging zu David, S. 101. Vgl. auch die Aussagen im Bovensiepen-Prozess: LAB, Rep. 057-01, Nr. R 34/34, unfol.: Zeugenvernehmung Walter Freund vom 22. 5. 1967, S. 4; AS LG Berlin, 3 P Ks 1/71, Bd. VII, Bl. 4: Vernehmung Curt Naumann vom 14. 7. 1965; ebenda, Bd. V, Bl. 43: Vernehmung Harry Schnapp (undat.).

4 LBI/A New York, AR 7183, Max Kreutzberger Research Papers, Box 8, Folder 2: »Untergetaucht« von Susanne Veit, S. 5.

5 Interview des Autors mit Margarete S. am 25. 3. 1990, S. 25.

unter ausdrücklicher Befragung zur Rosenstraße und zum dortigen Protest entstanden; entweder bei Vernehmungen als Zeugen in Prozessen oder in von Historikern geführten Interviews. Gad Beck schildert das so: »Die Rosenstraße spielte nie eine Rolle in meinen Gedanken. Für mich fing das Nachdenken darüber erst an, als der amerikanische Wissenschaftler Nathan Stoltzfus an mich herantrat und begann, mich auszufragen.«[6] Lilo Merten äußerte sich ähnlich gegenüber Nina Schröder: »Wir haben nicht damit gerechnet, daß man sich nach zwanzig, dreißig, ja nach fünfzig Jahren auf einmal wieder für unsere Erinnerungen interessieren würde. Und daß wir uns dann erst selber fragen würden: Wie konnte das sein? Wie sind die Zusammenhänge gewesen? Deswegen – weil wir keine Fragen gestellt haben, als es noch Zeit war – ist die Erinnerung an diese Zeit wie ein Netz, das mehr Löcher hat als Fäden.«[7]

Da zeitgenössische Quellen fehlen, bleiben bis heute die Zahl der Teilnehmer, die konkreten Umstände sowie die Dauer und die Form des Protestes in der Rosenstraße ungesichert. Die Angaben, wie viele Menschen sich tatsächlich vor dem Gebäude versammelten, schwanken erheblich, von 150 bis zu 6000. Die Überlebende Charlotte Israel schrieb von 150 Menschen, die sich, als sie ankam, vor dem Haus eingefunden gehabt hätten. Später habe sie selbst die Teilnehmer um die tausend geschätzt.[8] Gad Beck, selbst in der Rosenstraße festgehalten, war als »jüdischer Ordner« eingesetzt worden. Deshalb durfte er ab und zu an die Haustür, um von dort Wartenden Lebensmittel für Familienmitglieder im Gebäude entgegenzunehmen. Gad Beck veranschlagte für den zweiten Tag der Ansammlung ebenfalls eine Zahl von 150 Menschen.[9] Inge Unikower hatte 1964 in einer DDR-Tageszeitung aufgrund von Zeitzeugenaussagen die Szenerie in der Rosenstraße unter dem Titel »Stummer Protest« wie folgt beschrieben: »28. Februar 1943 – Sonntag – früher Vormittag. Ein kalter, trockener Tag. Lose Gruppen von Frauen kommen vom Hackeschen Markt her und sammeln sich vor

6 Bericht Gad Beck bei Schröder, Hitlers unbeugsame Gegnerinnen, S. 144. Vgl. sehr ähnlich die Aussage von Herrn B. in Interview mit Herrn und Frau B. auf http://www.rosenstrasse-protest.de/interviews/interview.b.b.html.

7 Bericht Lilo Merten bei Schröder, Hitlers unbeugsame Gegnerinnen, S. 237.

8 Bericht in: Grunewaldrampe, S. 147 sowie Auszug bei Schröder, Hitlers unbeugsame Gegnerinnen, S. 24.

9 Bericht Gad Beck bei Schröder, Hitlers unbeugsame Gegnerinnen, S. 144.

dem Haus Rosenstraße 2–4. Sie sprechen nicht miteinander. Immer mehr werden es – eine strenge, in den dunklen Wintermänteln und in ihrem Schweigen düstere Versammlung; unheimlich war es, sagt, sich erinnernd, ein junger Mensch, der damals als Kind dabei war. Gegen Mittag sind es schon 150 bis 200, vielleicht 300. Nachrichtenquellen des Auslandes berichteten seinerzeit von 400 bis 600, doch ist diese Zahl nicht verbürgt. Kinder sind dabei, auch der eine und andere Mann.«[10]

Unikower befand also nach ihren Informationen, dass eine Ansammlung von bis zu 200 Menschen, höchstens aber bis zu 300, als seriöse Schätzung anzusehen sei. Gerade unter Bezug auf ihren Artikel ging der amerikanische Historiker Nathan Stoltzfus hingegen von den dort genannten, von Unikower aber angezweifelten, größten Zahlen aus: Bis zu 600 Menschen hätten in Form eines »fließenden Demonstrationszug[es]« mitgemacht, wie es der BBC in einer damaligen Meldung ausgedrückt habe.[11] Mehrmals schrieb Stoltzfus, die ganze Straße bis zur Spandauer Brücke, so hieß die Verlängerung der Rosenstraße, sei »schwarz von Menschen gewesen«.[12] So lässt er Elsa Holzer sprechen: »Und ich sehe, wie ich dahin komme, daß da ein Auflauf ist. Die Leute fluten hin und her, schon früh um sechs! Die kleine Straße ist voll! Ist ja bloß ne kleine, enge Straße. Aber die war schwarz mit Menschen.«[13] Während der Publizist Gernot Jochheim heute von anfänglich 100–200 und insgesamt 1000 Teilnehmern ausgeht[14] und Nina Schröder deren Zahl auf ca. 2000 schätzt[15], beziffert Nathan Stoltzfus deren Zahl auf insgesamt 6000 Personen am Ende der tagelangen Proteste.[16] Das entspricht, wie wir uns erinnern, der von Ruth Andreas-Friedrich in ihrem Tagebuch und in dem Zeitungsartikel von Zivier genannten Zahl.[17]

Gerade die von der Journalistin Andreas-Friedrich stammende Angabe der 6000 Demonstranten ist – wie schon dargestellt – sowohl in Zeitungen nach dem Krieg wie auch in der Literatur der 1970er und

10 »Stummer Protest« von Inge Unikower, in: Neues Deutschland, Beilage Nr. 46, vom 14. 11. 1964.

11 Nach Inge Unikower »Stummer Protest« (Neues Deutschland vom 14. 11. 1964) bei Stoltzfus, Aufstand, S. 12 sowie ders., Protest, S. 218.

12 Stoltzfus, Aufstand, S. 295.

13 Ohne Angabe; Stoltzfus, Aufstand, S. 309.

14 Jochheim, Frauenprotest, S. 137.

15 Schröder, Gegnerinnen, S. 29.

16 Stoltzfus, Protest, S. 218.

17 Andreas-Friedrich, Schattenmann, S. 103–104.

1980er Jahre übernommen worden. Eine Ortsbegehung stellt diese Zahl jedoch sehr in Frage: Die Rosenstraße war und ist eine sehr kleine Straße. Wie ein alter Lageplan zeigt, kannte sie damals nur 19 Hausnummern und maß von der Kaiser-Wilhelm-Straße bis zur Neuen Friedrichstraße gerade einmal 150 Meter, noch weniger als heute. Sie war knapp 20 Meter breit. Die Bürgersteige maßen jeweils über vier Meter, die Straße selbst war etwas über elf Meter breit. In der Mitte der Straße verliefen Straßenbahngleise in beide Richtungen. Es muss reger Verkehr in der Gasse geherrscht haben, denn es führten schon 1930 zehn Straßenbahnlinien hindurch.[18] Selbst wenn Mensch an Mensch dicht gedrängt gestanden haben würde, hätte die Rosenstraße – Litfaßsäulen, Kioske, den Raum für den Straßenbahnverkehr sowie für Polizisten und Unbeteiligte nicht gerechnet – höchstens 3000 Menschen Platz geboten. Sie hätten sich aber weder bewegen, noch schnell bei Bedrohung durch die Schutzpolizei oder SS in Hauseingängen oder kleinen Seitenstraßen verschwinden können, wie es von Überlebenden wiederholt geschildert wurde. Wenn man das Freihalten der Gleise für den laufenden Straßenbahnverkehr in beide Richtungen einkalkuliert, dann bleiben – realistisch betrachtet – auf jedem Bürgersteig plus etwas Fahrbahn, jeweils fünf Meter, also 1500 qm übrig, das bedeutet Platz für 1500 Menschen, wenn diese dicht gedrängt, Kopf an Kopf dort verharrt hätten, in Bewegung aber wohl nur für einige hundert. Während der Ereignisse wurde der Straßenbahnbetrieb durch die Rosenstraße beibehalten. Ungeklärt muss bleiben, ob eine vereinzelte Aussage stimmt, dass wegen der vielen Menschen der Verkehr umgeleitet werden musste.[19] Es wird sogar von einer Sperrung des nahe gelegenen S-Bahnhofes Börse, heute Hackescher Markt, gesprochen.[20] In den damaligen Tageszeitungen ließen sich aber keine entsprechenden Meldungen finden.[21]

18 Vgl. Lageplan Rosenstraße 2–4/Heidereuthergasse 4–5, in: CJA Berlin, 1, 75 A Be 2, Nr. 494, unfol.; sowie Scherls Straßenführer durch Berlin, Berlin 1930, S. 343.

19 Bericht Hans Oskar Löwenstein über Aussage seiner Mutter bei Schröder, Gegnerinnen, S. 220.

20 Moeller, Protest, S. 39.

21 Für die Zeit vom 27. 2. 1943 bis 10. 11. 1943 wurden folgende Zeitungen durchgesehen: Der Angriff (Reichsausgabe aus Berlin), Berliner Allgemeine Zeitung, Berliner Börsen-Zeitung (Ausgabe für Groß-Berlin), Berliner Illustrierte Nachtausgabe, Berliner Lokal-Anzeiger, Berliner Morgenpost, Berliner Volks-Zeitung, Deutsche Allgemeine Zeitung (Berliner Ausgabe), Völkischer Beobachter (Berliner Ausgabe), Berliner Illustrirte Zeitung, Charlottenburger Zeitung, Das Reich. Deutsche Wochenzeitung, Das Schwarze Korps, Der Stürmer, Der Westen. Berliner Tageszeitung, Die Woche, Die Zeitung (London).

Gad Beck berichtete, dass vor dem Haus Nr. 2–4 ein schnell errichteter Zaun stand, offenbar ein Absperrgitter, um die Angehörigen auf Distanz zu halten.[22] Das würde den Platz für die Versammelten und damit deren wahrscheinliche Zahl weiter vermindert haben. Wie wir noch sehen werden, heißt es in einigen Berichten auch, dass die Angehörigen sich nur auf der dem Haus gegenüberliegenden Straßenseite aufhielten, weil die gebäudeeigene Seite von der Polizei abgesperrt gewesen sei. Wenn diese Angabe zutrifft, dann scheinen die Schätzungen von 150 bis 200 Personen, die sich zusammen in der Rosenstraße aufhielten, am realistischsten zu sein.

Wenn es einen tagelangen Protest mehrerer tausend Menschen in Berlin gegeben hätte, sollten sich auch mehr Zeitzeugen daran erinnern. Mögliche Erklärungen für die insgesamt doch spärlichen Berichte sind, dass zum einen nicht so viele Menschen, wie bisher vermutet, in der Rosenstraße protestierten, und zum anderen jene damals nicht über das Bewusstsein verfügten, widerständig zu handeln. Beispielsweise fanden sich in den hier schon zitierten OdF-Akten, in denen die Anträge, Fragebogen und Lebensläufe von überlebenden Berliner »Geltungsjuden« und jüdischen »Mischehepartnern« aus den Jahren 1945 und 1946 archiviert sind, viele Hinweise zur Fabrik-Aktion und manche über die Internierung in der Rosenstraße. Doch in mehreren hundert von mir gesichteten Akten erwähnte kein einziger Überlebender die Demonstration in der Rosenstraße, obwohl in den Antragsformularen damals nach Widerstandshandlungen gefragt wurde und andere Hilfeleistungen auch dort von den Antragstellern dokumentiert wurden.[23] Auch in den Ermittlungsakten für einen in den sechziger Jahren von der DDR vorbereiteten Prozess gegen Hans Globke, die Beate Meyer auswertete, fanden sich umfangreiche Darstellungen von Überlebenden zur Fabrik-Aktion, aber nur wenige Details zum Protest Rosenstraße.[24] Eine Mutter und ihr Sohn wurden 1963 bei diesen Ermittlungen vom DDR-Staatsanwalt befragt. Sie erwähnten keine große Demonstration. Als der Sohn dann von Beate Meyer 1999 interviewt wurde, bezog er den Protest in der Rosenstraße in seine autobiographi-

22 Bericht Gad Beck, der als Ordner die über den Zaun geworfenen Päckchen einsammelte; Schröder, Gegnerinnen, S. 151; vgl. Gerhard Braun, der dies aber nur aus nachträglichen Berichten wusste; ebenda, S. 82.

23 CJA Berlin, Bestand, 4.1, Buchstaben B, F, L und P.

24 Meyer, Inhaftierung der »jüdisch Versippten«, S. 187–193.

sche Darstellung ein. Es sei schwierig hier zu entscheiden, so Beate Meyer, ob seine Erinnerung durch die spätere öffentliche Diskussion verfälscht oder geschärft wurde.[25]

Außerdem muss man zwei Gruppen der Zeitzeugen und ihre Berichte zu den Ereignissen in der Rosenstraße unterscheiden, nämlich jene, die 1943 im Gebäude festgehalten wurden, und jene, die vor dem Gebäude ausharrten. Manche der in der Rosenstraße Festgehaltenen, die später von Forschern befragt wurden, erinnerten sich gar nicht selbst an einen Protest.[26] Die Insassin Erika Lewin hörte erst später davon, denn sie hatte von den Vorgängen auf der Straße nichts bemerkt. Die Fenster des Zimmers in der zweiten oder dritten Etage, wo sie die Tage der Internierung verbrachte, waren stets verschlossen gewesen und die Gestapo drohte jedem mit Einweisung in ein Konzentrationslager, der sich den Fenstern nähern wollte. Erst ihre Mutter, die draußen gewesen war, habe ihr später erzählt, dass »sie ganz still protestiert haben«.[27] Miriam Rosenberg berichtete zum Beispiel: »Meine Mutter und meine Tanten, die waren mit dabei auf der Straße. Was sie dort genau getan haben, weiß ich nicht. [...] *Sie sollen gerufen haben:* ›Gebt uns unsere Männer zurück!‹ Und: ›Gebt uns unsere Frauen zurück!‹ *Das hat man uns erzählt.* Es war ja ein Wunder, daß niemand eingeschritten ist.«[28] Ihre Freilassung erklärte sie in der Rückschau mit den Protesten: »Die Rosenstraße war meine Rettung. Hätte es die nicht gegeben und den Protest davor, wäre ich nach Auschwitz gekommen.«[29]

Den Eindruck, dass viele Informationen von später zu den Ereignissen Befragten nicht aus eigener Anschauung stammten, gewinnt man auch beim Studium der staatsanwaltschaftlichen Vernehmungen in den sechziger Jahren, z. B. für den Bovensiepen-Prozess. So erinnerte sich der ehemalige Insasse Walter Freund erst »auf Befragen« der Vernehmer: »*Es trifft zu*, daß arische Frauen, deren jüdischen Ehemänner in der Rosenstr. inhaftiert worden waren, sich an einem Tage vor dem Lager versammelt und lautstark, etwa sinngemäß mit den Worten: ›Gebt uns unsere Männer wieder‹!, demonstriert haben. Ich habe die Zurufe

25 Meyer, Inhaftierung der »jüdisch Versippten«, S. 192–193.
26 Z. B. Bericht bei Hartung von Doetinchem, Zerstörte Fortschritte, S. 190.
27 Bericht Erika Lewin; Schröder, Gegnerinnen, S. 120 u. 130.
28 (Hervorhebung d. A.) Zit. nach Schröder, Gegnerinnen, S. 175.
29 Zit. nach Schröder, Gegnerinnen, S. 174.

selbst gehört, jedoch die Demonstration nicht gesehen und weiß auch nicht, wie die Auflösung der Demonstration zustande kam. Ich weiß heute nicht mehr genau, ob meine Ehefrau ebenfalls unter den demonstrierenden Frauen gestanden hat. *Festgestellt wurde jedoch*, daß diese Demonstration rein zufällig entstanden ist und nicht organisiert war.«[30] Wie der letzte Satz nahe legt, hatte auch Walter Freund erst später mehr über die Proteste erfahren. Merkwürdig ist, dass er nicht mehr erinnerte, ob seine eigene Frau an der Demonstration teilgenommen hatte, und dass er nur von einem Tag spricht. Vieles deutet so auf einen geringeren Umfang des Protestes hin.

Eine tagelange Demonstration von Tausenden Menschen hätten auch die Insassen des Gebäudes wohl ganz anders in ihrer Erinnerung behalten. Das hätte für Gesprächsstoff im Haus gesorgt. Einige haben sich ja über das Verbot, aus dem Fenster zu schauen, hinweggesetzt. Ernst Bukowzer, der Insasse im Gebäude war, erzählte später: »Wenn ich verstohlen aus meinem Fenster sah, konnte ich, wenn ich Glück hatte, mal einen meiner Angehörigen unter den *Vorübergehenden* auf der Straße erblicken.«[31]

Manche in den Vernehmungen zum Bovensiepen-Prozess befragten Insassen haben erst im Nachhinein von den Vorgängen erfahren, teils durch Hörensagen, teils aus der Presse. Curt Naumann sagte aus: »*Wie ich gehört habe*, war er [Schiffer] dafür verantwortlich, daß anläßlich der Fabrik-Aktion, die in so genannter privilegierter Ehe lebenden Juden in das Lager Rosenstraße eingeliefert wurden. *Wie bekannt ist*, mußte dieser Personenkreis auf Intervenierung der arischen Angehörigen nach 8 Tagen wieder entlassen werden. Schiffer wurde wegen Eigenmächtigkeit strafversetzt. So jedenfalls haben es mir Gestapobeamte erzählt.«[32] Harry Schnapp schilderte in seiner Vernehmung die Vorgänge ähnlich: »Die bisher von den Abholungen freigestellten Mischehen wurden erstmalig an diesem Tage von den Nazis aufgegriffen! Die jüdischen Ehehälften wurden aus den Arbeitsbetrieben herausgeholt und im 2. Verwaltungsgebäude der Jüdischen Gemeinde gesammelt. Tat-

30 (Hervorhebung d. A.) LAB, Rep. 057-01, Nr. R 34/34, unfol.: Zeugenvernehmung vom 22.5. 1967 (Bovensiepen-Prozess), S. 4. Dieses Material hat auch Stoltzfus intensiv, aber unkritisch in seinem Buch benutzt; vgl. Stoltzfus, Aufstand.

31 (Hervorhebung d. A.) Zit. bei Stoltzfus, Aufstand, S. 299.

32 (Hervorhebung d. A.) AS LG Berlin, 3 P Ks 1/71 gegen Otto Bovensiepen, Bd. VII, Bl. 4: Vernehmung Curt Naumann vom 14. 7. 1965.

sächlich ist in diesem Fall, nachdem alle Männer und Frauen im Gebäude eingetroffen waren, von den arischen Ehehälften der schwache Versuch gemacht worden, vor dem Gebäude zu demonstrieren! Es hätte natürlich nur einer ernsthaft gemeinten Aufforderung seitens der Polizeistreifen bedurft, um die Menschen auseinander zu treiben! *Aber es war doch sicherlich das erste Mal, daß ernsthaft Proteste auf öffentlicher Straße gegen das Regime der Nazis unternommen wurden.* [. . .] In wiederholten Fällen haben die nachher freigelassenen Juden sich geäußert, von Schneider und Krell durch große Geldzuwendungen laufen gelassen worden zu sein! Jedenfalls hatten sich die ›arischen‹ Ehehälften derart bewährt, daß es immerhin zu den besagten Demonstrationen vor dem Gebäude auf einige Zeit kam.«[33]

Wie in der Aussage von Schnapp taucht in den Erinnerungen von Überlebenden oft die Behauptung auf, dass diese »Demonstration« der erste und einzige öffentliche Protest gegen Deportationen in Deutschland gewesen wäre. Diese Einschätzung kann erst nach dem Krieg entstanden und dann in die eigene Erinnerung eingewoben worden sein.[34] Martin Riesenburger schrieb 1960: »In diesen Tagen ereignete sich aber etwas in Berlin, das wohl einmalig in jener Zeit war. In dem ehemaligen Verwaltungsgebäude der Berliner Jüdischen Gemeinde, in der Rosenstraße, waren zahlreiche jüdische Männer inhaftiert, die mit nichtjüdischen Frauen verheiratet waren. Diese sogenannten Arierinnen vereinten sich in einer vereinbarten Stunde zu einem gewaltigen Demonstrationszug vor diesem Gebäude. Laut und vernehmlich, unbeirrbar und stark riefen sie auf der Straße der Gestapo zu: ›Gebt unsere Männer frei!‹ Immer stärker wurde dieses Rufen, bis sich die Tore öffneten und diese Frauen, vielleicht in letzter Minute vor dem endgültigen Abtransport, ihr Ziel erreicht hatten, und ihre Männer ihnen und damit dem Leben wiedergegeben wurden. Möge man diese Demonstration gegen die Gestapo nie vergessen, denn es gibt doch nichts Größeres, als ein Menschenleben zu behüten. Diese Frauen setzten in jenen Tagen alles auf eine Karte, Sein oder Nichtsein.«[35]

33 (Hervorhebung d. A.) AS LG Berlin, 3 P Ks 1/71 gegen Otto Bovensiepen, Bd.V, Bl. 43: Vernehmung Harry Schnapp (undat.).

34 Vgl. Bericht Ruth Gross, in: Aus Nachbarn wurden Juden. Ausgrenzung und Selbstbehauptung 1933–1942 (Begleitbuch zur gleichnamigen Ausstellung), hg. von Hazel Rosenstrauch, Berlin 1988, S. 130.

35 Riesenburger, Das Licht verlöschte nicht, S. 19.

Lässt sich heute rekonstruieren, wie sich dieser unglaubliche Akt der Opposition im Einzelnen abspielte? Gernot Jochheim hat schon vor Jahren darauf hingewiesen, dass die Menschen zwar vor dem Haus herumstanden bzw. herumgingen, dass damals aber keine Demonstration im heutigen Sinne stattfand.[36] Der Überlebende Gerhard Braun beschrieb das einmal so: »Sie haben es fast täglich gewagt, wenn auch nicht für die Öffentlichkeit, in einer so sichtbaren Form.«[37] Seine Frau, Ursula Braun, charakterisierte ihm gegenüber diese »Demonstration« so: »Wir sind wie aufgescheuchte Hühner hin- und hergelaufen«.[38] An anderer Stelle sagte sie selbst in einem Interview: »Getan haben wir in der Rosenstraße gar nichts. Ich bin da hin- und hergegangen. Man hat sich unterhalten. [...] Gut, man hat dabei immer das Portal im Auge behalten, um zu kontrollieren, ob irgend etwas passiert. Aber ansonsten konnten wir nichts machen als herumstehen oder auf und ab gehen. Und es waren zu jedem Zeitpunkt Menschen dort! Manchmal waren es weniger, manchmal mehr, aber es war immer eine auffällige Ansammlung von Menschen. Das war das Erstaunliche.«[39] Das stützt ein Bericht von Ruth Gross: »Vom Morgen des 28. Februar an und dann alle Tage, solange die Männer dort eingesperrt waren, versammelten sich um das Haus in der Rosenstraße Dutzende von arischen Frauen und Kindern, gingen schweigend auf und ab, starrten das Haus an, sprachen leise miteinander.«[40]

Frau Weigert beschrieb die Szenerie, dass dort »Leute, die zusammengehörten, in kleinen Gruppen« standen. Sie hätten sich auf der Straße verstreut, »und man ist so rummarschiert. Und da haben wir *gesagt*, im Sprechchor: ›Wir wollen unsere Männer wiederhaben!‹«[41] Auch Hilda Elkuß berichtete, dass die Frauen dort »promenierten«. Sie unterstreicht aber selbstbewusst: »Das war'n Proteste, ja sicher. Denn wir bildeten ja kleine Gruppen und riefen aus: ›Wir möchten unsere Männer wieder haben!‹«[42] Ja, es habe Rufe gegeben, erinnert sich auch Ursula Braun.[43] Inge Unikower schrieb über die Vorgänge 1964: »Alle

36 Jochheim, Frauenprotest, S. 137.
37 Zit. nach Stoltzfus, Aufstand, S. 302.
38 Bericht Gerhard Braun; Schröder, Gegnerinnen, S. 89.
39 Bericht Ursula Braun; Schröder, Gegnerinnen, S. 82.
40 Bericht Ruth Gross in: Aus Nachbarn wurden Juden, S. 129.
41 (Hervorhebung d. A.) Zit. bei Stoltzfus, Aufstand, S. 302.
42 Zit. nach Stoltzfus, Aufstand, S. 311.
43 Bericht Ursula Braun; Schröder, Gegnerinnen, S. 90.

verharren vor dem Haus Rosenstraße 2–4, dessen Türen und Fenster fest verschlossen sind, in dem sich nichts zu regen scheint. [...] Gegen Mittag [des 28. Februar] werden vereinzelte Rufe laut, klingen dünn in der kalten Luft, verstärken sich, wenn einige Stimmen sich vereinen: ›Gebt unsere Männer heraus!‹ ›Wir wollen unsere Männer wiederhaben‹. Doch meist herrscht beklemmendes Schweigen. Die Blicke haften angestrengt auf der mehrstöckigen ›Fensterfront‹.«[44]

Kritisch äußert sich Lilo Merten in einem Interview über die in der Öffentlichkeit verbreitete Lesart der Ereignisse: »Heute sagt man, sie hätten ›demonstriert‹. Ich persönlich bezweifle das. Ich bin der Ansicht, die Frauen sind dort gestanden, mehr oder weniger unauffällig, sind hin und her gegangen und haben miteinander gesprochen. Natürlich war die Sache an sich eine Demonstration, aber nicht in unserem heutigen Sinn, nicht von der Art, wie wir sie heute kennen.«[45] Die Überlebende Erika Lewin bewertete die Vorgänge und deren heutige Interpretation so: »Auch die in der Rosenstraße haben keinen Aufstand gemacht. Meine Mutti hat mit meiner Schwester draußen gestanden. Die waren alle ganz ruhig und vernünftig und haben nur gesagt: ›Gebt uns unsere Kinder‹ oder ›gebt uns unsere Männer raus‹ oder ›gebt uns unsere Frauen zurück‹. Randale machen konnten die dort wirklich nicht, weil sie ihre ganzen Familien in Gefahr gebracht hätten.«[46]

Weshalb kamen die Angehörigen in die Rosenstraße? Zu allererst suchten sie hier nach ihren bei der Razzia aus den Betrieben abgeholten Familienmitgliedern. Wenn sie sie gefunden hatten, versuchten sie, aktuelle Informationen über das, was die Gestapo vorhatte, zu sammeln. Viele der vor dem Lager Wartenden wollten zugleich Sachen bzw. Lebensmittel für die von der Gestapo Festgehaltenen übergeben. Ruth Recknagel erinnert sich, dass sie damals als Kind wegen ihres Vaters in der Rosenstraße war. Sie habe auf der anderen Straßenseite gestanden. Manchmal habe man Essen auf einen Wagen geworfen.[47] Viele kamen, wie Elsa Holzer wegen ihres Mannes, entweder morgens vor oder abends nach der Arbeit täglich vorbei: »Als ich dann dort ankam, war

44 »Stummer Protest« von Inge Unikower, in: Neues Deutschland, Beilage Nr. 46, vom 14.11. 1964.

45 Bericht Lilo Merten; Schröder, Gegnerinnen, S. 235.

46 Bericht Erika Lewin; Schröder, Gegnerinnen, S. 108.

47 Telefongespräch des Autors mit Ruth Recknagel am 4. 4. 2002.

schon ein Haufen Menschen da, an denen ich vorbei mußte, um das Päckchen abzugeben. [...] Da waren schon so viele Frauen und Männer, die ganze Straße war voll. Ich war nicht allein! Also bin ich auch auf und ab gegangen in der Rosenstraße. Ich wollte ja nicht demonstrieren [...]. Ich wußte ja nicht, ob das überhaupt einen Sinn hatte. Aber weil die anderen dort auf und abgingen, habe ich es auch getan, und bin jeden Tag wiedergekommen. Das war die einzige Möglichkeit zu erfahren, was mit ihm geschah.«[48] Anna Radlauer beschrieb die Szene 1966 als Zeugin gegen die Gestapo: »Ich hatte schon am Sonnabend nachmittag (27. 2.) erfahren, daß unsere Ehemänner von der Gestapo aus den Fabriken abgeholt worden waren und entweder zur Rosenstr[aße] oder zum Clou in der Mauerstraße gebracht wurden. Am Sonntagvormittag stand eine große Anzahl von Familienangehörigen der Festgenommenen in der Rosenstraße und schrie ›wir wollen unsere Männer wiederhaben‹. Verschiedene brachten auch durch Rufen zum Ausdruck, daß die inhaftierten Ehemänner noch die Milchkarten für die Kinder bei sich trugen oder die Wohnungsschlüssel oder irgend etwas Wichtiges bei sich hätten, was die arischen Verwandten unbedingt benötigten. [...] Ich möchte diese Angelegenheit nicht direkt als Demonstration, sondern eher als Auflauf bezeichnen.«[49]

Wie hatten die Teilnehmer überhaupt von der Internierung in der Rosenstraße erfahren? Ruth Gross berichtet dazu: »Nachdem wir an dem 27. Februar vergeblich auf unseren Vater [...] gewartet hatten, war mein Bruder zu der Fabrik gefahren, die er natürlich verschlossen fand. Irgend jemand erzählte ihm aber von dem Abtransport der Juden am Morgen und bis zum Abend wußten wir, daß sie in der Rosenstraße waren. Wir hatten ja kein Telefon mehr, also fuhren wir mit der S-Bahn zu verschiedenen betroffenen Frauen, die wir kannten. Und so sagte es eine der anderen weiter.«[50] Es gibt auch Vermutungen, dass das katholische Hilfswerk für so genannte Nichtarier unter Dr. Margarete Som-

48 Bericht Elsa Holzer; Schröder, Hitlers unbeugsame Gegnerinnen, S. 282.

49 Zwischenvermerk Anna Radlauer in Vernehmung Curt Radlauer vom 10.11. 1966; AS LG Berlin, Js 9/65 Bovensiepen-Verfahren, ZH 110 (Radlauer, Curt), Bl. 13. Vgl. dagegen die Schilderung von A. Radlauer bei Stoltzfus. Er berichtet, sie hätte bei ihrer Ankunft den Lärm einer anschwellenden Volksmenge gehört: »Je näher sie kam, desto lauter tönte es: ›Gebt uns unsere Männer wieder‹; ders., »Jemand war für mich da«, S. 10.

50 Bericht Ruth Gross in: Aus Nachbarn wurden Juden, S. 129. Es heißt auch, dass die Teilnehmer durch Telefonketten informiert worden waren. Den meisten Mischehen war das Telefon aber längst von den Nazis weggenommen worden. Vgl. die Meinung von den Telefonketten bei Stolzfus, »Jemand war für mich da«, S. 9.

mer die eigenen Unterlagen benutzte, um viele Familienangehörige zu informieren.[51] Wahrscheinlich aber erhielt die Mehrzahl der Angehörigen ihre Informationen in den Sammellagern bzw. auf Polizeistationen, wohin sie sich auf der Suche nach ihren Angehörigen begeben hatten. Charlotte Israel bekam die entsprechende Auskunft am 27. Februar auf dem Revier der Schutzpolizei Grolmannstraße, wo man sie direkt in die Rosenstraße verwies.[52]

Ein weiterer Informationsweg lief über die Mitarbeiter der jüdischen Einrichtungen. Inge Unikower schrieb darüber: »Die Angestellten der Jüdischen Gemeinde hatten über die Geschehnisse in ihren Gebäuden Schweigen zu bewahren. Andernfalls erfolgte sofortiger Abtransport ins Konzentrationslager mit der ganzen Familie. Aber sie informierten ihre erreichbaren Bekannten, bekannte Kinder, die sie trafen. Die Informierten trugen die Nachricht weiteren Bekannten zu. So eilten sie noch am selben Abend und am Sonntagmorgen kreuz und quer durch Berlin. Auf diese Weise erfuhren zahlreiche Frauen aus allen Schichten der Bevölkerung vom Aufenthaltsort ihrer Männer und machten sich spontan am Sonntagmorgen auf dem Weg in die Rosenstraße.«[53] Offenbar führten also mehrere Wege in die Rosenstraße, über Informationen aus der Polizei, aus der Jüdischen Gemeinde und aus der katholischen Kirche. Infolge dieser Nachrichten fanden sich vor dem Gebäude Rosenstraße 2–4 aber nicht nur, wie oft verkürzt dargestellt wird, Frauen und Kinder ein. Auch Männer, ja sogar Soldaten und Offiziere in Uniform sollen dort protestiert haben.[54] Curt Radlauer hörte von seiner Frau, dass sich Wehrmachtsoffiziere sogar Eingang in das Lager Rosenstraße verschafft hätten.[55]

Was unternahm die Staatsmacht gegen den öffentlichen Auflauf, der doch eine Herausforderung dargestellt haben muss? Inge Unikower schrieb hierzu 1964: »Es kommt erst Bewegung in die Wartenden, als die Polizei versucht, die Straße frei zu machen und die Frauen auseinan-

51 Vgl. Aussage Dr. Reis bei Leichsenring, Katholiken in der Rosenstraße, S. 44.

52 Bericht in: Grunewald-Rampe, S. 147. Vgl. auch Gad Beck in: Schröder, Gegnerinnen, S. 147.

53 »Stummer Protest« von Inge Unikower, in: Neues Deutschland, Beilage Nr. 46, vom 14. 11. 1964.

54 Bericht Hans Reichow zit. bei Helas, Juden in Berlin-Mitte, S. 210; vgl. Jochheim, Frauenprotest, S. 124.

55 AS LG Berlin, Js 9/65 Bovensiepen-Verfahren, ZH 110 (Radlauer, Curt), Bl. 14: Vernehmung Curt Radlauer vom 10. 11. 1966.

derzutreiben. Sie drängt sie teilweise zur Neuen Friedrichstraße, teils zum Neuen Markt zu; doch wenn sich die Polizisten der einen Gruppe zuwenden, kehrt die vorige zurück. So geht das Stunden, ein stummes Hin und Her, in dem man nur die Polizisten rufen hört. Denen im Gebäude scheint es, als bewege sich ein fließender Demonstrationszug um den Häuserkomplex herum. [...] Die Polizisten waren hilflos.«[56] Frau B. erinnerte sich in einem Interview: »Es war ein ziemlicher Auflauf. Dieser Tag war eigentlich der Tag des großen Protestes. Da waren also die Bürgersteige wirklich voller Frauen; hauptsächlich Frauen. Und wir sind stur hin und her, auf und ab gegangen. Überall stand Polizei herum. Dann kamen die Rufe: ›Gebt uns unsere Männer zurück.‹ Die Gestapo versuchte, die Frauen auseinander zu treiben. Sie drohte. Es war ein unheimliches Gefühl. Aber die Beklemmung, daß derjenige eingesperrt worden ist, den ich wiederhaben wollte, die war noch größer. Ob die Polizei eingegriffen hat? Ja als sie anfingen zu rufen, das war natürlich etwas, was – in deren Augen – nicht passieren durfte. Man war aufgeregt, hat nicht alles mitgekriegt. Es war ja auch eine verhältnismäßig große Fläche in der Rosenstraße. Man konnte nicht alles übersehen.«[57] Ursula Braun, selbst Teilnehmerin, berichtete: »Sicher ist: es gab Drohgebärden ... doch, doch! Die Wachhabenden sind immer wieder vorbeigekommen und haben befohlen ›Zerstreuen sie sich! Gehen sie auf die andere Seite!‹«[58] Ruth Gross, die damals in der Nähe wohnte, erzählte: »Wir wurden immer wieder von Polizisten von der Straße vertrieben, aber wir kamen immer wieder. Die Frauen verteilten sich in den angrenzenden kleinen Straßen und nach einer Weile waren wir wieder da. Wir gingen mehrmals am Tag dorthin und immer trafen wir Frauen an, die auch dort standen. [...] An der Ecke stand eine Litfaßsäule, an der stand ich immer, denn von dort konnte ich genau das Fenster beobachten, hinter dem manchmal mein Vater zu sehen war. Wenn wir von dem Platz verscheucht wurden, konnte ich mich an der Litfaßsäule immer länger halten, weil die Polizei nicht von allen Seiten kam. Sie wollten offensichtlich mit dem Vertreiben der Frauen kein zu-

56 »Stummer Protest« von Inge Unikower, in: Neues Deutschland, Beilage Nr. 46, vom 14. 11. 1964. Das ist die Stelle, auf die sich Stoltzfus bezog, wenn er über einen vom BBC berichteten fließenden Demonstrationszug schrieb; vgl. Stoltzfus, Aufstand, S. 12 sowie ders., Protest, S. 218.

57 Interview mit Herrn und Frau B. auf http://www.rosenstrasse-protest.de/interviews/interview_b_b.html.

58 Bericht Ursula Braun; Schröder, Gegnerinnen, S. 90–91.

sätzliches Aufsehen erregen.«[59] Auch laut Frau Weigert reagierten die Versammelten gegenüber den Aufforderungen der Polizei auf diese Weise: »Da haben wir uns ein bißchen zerstreut, sind ein bißchen auseinandergegangen – der eine ist nach links gegangen, der andere ist nach rechts gegangen, so daß es nicht so auffiel, so daß sie uns nicht greifen konnten und denken würden, daß wir weggegangen sind. Und nach fünf Minuten, nach ner Viertelstunde sind wir wieder alle erschienen und haben dann alle wieder gerufen, *aber eben nur gesagt*: ›Wir wollen unsere Männer wiederhaben!‹ Das ging jeden Tag so, einige Tage lang.«[60]

Wenngleich es sich also wahrscheinlich nicht – wie oft angenommen – um eine lautstarke und spektakuläre Demonstration einiger tausend Menschen handelte, so doch darum, dass hier möglicherweise über hundert Menschen tagelang der Polizei trotzten und öffentlich provozierendes Verhalten an den Tag legten. Trotzdem wehren noch heute manche Teilnehmerinnen den Gedanken ab, bewusst widerständig gehandelt zu haben.[61] Frau B. beschreibt das so: »Ich habe keine direkte Eingriffe der Polizei in Erinnerung. Daß die dauernd durchgingen und ›Weitergehen!‹ sagten, das erinnere ich noch. Eingeschüchtert fühlte ich mich nicht. Wie es den anderen ging, weiß ich nicht. (Man kann in die anderen Menschen nicht reinsehen.) Aber ich hatte, als ich so mit der Frau J. da stand, und den anderen älteren Frauen um mich herum das Gefühl, daß da eigentlich nicht die Angst bestimmend war. Eher ging es darum: zu warten und zu sehen, was wird. Dieses Wissen darum, was passiert, weil wir es an unseren Geschwistern ja schon erlebt hatten und weil wir um unsere jüdischen Elternteile Angst hatten, das hat Mut ..., nein es war kein Mut, es war Verzweiflung. Eigentlich nur Verzweiflung. Aber, daß man in so einer Gemeinschaft war, daß es so viele waren, die von diesem schrecklichen Geschehen betroffen waren, daß man nicht als Einzelkämpfer da war, das war schon ermutigend. Wir haben vor der Rosenstraße miteinander gesprochen. Man hat sich gegenseitig Mut gemacht. Man hat sich gesagt, daß sie an die Mischlinge nicht 'ran gehen würden. Aber das konnte auch nur ein Vor-

59 Bericht Ruth Gross, in: Aus Nachbarn wurden Juden, S. 129–130. Zit. auch bei Stoltzfus, Aufstand, S. 308.

60 (Hervorhebung d. A.) Zit. nach Stoltzfus, Aufstand, S. 307–308.

61 Vgl. Berichte Ursula Braun und Lilo Merten; Schröder, Gegnerinnen, S. 33.

wand sein, um sich ein wenig Hoffnung zu machen. Letzten Endes mußte man alleine damit fertig werden.«[62]

Viele Angehörige kamen immer wieder, andere wechselten sich mit Familienmitgliedern ab, oft mit ganz persönlichen Zielen. Anna Radlauer sagte aus: »In den nachfolgenden Tagen habe ich in den frühen Morgenstunden Lebensmittel für meinen Mann abgegeben. Bis morgens um 08.00 Uhr standen vor dem Eingang jeweils zwei Schutzpolizisten, die sich gar nicht um mich kümmerten. Ich klopfte an die Tür und ein jüdischer Ordner stand mit einem Sack hinter der Tür und hielt mir diesen zur Aufnahme des Lebensmittelpaketes entgegen. Sicherlich haben es andere Frauen ebenso gemacht. Wie sich später herausstellte, hat mein Mann jeden Tag die ihm zugedachten Lebensmittel erhalten. Um 08.00 Uhr zog eine kleine Truppe der Schutzpolizei auf und riegelte den Eingang ab. Nun war keine Gelegenheit mehr vorhanden, etwas abzugeben.«[63] Ihre Angaben stehen im Widerspruch zu der Behauptung, das Gebäude in der Rosenstraße sei von SS-Posten bewacht gewesen.[64] Um Letzteres zu belegen, existieren kaum Aussagen von Überlebenden. Lediglich in einem Erinnerungsbericht hieß es, dass vor dem Haus ein SS-Posten hinter Sandsäcken gestanden hätte, der jedoch nach zwei Tagen infolge eines Protestes abgebaut wurde.[65] Sicher ist, dass das Lager innen unter Aufsicht der SS-Leute der Berliner Gestapo stand. Gleichzeitig wurde das Gebäude Rosenstraße 2–4 wegen der wiederholten Ansammlung der Angehörigen offenbar zumindest am Tage außen von Schutzpolizisten abgesperrt und bewacht.

In fast jeder Schilderung der Ereignisse in der Rosenstraße spielt die Bedrohung der Protestierenden durch die SS und deren Zurückweichen aufgrund der Standhaftigkeit der Frauen eine große Rolle. Schon im Bericht von Andreas-Friedrich und im Artikel von Georg Zivier findet sich diese dramatische Erzählfigur. Ruth Andreas-Friedrich hatte aus

62 Interview mit Herrn und Frau B. auf http://www.rosenstrasse-protest.de/interviews/interview_b_b.html.

63 Zwischenvermerk Anna Radlauer in Vernehmung Curt Radlauer vom 10.11.1966; AS LG Berlin, Js 9/65 Bovensiepen-Verfahren, ZH 110 (Radlauer, Curt), Bl. 13. Vgl. Bericht Hans-Oskar Löwenstein über tägliche Päckchen seiner Großmutter; Schröder, Gegnerinnen, S. 211.

64 Diese These wird von Stoltzfus in seinem Buch vertreten: Stoltzfus, Aufstand, S. 307. An anderer Stelle schreibt er jedoch selbst, dass das Lager von Schutzpolizisten bewacht wurde; ebenda, S. 301.

65 Bericht Hans-Oskar Löwenstein über die Aussage seiner Mutter; Schröder, Gegnerinnen, S. 213.

den Ereignissen den Schluss gezogen, dass es der SS nicht opportun schien, mit Maschinengewehren auf Frauen zu schießen.[66] Während es diverse Überlebende gibt, die über die mehrfache Vertreibung der Versammelten durch die Schutzpolizei und über deren oben geschilderte geschickte Reaktion der Versammelten beredtes Zeugnis ablegen, fanden sich nur vereinzelte Stimmen, die ein Einschreiten der SS erinnern. So äußerte Elsa Holzer Nathan Stoltzfus gegenüber, die SS sei eines Tages mit einem Auto durch die Straße gefahren und habe die Menge bedroht. In einem sehr ausführlichen Interview, welches Nina Schröder mit ihr führte, fehlt dieses wichtige Detail allerdings.[67] Nach einem anderen Bericht soll am Donnerstag, also am 4. März, die SS Maschinengewehre auf- und nach Protest wieder abgebaut haben.[68] Charlotte Rosenthal schrieb darüber: »An einem Tage während der Inhaftierung in der Rosenstr. nahmen unsere Demonstrationen einen sehr scharfen Höhepunkt an, als unsere Sprechchöre ertönten: ›Gebt unsere Männer frei‹. Daraufhin gab der Lager-Sturmführer Krell seiner SS den Befehl, gegen die revoltierende Menge vorzugehen. ›Straße frei oder es wird geschossen‹. Ich war unter dem Teil der Menge, die nach der Spandauer Brücke abgedrängt wurde.«[69] Andere Teilnehmer, wie Ursula Braun, haben partout keine SS und Maschinengewehre gesehen, obwohl sie jeden Tag da waren.[70]

Sicher scheint allein, dass die Polizei mehrfach die Versammelten zerstreute. Ebenso wie Ursula Braun erzählten mehrere Zeitzeugen übereinstimmend, dass man wegen der Polizei auseinander ging, sich in Hauseingängen oder den kleinen angrenzenden Straßen versteckte und nach kurzer Zeit wieder erschien.[71] Dieses Verhalten ist noch einmal wichtig, wenn es um eine realistische Schätzung der Zahl der in der Rosenstraße Versammelten geht. Tausende Protestierende hätten sich auf diese Weise gar nicht vor der Bedrohung flüchten können, denn die

66 Andreas-Friedrich, Der Schattenmann, S. 104.

67 Bericht Elsa Holzer; Stoltzfus, Aufstand, S. 320–321; Bericht Elsa Holzer; Schröder, Gegnerinnen, S. 267–286.

68 Jochheim, Frauenprotest, S. 131–132.

69 1955 hatte sie sich auf eine Annonce in der Berliner Allgemeinen Wochenzeitung gemeldet, die nach Teilnehmern des Demonstrationsmarsches der »arischen Ehefrauen« in der Rosenstraße suchte; Brief vom 21. 2. 1955 an Büro für Wiedergutmachung zit. bei Jochheim, Frauenprotest (2001), S. 66.

70 Bericht Ursula Braun; Schröder, Gegnerinnen, S. 34.

71 Bericht Ruth Gross in: Aus Nachbarn wurden Juden, S. 129–130. Zit. auch bei Stoltzfus, Aufstand, S. 308; Bericht Ernst Bukowzer und Frau Weigert; ebenda, S. 299 und 307–308.

Straße war dafür zu klein. Das von Überlebenden geschilderte Hin- und Herfluten, das Auseinandergehen, das Verstecken in den nicht einmal zwei Dutzend Hauseingängen oder in den angrenzenden Nebenstraßen wäre vielleicht einhundert Protestierenden ohne Probleme gelungen, nicht aber Tausenden von Menschen. Nach sorgfältiger Auswertung der heute zugänglichen Berichte von Zeitzeugen muss man sich die Proteste wohl weniger mächtig und provokativ vorstellen, als es heute oft getan wird. Tatsache ist: Es versammelten sich viele Menschen tagelang in der Rosenstraße. Allerdings war der Protest keine Demonstration im heutigen Sinne. Eher handelte es sich wohl um einen spontanen Auflauf, der zustande kam, da die Menschen auf der Suche nach Informationen in die Rosenstraße kamen, um Kontakt zu ihren Liebsten herzustellen, um diesen Kleidung oder Lebensmittel zu bringen. Beharrlich kehrten viele Angehörige Tag für Tag wieder, da sie keinerlei Nachricht über das künftige Schicksal der im Gebäude Rosenstraße Festgehaltenen erhielten. Die Ansammlung wurde mehrmals durch die Polizei zerstreut, löste sich aber trotz Bedrohung nie vollständig auf. Manche Teilnehmer erhoben die Forderung nach Freilassung der Angehörigen, wenngleich offenbar die Protestierenden das berühmte »Gebt unsere Männer frei« mehr sagten als riefen, es eher in vereinzelten Sprechchören als in mächtigen Schreien äußerten. Die Mehrzahl der heute verfügbaren Aussagen spricht für Inge Unikowers ambivalente Charakterisierung der Ereignisse als »stummer Protest«.[72]

Unabhängig davon, wie man die Ereignisse einschätzt, die Courage der Angehörigen der Insassen der Rosenstraße bleibt für immer bewundernswert. Sie harrten tagelang vor dem Gebäude in Erwartung ihrer Familienmitglieder aus und trotzten den wiederholten Anweisungen der Polizei, die Rosenstraße zu räumen. Dennoch bleibt die Frage, ob der Protest denn auch zur Freilassung der Insassen des Lagers Rosenstraße führte, wie heute meist behauptet wird.

72 »Stummer Protest« von Inge Unikower, in: Neues Deutschland, Beilage Nr. 46, vom 14.11.1964.

Die These vom Deportationsstopp und dem Erfolg des Protestes

Die von den Zeitzeugen vermuteten Gründe für die Freilassung der Insassen der Rosenstraße waren und sind durchaus uneinheitlich. In den oben zitierten Aussagen benannten Zeitzeugen entweder den Protest selbst, eine Bestechung der Gestapo durch die Opfer bzw. das zentrale Einschreiten gegen die Eigenmächtigkeit eines Gestapobeamten, der die Insassen deportieren wollte. Bei den von Beate Meyer ausgewerteten Aussagen für den Globke-Prozess aus den 1960er Jahren fand sich bei sechs Überlebenden die nachträgliche Einschätzung, der Protest habe die Freilassung bewirkt. 16 Zeitzeugen äußerten hingegen die Auffassung, der Status der »Mischehe« sei der ausschlaggebende Grund gewesen.[73] Schon kurz nach dem Krieg führten manche Insassen ihre Freilassung nicht auf die Demonstration, sondern auf ihren Status einer »Mischehe« zurück, wie Fritz Redlich in seinem Lebenslauf festhielt.[74] Ähnlich dachten Gerhard Braun und Gad Beck. Sie gaben beide in den 1990er Jahren an, dass sie 1943 keinen Abtransport befürchteten. Als offensichtlichen Grund verwiesen beide auf die in den Sammellagern erfolgte Absonderung der Juden aus »Mischehen« von den anderen Verhafteten. Gerhard Braun erklärte sich die eigene Internierung mit der Notwendigkeit, den »Mischehe- bzw. Mischlingsstatus« zu überprüfen, was einige Tage in Anspruch genommen habe.[75] Solche Einschätzungen decken sich mit der in diesem Buch vertretenen These, dass die Internierung in der Rosenstraße zum Zwecke der Klärung des individuellen »Rassestatus« erfolgte sowie um aus den Internierten Ersatzkräfte für diejenigen Mitarbeiter der jüdischen Einrichtungen zu rekrutieren, die die Gestapo deportieren wollte. Aus beiden Gründen erstreckten sich die Entlassungen – wie dargestellt – auch auf mehr als zwölf Tage.

Hingegen behaupten Gernot Jochheim und Nathan Stoltzfus in ihren Büchern über die Ereignisse in der Rosenstraße, dass die Insassen plötzlich freigekommen seien, weil in der NS-Führung die Meinung ge-

73 Meyer, Inhaftierung der »jüdisch Versippten«, S. 192.

74 Lebenslauf (ca. 1945/46), in: CJA Berlin, 4.1, Nr. 1614, unfol.

75 Bericht Gerhard Braun bei Schröder, Gegnerinnen, S. 84; sowie Und Gad ging zu David, S. 97 u. 101. Vgl. auch Interview mit Herrn und Frau B. auf http://www.rosenstrasse-protest.de/interviews/interview_b_b.html.

herrscht habe, man könne den Protest nicht mit Gewalt, sondern nur durch die Entlassung der Insassen beenden.[76] Ganz abgesehen davon, dass die vom 1. März bis zum 12. März reichenden Entlassungsdaten einem Deportationsstopp am 6. März 1943 und einer daraus folgenden Freilassungswelle entgegenstehen, erhebt sich die Frage: Warum soll die NS-Führung mit ihrer Intervention so lange gewartet und tagelang den öffentlichen Protest einer großen Menschenmenge im Herzen Berlins in Kauf genommen haben? Warum hat die Gestapo nicht einfach, um dem störenden Protest das Ziel zu nehmen, eines Nachts die Insassen mit Lastwagen an andere Orte verlegt? Viel plausibler scheint als Erklärung, dass eben keine Deportation der Insassen der Rosenstraße geplant war und dass man in der NS-Führung nicht wirklich beunruhigt war, weil weit weniger Menschen und diese weit weniger auffällig als bislang angenommen protestierten.

Wie wird die These von dem durch den Protest herbeigeführten Stopp und der dann folgenden Freilassung der Insassen der Rosenstraße eigentlich begründet? Obwohl diese Auffassung so verbreitet und wirkungsmächtig ist, fehlen zeitgenössische Dokumente, die sie belegen. Meist wird allein ein Tagebucheintrag des Propagandaministers angeführt. Am 6. März hatte Goebbels nach einer Bemerkung über den letzten verheerenden Luftangriff auf Berlin notiert: »Gerade in diesem Augenblick hält es der SD für günstig, in der Judenevakuierung fortzufahren. Es haben sich da leider unliebsame Szenen vor einem jüdischen Altersheim abgespielt, wo die Bevölkerung sich in größerer Menge ansammelte und zum Teil sogar für die Juden etwas Partei ergriff. Ich gebe dem SD Auftrag, die Judenevakuierung nicht ausgerechnet in einer so kritischen Zeit fortzusetzen. Wir wollen uns das lieber noch einige Wochen aufsparen; dann können wir es um so gründlicher durchführen.« Meist endet hier der zitierte Beleg, Goebbels schrieb aber weiter: »Man muß überall eingreifen, um Schäden zu verhüten. Gewisse Stellen sind in ihren Maßnahmen politisch so unklug, daß man sie nicht zehn Minuten allein laufen lassen kann. Das Grundübel unserer Führung und vor allem unserer Verwaltung besteht darin, daß alles nach Schema F gemacht wird. Man hat manchmal den Eindruck, daß die Leute, die diese oder jene Maßnahme durchführten, überhaupt nicht persönlich darüber nachdächten, sondern sich nur an ein geschriebenes Wort an-

76 Jochheim, Frauenprotest 1993, S. 136–137; Stoltzfus, Aufstand, S. 347.

klammern, bei dem sie den Hauptwert darauf legen, daß sie nach oben gedeckt sind.«[77] In dieser Notiz von Goebbels ist also weder von »Mischehen« noch von Freilassung der Insassen des Lagers Rosenstraße die Rede. Bei dem von Goebbels genannten Altersheim müsste es sich um dasjenige in der Großen Hamburger Straße handeln, welches in diesen Tagen als Sammellager für die Deportation missbraucht wurde. Vielleicht haben wir es hier gar nicht mit einem Ortsirrtum des Propagandaministers, wie zumeist angenommen wurde, sondern mit einem bisher unbeachteten Protest gegen die Transporte zu tun. Denn es ist auch nicht von Angehörigen die Rede, sondern von der Bevölkerung.[78]

Ursula von Kardorff, damals Redakteurin bei der »Deutschen Allgemeinen Zeitung«, veröffentlichte in ihrem Tagebuch eine sehr ähnliche Beschreibung, die bisher übersehen oder für die Rosenstraße gehalten wurde. Sie schreibt zum 3. März 1943: »Der Metteur Büssy erzählte mir heute [...], daß sich in seiner Gegend am Rosenthaler Platz die Arbeiterfrauen zusammengerottet und laut gegen die Judentransporte protestiert hätten. Bewaffnete SS mit aufgepflanztem Bajonett und Stahlhelm holte Elendsgestalten aus den Häusern heraus. Alte Frauen, Kinder, verängstigte Männer wurden auf Lastwagen geladen und fortgeschafft. ›Laßt doch die alten Frauen in Ruhe!‹ rief die Menge, ›geht doch endlich an die Front, wo ihr hingehört.‹ Schließlich kam ein neues Aufgebot SS und zerstreute die Protestierenden, denen sonst nichts weiter geschah.«[79] Bei beiden Darstellungen handelt es sich also wohl nicht um die Rosenstraße, sondern um einen Protest aus der Bevölkerung gegen die Deportation der deutschen Juden, dem man genauer nachgehen sollte. Goebbels hatte in seinem Tagebuch anschließend das

77 Tagebücher Goebbels, Teil II, Bd. 7, S. 487: Eintrag vom 6. 3. 1943.

78 Tagebücher Goebbels, Teil II, Bd. 7, S. 487: Eintrag vom 6. 3. 1943. Jochheim hatte hingegen geschrieben, auch in der Großen Hamburger hätten Frauen gegen den Abtransport ihrer jüdischen Männer aus »Mischehen« demonstriert; Jochheim, Frauenprotest (2001), S. 9.

79 Kardorff, Ursula von: Berliner Aufzeichnungen. Aus den Jahren 1942–1945, München 1964, S. 33–34. Kritische Neuausgabe: Kardorff, Ursula von: Berliner Aufzeichnungen 1942–1945. Unter Verwendung der Original-Tagebücher neu hrsg. und kommentiert von Peter Hartl, München 1992, S. 72. Der Eintrag vom 3. 3. 1943 wurde nachgedruckt bei Schäfer, Hans Dieter (Hrsg.): Berlin im Zweiten Weltkrieg. Der Untergang der Reichshauptstadt in Augenzeugenberichten, München 1985, S. 130. Sie hat allerdings ihr Tagebuch erst nach Kriegsende auf der Grundlage von unvollständigen Originalnotizen niedergeschrieben, in denen gerade zu diesem Vorfall aber nichts enthalten war; vgl. Kardorff, Berliner Aufzeichnungen (1992), S. 73, Anm. 2.

Reichssicherheitshauptamt und die Berliner Gestapo kritisiert, weil diese die Deportationen unabhängig von der politischen Wetterkarte durchführen würden. Das »geschriebene Wort« konnte sich nur auf die bis zu diesem Tag unveränderten RSHA-Richtlinien vom 20. Februar zur Deportation beziehen, die aber ausdrücklich »Mischehen« ausnahmen. Somit richtete sich die Kritik von Goebbels wohl gegen die forcierte Gesamtdeportation in einer schwierigen Kriegssituation. Weil der Propagandaminister immer am Morgen die Erlebnisse des Vortages in sein Tagebuch niederschrieb, musste er seine »Anweisung« am 5. März gegeben haben, allerdings offenbar ohne jeden Erfolg, denn noch am 6. März verließ ein weiterer, großer Deportationszug Berlin in Richtung Auschwitz.

Am 8. März 1943 flog Goebbels zu Hitler in das Führerhauptquartier. Sein Tagebucheintrag über dieses Treffen widerspricht dem zwei Tage vorher geschriebenen diametral. Statt von einem Deportationsstopp war im Gespräch mit Hitler nun von endgültiger Säuberung trotz »psychologischer Belastungen« die Rede. Hitler hatte erklärt, dass, wenn es einmal in Berlin zu einer Revolte der ausländischen Arbeiter käme, würde er diese blutig niederschlagen. Dann hieß es: »Es besteht natürlich, solange überhaupt noch Juden in Berlin sind, die Gefahr, daß die semitische Intellektualität sich mit den ausländischen Arbeitern verbände.« Goebbels notierte anschließend: »Deshalb muß ich so schnell wie möglich die Juden aus Berlin herausschaffen, wenn das auch im Augenblick vielleicht einige psychologische Belastungen mit sich bringt.« Nachdem gesprächsweise noch andere Themen berührt worden waren, kam Hitler nochmals auf das Thema Juden zurück. Goebbels notierte: »In der Judenfrage billigt er mein Vorgehen und gibt mir ausdrücklich den Auftrag, Berlin gänzlich judenfrei zu machen. Ich werde schon dafür sorgen, daß zwischen den Berliner Juden und den ausländischen Arbeitern kein Konkubinat eingegangen wird.«[80] Es gab also Befürchtungen in der NS-Führung, dass es zwischen jüdischen und ausländischen Zwangsarbeitern zu Solidaritätshandlungen kommen könnte. Damit wird ganz deutlich, dass Hitler und Goebbels über die Deportation der jüdischen Zwangsarbeiter sprachen, also über die Durchführung der Fabrik-Aktion. Wenn es jemals einen Abbruch eines Deportationsplanes gegen Juden in »Mischehen« gegeben haben sollte,

80 Tagebücher Goebbels, Teil II, Bd. 7, S. 514–515: Eintrag vom 9. 3. 1943.

dann hätte Goebbels diesen nach jenem Zusammentreffen mit Hitler und dessen Forderung nach radikalster »Säuberung« wieder zurücknehmen müssen.

Trotz dieser Tatsachen ist der Tagebucheintrag vom 6. März 1943 bisher immer als der Beweis dafür angesehen worden, dass Goebbels die Deportation der Juden in »Mischehen« persönlich gestoppt habe.[81] Doch konnte der Propagandaminister und Gauleiter von Berlin wirklich auf die aus seinem für die Nachwelt geschriebenen Tagebuch hervorgehende Weise in die Vorgänge in der Rosenstraße eingreifen?[82] Zwar hatte Goebbels seit 1941 immer wieder mit Hitler gesprochen und dabei auf die Deportation der Berliner Juden gedrängt, doch letztlich entschieden Hitler und – wie oben dargestellt – das Reichssicherheitshauptamt über die konkreten Ablauf der einzelnen Transporte. Aus wirtschaftlichen Erwägungen, wegen der vielen Zwangsarbeiter in der Rüstungsindustrie, befand sich ein Teil der Berliner jüdischen Bevölkerung sogar ganz am Ende der Deportationsliste. Deshalb lebte die Mehrheit der deutschen Juden zur Zeit der Fabrik-Aktion in der Reichshauptstadt. Diese Tatsache demonstriert, dass der Einfluss von Goebbbels auf dem Gebiet der Judenpolitik in den Jahren 1941 und 1942 begrenzt gewesen ist.[83] Als Propagandaminister zeichnete er im NS-Staat für den Kultur- und Propagandabereich verantwortlich, als Berliner Gauleiter für die Belange der Partei in der Reichshauptstadt. Verfügte er in den 1930er Jahren über eine starke Position in der NS-Führungsspitze, verlor er diese wegen seiner Affären Ende 1938. Zugleich begann Göring die antijüdische Politik streng arbeitsteilig zu formieren. Weil Goebbels nicht direkt an der Diskussion zu den konkreten Verfolgungsmaßnahmen beteiligt war, zeigte sich der Berliner Gauleiter im Frühjahr 1941 völlig überrascht vom Ausmaß der von der Arbeitsverwaltung organisierten jüdischen Zwangsarbeit in seiner Stadt.[84] Während die Teilnehmer der berüchtigten Wannseekonferenz zur

81 Vgl. Jochheim, Frauenprotest, S. 133. Die These zur entscheidenden Rolle von Goebbels bei Stoltzfus, Aufstand, S. 13 u. 346. Nach Stoltzfus bei Johnson, Terror, S. 455.

82 Goebbels habe sich hier gegen die radikale RSHA-Politik gewendet, so Stoltzfus. Er behauptet zugleich, Goebbels hätte die Internierung selbst veranlasst; vgl. Stoltzfus, Protest, S. 227–228. Stoltzfus widerspricht sich an anderer Stelle, wenn er behauptet, die Internierung sei eine lokale Aktion unterer Gestapobeamter gewesen; Stoltzfus, Aufstand, S. 353.

83 Vgl. dagegen das von Moeller vorgebrachte Argument, dass die erhebliche Zahl der noch in Berlin befindlichen Juden deutlich mache, dass gegen oder ohne Goebbels damals wenig lief; Moeller, Protest, S. 52.

84 Vgl. dazu Gruner, Geschlossener Arbeitseinsatz, S. 179.

»Endlösung der Judenfrage« vom 20. Januar 1942 noch am Ende desselben Monats das Protokoll erhielten, wurde Goebbels erst Anfang März über die Ergebnisse dieser Tagung informiert.[85] Zu Beginn des Jahres 1943 begann sein Stern bei Hitler wieder aufzugehen, vor allem im Zusammenhang mit der Propaganda des »totalen Krieges«. Zudem fungierte Goebbels nun auch als Reichsverteidigungskommissar für Berlin in einer neuen wichtigen staatlichen Funktion. Dennoch verhinderte wohl gerade die Führerstaatsstruktur einen direkten Eingriff Goebbels in die Fabrik-Aktion. Goebbels hätte als eine der Spitzen des »Dritten Reiches« sicher direkt und persönlich mit dem Reichsführer der SS Himmler oder dem Chef des Reichssicherheitshauptamtes Kaltenbrunner sprechen können, aber kaum, wie er in seinem Tagebuch angibt, deren mit der Ausführung befassten Untergebenen, dem SD oder der Gestapo, direkte Anweisungen geben können.[86] Das hätte in jedem Fall zu großen Konflikten mit der SS-Führung geführt.

Auch die historischen Fakten sprechen nach meiner Auffassung gegen einen von Goebbels ausgelösten Deportationsstopp am 6. März 1943. Denn die in der Rosenstraße Festgesetzten entließ die Gestapo nicht in einem großen Schub erst seit diesem Tag, sondern schon vorher und noch nachher im Verlauf von fast zwei Wochen. Die viel zitierte Goebbels-Notiz vom 6. März ist deshalb wohl der Selbststilisierung des Propagandaministers in seinem für die Nachwelt verfassten Tagebuch geschuldet, worin er sich gern als Macher präsentierte und mit fremden Federn schmückte.[87]

Außer dem vagen Tagebucheintrag von Goebbels zitiert die Literatur zur Rosenstraße keine weiteren zeitnahen Quellen aus dem engeren Umfeld der Täter, die die These eines Deportationsplans und -stopps

85 Browning, Christopher: Die Entfesselung der »Endlösung«. Nationalsozialistische Judenpolitik 1939–1942, München 2003, S. 592.

86 Den gleichen Einwand gibt Rainer Decker in seiner Online-Rezension (http://hsozkult.geschichte.hu-berlin.de/rezensio/buecher/2000/dera0500.htm) des Stoltzfus-Buches zu bedenken.

87 Vgl. den von Hermann Graml auf der Konferenz zur Rosenstraße Ende April 2004 in Berlin gehaltenen Vortrag, in dem er nach intensiver Auswertung des Goebbels-Tagebuchs deutlich machte, dass jener oft über von ihm gegebene Anweisungen in seinem Tagebuch sprach, die real keine Wirkungen zeitigten, und dass seine Tagebucheinträge oft von Wunschdenken geprägt waren; vgl. die Tagungsberichte »Der Protest in der Rosenstraße 1943 – Zeitzeugen und Historiker zwischen Akten und Erinnerung« von Jana Leichsenring am 14. 6. 2004 auf www.hsozkult.geschichte.hu-berlin.de/tagungsberichte; sowie Akim Jah, Zeitzeugen und Historiker zwischen Akten und Erinnerung, S. 114–115.

stützen würden. Das Amt IV der RSHA hatte in seinen oben zitierten Anordnungen zur Fabrik-Aktion zudem ausdrücklich verboten, auch nur den Anschein zu erwecken, dass »Mischeheproblem« zu »bereinigen«. Es findet sich kein Beleg dafür, dass Eichmann angeordnet habe, diese Personen von den anderen zu trennen, um – wie Stoltzfus anführt – es so aussehen zu lassen, als ob sie nicht in Todeslager, sondern in Arbeitslager in Polen transportiert werden sollten.[88] Nur eine verschwindende Minderheit konnte in Deutschland überhaupt zu diesem Zeitpunkt einen Unterschied zwischen solchen Lagern erkennen. Die These, dass eine geplante Deportation infolge des Protestes abgebrochen worden sei, vertritt allerdings auch ein Teil der überlebenden Opfer. Da sie damals keinen Einblick in die Hintergründe des Geschehens gewinnen konnten, spiegeln sich darin mehr ihre individuellen Vermutungen, die sie aus dem Verlauf der Ereignisse gewonnen hatten.

Auch einige zeitgenössische Quellen, die für den Abbruch eines Deportationsplanes herangezogen werden, zeigen nur die damalige Wertung von Personen, die die Ereignisse von außen beobachtet hatten. In einer Depesche der US-Botschaft in Bern hatte es beispielsweise einen Monat nach den Ereignissen am 11. April 1943 geheißen: »Maßnahmen gegen jüdische Ehefrauen und Ehemänner von seiten der Gestapo mußten vor einiger Zeit eingestellt werden wegen des Protestes, den sie auslösten.«[89] Wie die Fabrik-Aktion und die Ereignisse in der Rosenstraße von außen wahrgenommen wurden, demonstriert auch das folgende Dokument. Am 12. März 1943 schrieb der Landesbischof von Württemberg an den Reichskirchenminister Hanns Kerrl[90]: »Die gegen die Juden ergriffenen Maßnahmen, besonders soweit sie außerhalb der

88 Stoltzfus, Aufstand, S. 9 u. 290; ders., »Third Reich History«, S. 678–679. Der vom selben Autor als zusätzlicher Beweis für die These vom Deportationsstopp angeführte Bericht von Gerhard Lehfeld bezieht sich eigentlich auf den geplanten Arbeitseinsatz von »Mischlingen«, wie er selbst an anderer Stelle anführt; ebd., S. 680; ders., Aufstand, S. 279.

89 Zit. nach Stoltzfus, Aufstand, S. 327. Mit dem differierenden Wortlaut »Gestapoaktion gegen jüdische Ehefrauen und Männer mußte wegen des durch sie ausgelösten Protestes aufgegeben werden«, zit. bei dems., Protest, S. 218.

90 Kerrl, Hanns, geb. 11. 12. 1887 zu Fallersleben (Kreis Gifhorn), gest. 14. 12. 1941 in Berlin. Sohn eines Rektors, Besuch des Gymnasiums in Hameln, dann mittlere Justizbeamtenlaufbahn. Nach Teilnahme am Ersten Weltkrieg Justizoberrentmeister in Peine. 1923 Mitglied der NSDAP, vom 25. 3. 1933 bis zum 20. 4. 1935 Reichskommissar für das preußische Justizministerium, dann bis 17. 6. 1934 preußischer Justizminister, dann Reichsminister ohne Geschäftsbereich, ab November 1935 Mitglied des Deutschen Reichstags und Reichstags-Vizepräsident. Ab 16. 7. 1935 bis zu seinem Tod Reichs- und Preußischer Minister für kirchliche Angelegenheiten.

geltenden Gesetze vor sich gehen, bedrücken schon längst viele Kreise in unserem Volk, besonders die christlichen. Bei dem gegenwärtigen schweren Erleben erhebt sich unwillkürlich in vielen Gemütern die Frage, ob unser Volk nicht eine Schuld auf sich geladen hat dadurch, daß Menschen ohne den Spruch eines zivilen oder militärischen Gerichts ihrer Heimat, ihres Berufs, ihres Lebens beraubt worden sind. Die christlichen Kirchen haben sich im Blick auf die Möglichkeit einer politischen Ausnutzung eines öffentlichen Protestes durch das feindliche Ausland in dieser Hinsicht große Zurückhaltung auferlegt. Sie können aber unmöglich dazu schweigen, daß neuerdings auch die in Mischehen mit christlichen Deutschen lebenden, teilweise selbst einer christlichen Kirche angehörenden Juden aus Haus und Beruf herausgerissen und in den Osten abtransportiert werden. Damit werden Ehen, die durch kirchliche Trauung geschlossen sind, getrennt und die Kinder aus diesen Ehen schwer geschädigt. Nun höre ich zu meiner großen Freude, daß die in Mischehen lebenden Juden und die aus diesen Ehen hervorgegangenen Kinder neuerdings in Berlin eine freundlichere Behandlung erfahren. *Es sei ihnen am 6. 3. durch einen Beamten der Gestapo eröffnet worden, daß sie in die Volksgemeinschaft eingegliedert werden sollen und daß den Mischlingskindern die Möglichkeit der Ehe mit Ariern gegeben werden solle.* Es seien Entlassungen von den in Mischehen lebenden Juden vollzogen worden, und es seien auch in Bezug auf ihre Lebensmittelversorgung Anordnungen ergangen. Meine Bitte geht nun in erster Linie dahin, daß solche Erleichterungen im ganzen Reich durchgeführt werden und eine gesetzliche Grundlage erhalten, so daß eine willkürliche und ungleiche Behandlung künftig ausgeschlossen ist.«[91]

Der hervorgehobene Passus findet sich auch in der am Eingang des Buches zitierten Tagebuchnotiz von Ruth Andreas-Friedrich vom 7. März 1943. Dort hieß es allerdings, dass am Montagmittag, also schon am 1. März, die SS beschlossen hätte, *»Privilegierte sollen in die Volksgemeinschaft eingegliedert werden«*.[92] Eine mögliche Erklärung für diese relative Übereinstimmung könnte darin liegen, dass Beamte eine solche Auskunft den Wartenden gegeben hatten, um diese zu beruhigen, eine andere wäre, dass diese Schlussfolgerung aus Berichten

91 (Hervorhebung d. A.) Abdruck in: Eschwege, Kennzeichen J, S. 337–338.
92 (Hervorhebung d. A.) Andreas-Friedrich, Der Schattenmann, S. 104.

von Insassen der Rosenstraße zustande kam, die nach ihrer Entlassung in den jüdischen Einrichtungen angestellt wurden, und dadurch zum Teil eine bessere Beschäftigung als die vorher in der Industrie geleistete Zwangsarbeit erhalten hatten. Doch eine solche Hoffnung auf die »Eingliederung in die Volksgemeinschaft« sollte von der NS-Führung brutal enttäuscht werden, die – wie noch zu sehen sein wird – gerade wieder über die Zwangsscheidung der »Mischehen« zu diskutieren begann.

In jedem Fall wirkten die Ereignisse in Berlin so erschütternd, dass Kardinal Bertram am 14. März 1943 an Bischof Wienken schrieb, Kardinal Innitzer in Wien rege an, doch der NS-Führung einen Austausch der »Nichtarier« in katholischen »Mischehen« gegen deutsche Zivilinternierte in den USA vorzuschlagen und hierfür das Auswärtige Amt und den Vatikan zu kontaktieren.[93] Die Angst vor einer immer noch möglichen Deportation der Juden aus »Mischehen« herrschte überall. So erinnerte sich die damals in Berlin weilende Ursula von Kardorff in einem früher nicht veröffentlichen Tagebuch-Eintrag zum 2. April 1943 an ihre Furcht vor geplanten Transporten: »Dazu die letzten Judenausrottungen. In Lastwagen umhergefahren, von SS-Leuten im Stahlhelm abgeholt, die Angst um die Versippten und die Halben und die eigene Hilflosigkeit.«[94]

Angesichts der hier präsentierten Fakten und Hintergründe kann die Auffassung, dass es Ende Februar 1943 einen Deportationsplan gegen die Juden in »Mischehen« gegeben habe und dieser infolge des Protestes von der Gestapo aufgegeben worden sei, kaum noch überzeugen. Auch die in diesem Zusammenhang ab und an gezogene Schlussfolgerung, Demonstrationen wie in der Rosenstraße hätten zu diesem späten Zeitpunkt die Deportationsplanungen im NS-Staat noch beeinflussen oder deren Realisierung behindern können, geht an den historischen Tatsachen vorbei.[95] Der Befund, dass die Gestapo zu jenem konkreten Zeitpunkt keine Absicht hegte, die jüdischen Deutschen aus »Mischehen« zu deportieren, bedeutete aber nicht, dass der NS-Staat gegen

93 Abdruck, in: Akten deutscher Bischöfe, Bd.VI, Dok. 825, S. 42.

94 Kardorff, Ursula von: Berliner Aufzeichnungen 1942–1945. Unter Verwendung der Original-Tagebücher neu hrsg. und kommentiert von Peter Hartl, München 1992, S. 73, Anm. 2.

95 Vgl. diese Ansicht bei: Ball-Kaduri, Berlin, S. 214; sowie generell Darstellung und Interpretation bei Stoltzfus, Aufstand; ähnlich Kwiet/Eschwege, Selbstbehauptung, S. 43; und Kwiet, Nach dem Pogrom, S. 594; ebenso Schröder, Gegnerinnen, S. 57. Etwas differenzierter bei Jochheim, Frauenprotest, Berlin 1993, S. 27–28 und 136.

diese Gruppe zu einer Milderung seiner Politik neigte. Im Gegenteil, in der Folgezeit wurde die Verfolgung dieser Gruppe ausdrücklich auf mehreren Wegen verschärft.

KZ oder Deportation? Der Fall der 25 nach Auschwitz gebrachten Männer

Um eine Deportationsabsicht der Gestapo gegenüber den Juden aus »Mischehen« zu untermauern, wird in der Literatur auch der Fall von 25 Männern aus der Rosenstraße, die nach Auschwitz gebracht wurden, als Argument angeführt.[96] Die Gestapo hatte sie dem Berliner Deportationszug vom 6. März 1943 angeschlossen, der am 7. März Auschwitz erreichte. Von dort brachte man sie nach einiger Zeit wieder in die Reichshauptstadt zurück. Zugleich wird heute behauptet, sie seien nur aufgrund des Protestes in der Rosenstraße freigelassen worden.[97]

Einer der fünfundzwanzig, Otto Fried, schilderte diese Vorgänge später in einer Zeugenvernehmung im Bovensiepen-Verfahren: »Als wir in der Rosenstraße eintrafen [28. 2.], befanden sich bereits mehrere hundert Menschen dort, die man in den anderen Berliner Sammellagern ausgesondert und zur Rosenstraße gebracht hatte. Darunter befanden sich auch Angehörige privilegierter Mischehen. Ich blieb etwa 4 oder 5 Tage in dem Gebäude in der Rosenstraße. Während dieser Zeit fanden vor dem Gebäude Protestaktionen der arischen Ehefrauen der inhaftierten jüdischen Partner statt. Auch kam es vor, daß Pakete mit Lebensmitteln durch die Fenster geworfen wurden. Als Folge dieser Protestaktionen wurde ich mit 24 anderen Leidensgenossen – es handelte sich um Gleichaltrige – auf dem Hof zusammengerufen und von einem SS-Sturmführer Schneider zu Arbeitseinsätzen eingeteilt.«[98] Günther Rosenthal hörte ebenfalls seinen Namen und meldete sich: »Wir nahmen im Flur Aufstellung. Weitere Namen wurden aufgerufen. An uns vorbeigingen diejenigen, die schon zur Arbeit registriert waren. Wir sahen sie voller Freude wieder ihrem Heim zustreben.«[99]

96 Jochheim, Frauenprotest, S. 170; Stoltzfus, Aufstand, S. 323–325.
97 Stoltzfus, Aufstand, S. 390.
98 AS LG Berlin, 3 P Ks 1/71 gegen Otto Bovensiepen, Bd. XVIII, Bl. 21: Vernehmung Otto Fried vom 13. 4. 1966.
99 Zit. nach Schulle, »Gebt unsere Männer frei!«, S. 164.

Während also andere Insassen der Rosenstraße bereits entweder zur Tätigkeit in jüdischen Einrichtungen oder bei SS und Gestapo bestimmt bzw. zur Meldung beim Arbeitsamt verpflichtet worden waren und daraufhin entlassen wurden, selektierte die Gestapo am 6. März 1943 25 Männer und zwang sie noch am selben Tag in den letzten Berliner Transport der Fabrik-Aktion.[100] Warum aber verschleppte die Gestapo diese 25 mehrheitlich jungen Männer aus der Rosenstraße nach Auschwitz? Ferdinand Wolff sagte zunächst aus, dass der Gruppe »irgendwelche politischen Verfehlungen« vorgeworfen wurden. Später korrigierte er seine Einschätzung: »Wie ich aber hörte, erfolgte unsere Deportation als Vergeltung für die Demonstration vieler christlicher Ehefrauen von Juden vor dem Lager Rosenstraße im Februar/März 1943.«[101] Auch Otto Fried charakterisierte seine Verschleppung nach Auschwitz – wie eben gesehen – als Strafmaßnahme der Gestapo wegen der Proteste.

In der Literatur findet man andere Gründe angegeben. So sei mit den 25 Männern ein Versuchsballon für die bevorstehende Gesamtdeportation der Juden aus »Mischehen« gestartet worden; die Gestapo habe erst einmal die Reaktion der Angehörigen auf diesen Test abwarten wollen. Es heißt aber auch, die Verschleppung sei eine »irrtümliche Deportation durch eigenmächtige Gestapo-Beamte« gewesen.[102] Doch die Gestapo wusste sehr genau, was sie tat. Eine versehentliche Deportation ist aus folgendem Grund völlig ausgeschlossen: Im Gegensatz zu allen anderen der über 600 am 6. März 1943 aus Berlin nach Auschwitz Verschleppten hatte man diese 25 Juden noch in Berlin eigens als so genannte Schutzhäftlinge klassifiziert, was bisher kaum beachtet worden ist. Eine Meldung aus Auschwitz an das SS-Wirtschaftsverwaltungshauptamt vom 8. März 1943 belegt das. Dort heißt es »Transport aus Berlin, Eingang 7. März 43. Gesamtstärke 690 einschließlich 25 Schutzhäftlinge. Zum Arbeitseinsatz gelangen 153 Männer und 25 Schutzhäftlinge (Buna) und 65 Frauen.«[103]

100 LAB, Rep. 057-01, Nr. R 34/34, unfol.: Zeugenvernehmung vom 17.3. 1965 (Bovensiepen-Prozess), Bl. 1–2. Vgl. auch Schulle, »Gebt unsere Männer frei!«, S. 165.

101 AS LG Berlin, 3 P Ks 1/71 gegen Otto Bovensiepen, Bd. I, Bl. 90: Vernehmung vom 29. 1. 1965, S. 1.

102 Beide Annahmen z. B. bei Moeller, Protest, S. 47.

103 Fernschreiben vom 8. 3. 1943 an das WVHA, in: Topographie des Terrors, S. 119. Vgl. Czech, Kalendarium, S. 434: Eintrag vom 7. 3. 1943.

Hier wird also ein Unterschied in der Behandlung der Abtransportierten deutlich. Es handelte sich nicht um eine Eingliederung der 25 in die allgemeine Deportation. Schutzhaft bedeutete für die Männer einen grundlegenden Unterschied in ihrem Verfolgtenstatus gegenüber den Deportierten, die, im Vernichtungslager angekommen, meist gleich ermordet wurden. Zudem enthielt das Schutzhaftverfahren noch einen weiteren gravierenden Unterschied zur regulären Deportation: Das Vermögen der 25 Verhafteten wurde nicht wie bei allen anderen Deportierten des Transportes am 6. März 1943 per Anordnung der Gestapo noch im Sammellager zugunsten des Reiches enteignet.[104]

Die Anordnungen des Reichssicherheitshauptamtes zur Fabrik-Aktion hatten die Verhängung von so genannter Schutzhaft gegen einzelne Juden in »Mischehen« ausdrücklich aus Repressionsgründen zugelassen. Im Erlass der Gestapo Frankfurt/Oder stand: »Freches Benehmen von Juden, die in noch bestehender Mischehe leben[,] ist dadurch zu ahnden, dass diese in Schutzhaft genommen und Anträge auf Unterbringung in einem Konzentrationslager gestellt werden. Es kann hierbei sehr großzügig verfahren werden, jedoch muss der Eindruck vermieden werten, dass bei dieser Aktion das Mischeheproblem gleichzeitig grundlegend bereinigt werden soll.«[105] Ähnlich lautete eine RSHA-Anweisung vom Januar 1943 für Deportationen in Frankreich, die davon Juden aus »Mischehen« ausnahm, sogar jene, die gegen »Judenanordnungen« verstoßen hatten. Allerdings erlaubte das RSHA, dass Letztere von der Sicherheitspolizei in Schutzhaft genommen werden konnten.[106] Die Verhängung von Schutzhaft durch die Gestapo war für die jeweils davon Betroffenen schlimm genug, da das in der Regel die Einweisung in ein KZ bedeutete. Seit Herbst 1942 folgte in Deutschland aus der KZ-Einweisung für Juden sogar die Überstellung in das KZ Auschwitz, allerdings eben nicht im Rahmen der Massentransporte, sondern als Häftling im Einzelverfahren. Damals hatte Himmler angeordnet, »sämtliche im Reich gelegenen Konzentrationslager judenfrei« räumen zu lassen. Neu verhaftete Juden sollten, statt sie in nahe gelegene deutsche

104 Vgl. BA Berlin, Zsg 138, Nr. 66, Bl. 208–240: Gestapo (IV C 3) an OFP Berlin-Brandenburg am 22. 3. 1943, mit Anlage Liste 35. Osttransport vom 6. 3. 1943 der deportierten Juden, deren Vermögen eingezogen worden war.

105 BLHA Potsdam, Pr.Br. Rep. 41 Großräschen, Nr 272, Bl. 84–85: Erlass der Gestapo Frankfurt/Oder vom 24. 2. 1943 in Runderlass des Landrats in Calau vom 25. 2. 1943.

106 Klarsfeld, Vichy-Auschwitz, S. 479: Günther RSHA IV B4a 3233/41g (1085) an BdS Paris (Dr. Knochen) am 25. 1. 1943.

Konzentrationslager zu bringen, gleich nach Auschwitz transportiert werden.[107] Eine jede solche Schutzhaftverfügung musste sich die lokale Gestapo vom Reichssicherheitshauptamt in Berlin einzeln genehmigen lassen. Das konnte einige Tage dauern, aber auch bis zu drei Wochen. Wenn die 25 Männer also als Schutzhäftlinge nach Auschwitz gekommen sind, kann von einem Test der Gestapo nicht gesprochen werden und auch ein irrtümlicher Abtransport ist ausgeschlossen.

Nach ihrer Ankunft in Auschwitz überstellte die dortige SS die 25 Schutzhäftlinge aus der Rosenstraße zur Zwangsarbeit in die Buna-Werke der IG-Farben. Nach etwa 14 Tagen härtester Zwangsarbeit in Auschwitz-Monowitz rief man dort 35 Berliner Männer auf, laut Kurt Blaustein darunter 24 aus der Rosenstraße. Ein früherer Insasse aus der Rosenstraße blieb krank dort zurück.[108] Möglicherweise stammten die anderen zehn aus dem Berliner Sammellager in der Großen Hamburger Straße, denn Johanna Heym, damals bei der Staatspolizeileitstelle Berlin tätig, sagte in einer Vernehmung nach dem Krieg aus: »Nur einmal erzählte mir Dobberke, daß aus dem Lager Große Hamburger Straße im Zuge der sogenannten Fabrik-Aktion etwa 10 oder 12 Juden nach Auschwitz deportiert worden waren, ohne daß für diese Deportation die erforderliche Voraussetzung vorlag. Dobberke drückte sich dahingehend aus, daß hier ein Versehen passiert sei und daß diese Juden auf Veranlassung höherer Stellen wieder von Auschwitz nach Berlin in Marsch gesetzt worden seien.«[109]

Die Rückkehr der 35 soll Himmler am 18. März 1943 ausgelöst haben, denn in dessen Notiz über ein Telefongespräch mit Gestapochef Müller an diesen Tag hatte es geheißen: »kein Abtransport privilegierter Juden«.[110] Als Anweisung für einen generellen Deportationsstopp für die Rosenstraße kam diese Anweisung in jedem Fall zu spät, denn die Menschen in der Rosenstraße waren längst entlassen. Somit könnten auf den ersten Blick gerade diese 25 Männer in Auschwitz gemeint

107 Im Erlass war als 2. Ziel Majdanek genannt, das aber später keine Rolle spielen sollte; Erlass Gestapochef Müller vom 5.10.1942 (PS-1063) zit. bei Adler, Der verwaltete Mensch, S. 253.

108 LAB, Rep. 057-01, Nr. R 34/34, unfol.: Zeugenvernehmung vom 17.3.1965 (Bovensiepen-Prozess), Bl. 1–2. Vgl. auch Schulle, »Gebt unsere Männer frei!«, S. 165.

109 AS LG Berlin, 3 P Ks 1/71 gegen Otto Bovensiepen, Bd. XIX, Bl. 140: Vernehmung Johanna Heym vom 16.6.1966.

110 BA Berlin, NS 19, Nr. 1440, Bl. 85. Vgl. diese These bei Stoltzfus, der nur den hier wiedergegebenen Satz aus der Telefonnotiz zitiert: Stoltzfus, Der Protest, S. 229; sowie bei dems., Aufstand, S. 339.

sein, die aufgrund dieser Weisung wieder nach Berlin zurückkehren konnten.[111] Ob das wirklich zutrifft, ist mit dem Dokument allerdings nicht eindeutig zu belegen. Die Anweisung könnte sich auch, da es in der Himmler- Notiz nicht »Mischehen« hieß, sondern »privilegierte Juden«, auf eine Gruppe speziell von Göring protegierter Juden bezogen haben[112], die z. B. in der Forschung für die Rüstungswirtschaft tätig waren und deshalb den Schutz des Reichsmarschalls vor der Deportation genossen. Sie waren offenbar am Tage der Fabrik-Aktion wie alle anderen verhaftet worden. Einige brachte die Gestapo in die Große Hamburger, andere in die Rosenstraße. Ein bei den Reichswerken Hermann Göring tätiger Spezialist wurde allerdings bereits am ersten Tag nach seiner Internierung aus der Rosenstraße entlassen.[113]

Viel wahrscheinlicher ist jedoch, dass Himmler mit der Anweisung in Wirklichkeit französische Juden gemeint hat. Denn der vollständige Eintrag in Himmlers Telefonagenda lautete: »Abholung französ[ischer] Gefangener Kommentar Petain kein Abtransport privilegierter Juden.«[114] Bei dem Passus »Abholung französischer Gefangener«, der die Telefonnotiz Himmlers einleitete, handelte es sich wahrscheinlich um die von Himmler am 18. Januar 1943 geforderte »Verhaftung der großen Verbrechermassen von Marseille und deren Abfuhr in KL, am besten nach Deutschland«.[115] Am 24. Januar waren über 6000 Menschen verhaftet und 1642 »Kriminelle«, unter ihnen viele Juden, in »das deutsche Haftlager« Compiègne eingeliefert worden. 780 Juden, unter ihnen 570 mit französischer Staatsangehörigkeit, brachte man von dort in das Lager Drancy.[116] Es könnte sich also um den zu diesem Zeitpunkt aufbrechenden Konflikt zwischen der Vichy-Regierung und der SS über die Deportation französischer Juden nach Auschwitz handeln. Obwohl seit Sommer 1942 eine Abmachung mit dem RSHA bestand, keine franzö-

111 Stoltzfus, Aufstand, S. 339.

112 Nach Aussage von Johanna Heym soll eine Liste dieser Personen, insg. um die 200, im Lager Große Hamburger vorgelegen haben; Kroh, David kämpft, S. 202, Anm. 35.

113 Vgl. Bericht Gad Beck; Kroh, David kämpft, S. 149; Und Gad ging zu David, S. 98.

114 BA Berlin, NS 19, Nr. 1440, Bl. 52 (alt 85): Telefongespräche des Reichsführers SS am 18. 3. 1943.

115 Zit. nach Ahlrich Meyer, Die deutsche Besatzung in Frankreich 1940–1944. Widerstandsbekämpfung und Judenverfolgung, Darmstadt 2000, S. 123. Vgl. Bernd Kasten, »Gute Franzosen«. Die französische Polizei und die deutsche Besatzungsmacht im besetzten Frankreich 1940–1944, Sigmaringen 1993, S. 206–207.

116 Aus Drancy fuhren zwei Transporte am 23. und 25. März 1943 nach Sobibor; Meyer, Besatzung, S. 123–127; Klarsfeld, Vichy-Auschwitz, S. 217.

sischen Juden zu deportieren, hatte es mehrere solche Vorkommnisse gegeben, zuletzt im Februar 1943. Eichmann hatte bei seinem Besuch in Paris am 10. Februar die Maximalforderung aufgestellt, alle französischen Juden demnächst zu deportieren.[117] Aus einem Bericht des Befehlshabers der Sicherheitspolizei und des SD in Paris, Helmut Knochen, an Müller und Himmler in Berlin vom Februar 1943 geht hervor, dass Marschall Henri Philippe Petain sich über den Abtransport französischer Juden beschwert hatte, solange noch ausländische Juden greifbar wären.[118] Auf ebendiesen Streit mag sich das Telefongespräch Himmlers am 18. März also bezogen haben. Bei den »privilegierten« könnte sich zudem um den folgenden Fall handeln: Mitte März 1943 waren 720 französische Juden durch die Gestapo verhaftet worden, die als Pelzfacharbeiter über Sonderausweise verfügten. Die Gestapo lieferte sie am 18. März, dem Tag der Telefonnotiz, im Lager Drancy ein, um sie mit ihren Familien zu deportieren. Am 22. März ließ die Gestapo 388 von den verhafteten Juden wegen ihrer Zwangsarbeit für die Wehrmacht wieder frei. Sie galten wegen ihrer speziellen Tätigkeiten als »privilegiert«.[119]

Es ist also eher unwahrscheinlich, dass sich diese Himmler-Quelle auf den Fall der 25 Juden aus der Rosenstraße bezog. Jedenfalls brachte die Gestapo 24 Schutzhäftlinge aus der Rosenstraße nach ungefähr zwei Wochen Zwangsarbeit in Auschwitz überraschend wieder in die Reichshauptstadt zurück.[120] Ferdinand Wolff sagte später aus, dass die Gruppe am 22. März 1943 in Berlin eintraf.[121] Der Grund der Rückkehr blieb den Betroffenen verborgen. Otto Fried spekulierte später: »Es ist auch denkbar, daß meine und die meiner anderen Leidensgenossen Entlassung aus Auschwitz [auf die] Interventionen unserer arischen Ehepartner zurückzuführen ist. Ich erkläre allerdings ausdrücklich, daß ich diese Zusammenhänge lediglich vermute. Offizielle Bestätigungen habe ich in dieser Hinsicht bis heute nicht erhalten.«[122]

117 Klarsfeld, Vichy-Auschwitz, S. 208. Vgl. zu dieser Phase: Meyer, Besatzung, S. 123–127; Kasten, »Gute Franzosen«, S. 206–207.

118 Vgl. dazu Kasten, »Gute Franzosen«, S. 165; Klarsfeld, Vichy-Auschwitz, S. 208–209, 217.

119 Klarsfeld, Vichy-Auschwitz, S. 217.

120 LAB, Rep. 057-01, Nr. R 34/34, unfol.: Zeugenvernehmung vom 17. 3. 1965 (Bovensiepen-Prozess), Bl. 1–2. Vgl. auch Schulle, »Gebt unsere Männer frei!«, S. 165.

121 AS LG Berlin, 3 P Ks 1/71 gegen Otto Bovensiepen, Bd. I, Bl. 90: Vernehmung vom 29. 1. 1965, S. 1.

122 AS LG Berlin, 3 P Ks 1/71 gegen Otto Bovensiepen, Bd. XVIII, Bl. 23: Vernehmung Otto Fried vom 13. 4. 1966.

Der plausibelste Grund für die Rückkehr scheint zu sein, dass die 25 Männer aus der Rosenstraße als Schutzhäftlinge nach Auschwitz gekommen waren, somit als KZ-Häftlinge geführt wurden. Allerdings handelte es sich bei ihnen nicht um »ungeschützte Volljuden«, die die SS unter diesen Voraussetzungen unbefristet in Auschwitz eingekerkert gelassen hätte, sondern um noch »geschützte« Juden in »Mischehen«. Darum brachte man sie nach einiger Zeit ins Reich zurück. Hier kamen sie allerdings nicht frei. Sie wurden in Berlin diversen weiteren Verhören unterworfen, wie Kurt Blaustein bezeugt. Danach wies die Gestapo alle Männer in das Arbeitserziehungslager Großbeeren ein.[123] Die Einlieferung als Schutzhäftling in ein Konzentrationslager, selbst wenn viele das nicht überlebten, war für die Gestapo etwas fundamental anderes als die Deportation in ein Vernichtungslager. Gleichwohl signalisierte die Kriminalisierung der 25 Juden in »Mischehen« aus der Rosenstraße bereits einen weiteren radikalen Schritt in der Verfolgungspolitik gegenüber den Juden in »Mischehen«. In verschiedenen Regionen Deutschlands kam es in dieser Phase zu vermehrten KZ-Einweisungen von jüdischen »Mischehe-Partnern«.

Verhaftungen in Frankfurt am Main, Hamburg und anderen Orten

Im Frühjahr 1943 häuften sich an vielen Orten die Verhaftungen von jüdischen Partnern in »Mischehen«. Insbesondere die Vorgänge in Frankfurt am Main wurden in der Literatur als Indiz für eine generelle Deportationsabsicht gegenüber Juden aus »Mischehen« angeführt. Es wurde auf die Verschleppung der festgenommenen Frankfurter Juden nach Auschwitz bzw. in Arbeitslager sowie auf die Ermordung der Opfer verwiesen.[124] Doch genau wie die Berliner Gestapo bei den 25 Männern aus der Rosenstraße hatte die Frankfurter Gestapo die Menschen unter bestimmten Anschuldigungen verhaftet und damit die formellen Voraussetzungen im NS-Regime für eine Schutzhaft und für die Ver-

123 LA Berlin, Rep. 057-01, Nr. R 34/34, unfol.: Zeugenvernehmung vom 17. 3. 1965 (Bovensiepen-Prozess), Bl. 1–2. Vgl. auch Schulle, »Gebt unsere Männer frei!«, S. 165.

124 Stoltzfus spricht davon, dass das RSHA angeordnet hätte, deren Abtransport vorzubereiten, wofür er als Beleg aber nur das Urteil eines Nachkriegsprozesses vorlegt. Die Frankfurter Fälle stellten jedoch, wie er selbst an anderer Stelle anführt, keine »normalen« Deportationen dar; Stoltzfus, Aufstand, S. 36 und 277. Vgl. ders., »Third Reich History«, S. 677–678.

bringung in ein KZ erfüllt. Die seit Beginn des Jahres 1943 erfolgten Festnahmen von Juden in »Mischehen« begründete die Frankfurter Gestapo immer mit tatsächlichen bzw. auch erfundenen Verstößen gegen antijüdische Bestimmungen.[125]

Die Festnahmen in Frankfurt am Main begannen aber lange vor der Fabrik-Aktion. In Hessen hatte die Gestapo die Deportationen bereits im Herbst 1942 weitestgehend abgeschlossen. Gauleiter Jakob Sprenger verlangte von den Behörden gegen die Zurückbleibenden »ein scharfes Zufassen« und Anzeigen bei der Gestapo »bei den geringsten Verstößen«. Seit Beginn des Jahres 1943 lud deshalb die Gestapo in Frankfurt am Main vermehrt jüdische Ehepartner aus »Mischehen« vor. In ihrem Tagebuch beschreibt Tilly Cahn diese Entwicklung am 28. Januar 1943: »Vor acht Wochen lebten wir im allgemeinen in der Zuversicht, daß mit privilegierten Mischehen bis Kriegsende nichts geschehen werde. Heute sieht es anders aus. Es häufen sich die Beispiele, daß der männliche jüdische Teil solcher Ehen auf die Gestapo bestellt wird – was einem Todesurteil gleich kommt. Gefängnis–Konzentrationslager–Tod – dieser Ablauf ist üblich, auch Paters Kollege Kaiser ist so umgebracht worden.«[126] Claire Mettenheim schrieb am 17. Februar 1943: »Es handelt sich um eine lokale Aktion, die aber gern gesehen wird. Der jüdische Teil der Mischehen wird in die Lindenstraße [zur Frankfurter Gestapo] geladen.«[127] Verstärkt kam es im Laufe des Februars zu solchen Vorladungen. Die Gestapo verhaftete die Juden aus »Mischehen« und brachte sie ins Gefängnis entweder zur Polizeihaft oder zwecks späterer Einlieferung in ein KZ.[128] So nahm die Gestapo die Mutter von Lilly Hahn fest, weil sie auf ihre Kennkarte etwas mit Bleistift gekritzelt hatte.[129] Claire Mettenheim notierte in ihr Tagebuch am 19. Februar, es ginge »im beschleunigten Tempo die Aktion zur kalten Erledigung der Mischehen weiter. Es ist schwer, sich nicht unterkriegen zu lassen.« Am

125 Kingreen, Gewaltsam verschleppt aus Frankfurt, S. 383. Vgl. Eichler, Volker: Das »Judenreferat« der Gestapo, in: Kingreen, Nach der Kristallnacht, S. 237–258, hier 250.

126 Zit. nach Kingreen, Monica: »Die Aktion zur kalten Erledigung der Mischehen« – die reichsweit singuläre systematische Verschleppung und Ermordung jüdischer Mischehepartner im NSDAP-Gau Hessen-Nassau 1942/1943, in: Gottwaldt, Alfred/Kampe, Norbert/Klein, Peter: NS-Gewaltherrschaft. Beiträge zur historischen und juristischen Aufarbeitung, Berlin 2005, S. 187–201, hier S. 194.

127 Zit. nach Kingreen, Die Aktion zur kalten Erledigung der Mischehen, S. 194.

128 Kingreen, Die Aktion zur kalten Erledigung der Mischehen, S. 191–194.

129 Hahn, Lilly: »... bis alles in Scherben fällt«. Tagebuchblätter 1933–1945, Köln 1979, S. 479: Eintrag vom 16. 3. 1943.

2. März klang sie allerdings etwas erleichtert: »auch daß die Aktion abgestoppt sei, d. h. nicht allgemein durchgeführt wird – sagt man.«[130] Doch das stimmte für Frankfurt nicht. Insgesamt wurden 250 Personen auf diese Weise im Februar und März per Einzelfallverfahren festgenommen. Wenn die Gefangenen dann in Konzentrationslager gebracht wurden, die Juden aus »Mischehen« nach Auschwitz, die so genannten »Mischlinge« nach Buchenwald oder Sachsenhausen, dann geschah das nicht wie bei den Deportationen als direkter Transport, sondern auf dem »Schubweg«, das bedeutete »Schreckensfahrten« über zahlreiche Gefängnisstationen.[131]

Im Zuge der Verhaftungswelle kam es übrigens in Frankfurt in kleinerem Umfang zu ähnlichen Szenen wie in der Berliner Rosenstraße. Die hessische Historikerin Monica Kingreen schreibt dazu auf der Basis von Zeitzeugenaussagen: »Die Angehörigen waren zumeist völlig verzweifelt über die Verhaftung ihres Ehepartners oder Elternteils. Sie setzten alles daran, den Verbleib ihrer Angehörigen herauszufinden. Vor dem Polizeigefängnis in der Klapperfelder Straße und den anderen Ausweichgefängnissen hielten sie sich stundenlang auf, trafen Menschen in derselben Situation, tauschten Neuigkeiten und Gerüchte aus, starrten auf den Gebäudeteil, wo sie ihre Lieben vermuteten, pfiffen familieninterne Melodien in der Hoffnung, daß dies eine Nachricht nach drinnen sein könnte.« Neben den Gefängnissen bildete auch der Bahnhof einen regelmäßigen Anlaufpunkt. Auf der Suche trafen sich dort die Angehörigen, wenn die Züge nach Auschwitz abgingen.[132]

Festnahmen von Mischehepartnern erfolgten seit März 1943 auch in Offenbach, Mainz, Wiesbaden und Darmstadt.[133] In Darmstadt verhaftete die Gestapo vom 7. März bis Ende April 108 Juden aus verschiedenen Städten der Region, vor allem prominente Juden aus »privilegierten Mischehen«. Bis zum 30. April sollten noch 23 Juden bzw. Jüdinnen in »Mischehen« verhaftet werden. Die verhafteten Männer kamen zunächst in ein Arbeitserziehungslager, erst später wurden sie entweder in das KZ Buchenwald oder in das KZ Auschwitz ge-

130 Zit. nach Kingreen, Die Aktion zur kalten Erledigung der Mischehen, S. 194.
131 Ebenda, S. 193–194.
132 Ebenda, S. 198.
133 Kingreen, Gewaltsam verschleppt aus Oberhessen, S. 46. Vgl. auch Tagebuch einer Jüdischen Gemeinde 1941 bis 1943. Im Auftrag der Jüdischen Gemeinde Mainz, hrsg. u. kommentiert v. Anton M. Keim, Mainz 1968, S. 95.

bracht.[134] Der Leiter des Darmstädter Judenreferats der Gestapo hatte angeblich von seinen Vorgesetzten die Auskunft erhalten, dass »aufgrund einer neuen Weisung gegen die jüdischen Partner in ›Mischehen‹ unbegrenzte Lagerhaft beantragt werden konnte«.[135] Das war ein eindeutiger Bezug auf die oben zitierten RSHA-Anordnungen zur Fabrik-Aktion, die eine Schutzhaft bei »frechem Benehmen« vorsahen. Solche RSHA-Runderlasse gaben generelle Ziele vor, wie hier für die Deportationen und die Behandlung der Juden. Aus ihnen kann natürlich nicht immer auf die Durchführung vor Ort geschlossen werden, denn die war bei regionalen bzw. lokalen Gestapo-Behörden abhängig von vielen Faktoren.[136] Auf lokaler Ebene legten die Beamten im Einzelfall solche Anweisungen von oben nach Gutdünken aus. Damit kam es des Öfteren auch zu einer verschärften Interpretation der Anweisungen. Nicht in der Macht der lokalen Gestapobeamten lag hingegen eine Änderung des generellen Zieles einer vom Reichssicherheitshauptamt angeordneten Maßnahme. Noch 1942 galten beispielsweise jüdische Zwangsarbeiter in der Rüstungsindustrie nach den RSHA-Deportationsrichtlinien eigentlich als »geschützt«. Während das in den meisten Orten beachtet wurde, bezog die lokale Gestapo sie an einigen Orten in die Transporte ein. Allerdings konnte z. B. die Gestapo in Frankfurt am Main solche Zwangsarbeiter nicht einfach deportieren. Sie überzeugte deshalb im Vorfeld angekündigter Transporte die Stadtverwaltung und Firmen, die jüdischen Deutschen von kriegswichtigen Arbeitsplätzen auf kriegsunwichtige umzusetzen, um sie dann den Richtlinien entsprechend abtransportieren zu können.[137]

Außer in Hessen kam es im Verlauf des Frühjahrs 1943 in anderen Regionen zu Verhaftungen von Juden in »Mischehen«. Noch während der Fabrik-Aktion waren in Hamburg 17 jüdische Männer aus »Misch-

134 Franz, Eckart G./Pingel-Rollmann, Heinrich: Hakenkreuz und Judenstern. Das Schicksal der Darmstädter Juden unter der Terror-Herrschaft des NS-Regimes, in: Juden als Darmstädter Bürger, hrsg. v. Eckhart G. Franz, Darmstadt 1984, S. 157–189, hier S. 186–188. Die Namen der 108 Verhafteten aus Mainz, Darmstadt, Offenbach, Starkenburg und Gießen (ohne Nennung von Mischehen) sind abgedruckt in: Tagebuch einer Jüdischen Gemeinde, S. 97–100. Vgl. Kingreen, Aktion zur kalten Erledigung der Mischehen, S. 195–196.

135 Zit. nach Meyer, »Jüdische Mischlinge«, S. 59. Zu Darmstadt vgl. auch Dipper, Schwierigkeiten mit der Resistenz, S. 411–412.

136 Vgl. zu diesem Problem Tuchel, Johannes: Gestapa und Reichssicherheitshauptamt. Die Berliner Zentralinstitutionen der Gestapo, in: Paul, Gerhard/Mallmann, Klaus-Michael (Hrsg.): Die Gestapo. Mythos und Realität, Darmstadt 1995, S. 84–100, hier S. 99.

137 Vgl. Gruner, Geschlossener Arbeitseinsatz, S. 300–301.

ehen« nach Denunziation durch den Leiter der »Sonderdienststelle J« des Hamburger Arbeitsamtes festgenommen worden. Sie wurden am 1. oder am 2. März 1943 in das KZ und Polizeigefängnis Hamburg-Fuhlsbüttel eingewiesen. Sie blieben dort bis Ende April/Anfang Mai. Ein Mann wurde dann freigelassen, einer hatte fliehen können und einer starb im KZ. Die Restlichen wurden in kleineren Transporten dann nach Auschwitz gebracht, wo die meisten nicht überlebten.[138] Mitte April 1943 vermerkte Klemperer auch in seinem Tagebuch ein verschärftes Vorgehen der Gestapo in Dresden: »In letzter Woche hier vier Verhaftungen von Mischehemännern, darunter soll der Sanitätsrat Leipziger sein.«[139] In Krefeld kam es ebenfalls zu Einweisungen ins KZ oder in Gefängnisse.[140] Mitte Mai dehnte die Frankfurter Gestapo ihre Politik der Vorladungen von Juden aus »Mischehen« auf den Regierungsbezirk Wiesbaden aus.[141]

Wie gesagt, diese lokalen Schutzhaft-Aktionen schienen im Kern von den Anweisungen des RSHA vom Februar 1943 gedeckt. Wenn aber örtliche Willkür das Gesamtkonzept zu stören begann, reagierte Berlin und bremste. Schon im Februar hatten sich Angehörige wegen der Freilassung in Frankfurt/Main Verhafteter an das Reichssicherheitshauptamt gewandt. In Berlin zeigte man sich regelmäßig verwundert über das Frankfurter Vorgehen und versprach deren Freilassung. Auch im Mai wandten sich wieder Verwandte und Partner an das RSHA.[142] Möglicherweise im Zusammenhang mit den hessischen Zuständen und den sich mehrenden Anfragen »arischer« Verwandter reagierte RSHA-Chef Kaltenbrunner. Er wies am 21. Mai 1943 die Gestapostellen ausdrücklich darauf hin, »daß jüdische Mischehepartner *auf keinen Fall* abzubefördern sind. Es darf auch sonst sicherheitspolizeilich gegen sie nur vorgegangen werden, wenn *tatsächlich* belastendes Material vorliegt. Soweit jüdische Mischehepartner inzwischen aus *allgemeinen* Gründen festgenommen worden sind, sind sie sukzessive wieder zu entlassen.«[143]

138 Meyer, »Jüdische Mischlinge«, S. 58–59.

139 Klemperer, Tagebücher 1942–1945, S. 349.

140 Johnson, Der nationalsozialistische Terror, S. 460–463.

141 Kingreen, Aktion zur kalten Erledigung der Mischehen, S. 197.

142 Ebenda, S. 199–200.

143 (Hervorhebungen im Original) Erlass zit. nach ebenda, S. 200. Vgl. Stoltzfus, Protest, S. 230; ders., Aufstand, S. 340. Michael Phayer geht hingegen davon aus, dass katholische Proteste im Sommer 1943 zur Freilassung von Verhafteten in Frankfurt/Main und Bielefeld geführt hätten; Phayer, Protestant and Catholic Women, S. 212–213.

Deutlich spielt Kaltenbrunner in seinem Erlass auf die RSHA-Anordnungen vom Februar 1943 an, die weder Deportation noch eine generelle Verhaftungsaktion gegen »Mischehen«, sondern lediglich Schutzhaft im Einzelfall erlaubten.

Die Intervention aus Berlin hatte mehrere Folgen für Frankfurt am Main. Dort notierte Claire Mettenheim am 2. Juli 1943 in ihr Tagebuch: »Es wurde [...] dem Konsulenten Cahn zum Weitersagen gesagt, die Aktion gegen die Mischehen sei abgeschlossen. Es kommen jetzt auch wöchentlich 5–6 Frauen aus dem Gefängnis wieder heraus. So Frau Scholz. Auch Baab soll beurlaubt sein wegen der eigenmächtigen Handlungen.«[144] Der Judenreferent der Frankfurter Gestapo, Heinrich Baab, musste seinen Posten aufgeben und wechselte am 16. Juni 1943 in ein anderes Ressort.[145] Einer der Gründe, warum Baab vom Landgericht Frankfurt am Main nach dem Krieg zu lebenslänglicher Haft verurteilt wurde, lautete übrigens »Misshandlung und Abtransport eigentlich davon ausgenommener jüdischer ›Mischehepartner‹ nach Auschwitz und in andere Konzentrationslager«.[146]

Eric Johnson nimmt an, dass die Gestapo seit März 1943 aufgrund des Berliner Protestes ihre Verfolgungstaktik gegenüber den Juden in »Mischehen« geändert hätte, sie habe in der Folgezeit begonnen, sie immer mehr zu kriminalisieren.[147] Doch erstens hatten die Verhaftungswellen in Frankfurt lange vor der Fabrik-Aktion begonnen und zweitens handelte es sich dabei um lokale Aktivitäten, die sich nicht auf das ganze Reichsgebiet erstreckten. Dennoch symbolisierten die Verhaftungswellen die nach der Fabrik-Aktion auf vielen Ebenen radikalisierte Politik des NS-Staates gegenüber der Gruppe der Juden in »Mischehen«.

144 Zit. nach Kingreen, Aktion zur kalten Erledigung der Mischehen, S. 201.

145 Ebenda, S. 201.

146 Urteil vom 5.4. 1950 im Fall Heinrich Baab, veröffentlicht in: Justiz und NS-Verbrechen. Sammlung Deutscher Strafurteile wegen National-sozialistischer Tötungsverbrechen 1945–1966, Red. Fritz Bauer, Amsterdam 1971, Band VI, S. 396; vgl. http://wwwl.jur.uva.nl/junsv/brd/files/brd207.htm.

147 Johnson, Der nationalsozialistische Terror, S. 457.

Die verschärfte NS-Politik gegen Juden in »Mischehen« 1943–1945

Am 11. März 1943 hatte Goebbels in seinem Tagebuch notiert: »Die Verhaftung von Juden und Jüdinnen aus privilegierten Ehen hat besonders in Künstlerkreisen stark sensationell gewirkt, denn gerade unter den Schauspielern sind ja diese privilegierten Ehen noch in einer gewissen Anzahl vorhanden. Aber darauf kann ich im Augenblick nicht übermäßig viel Rücksicht nehmen. Wenn ein deutscher Mann es jetzt noch fertigbringt, mit einer Jüdin in einer legalen Ehe zu leben, dann spricht das absolut gegen ihn, und es ist im Kriege nicht mehr an der Zeit, diese Frage allzu sentimental zu beurteilen.«[148]

Bisher hatte die Forschung den Eintrag so interpretiert, dass sich Goebbels auf die Internierung in der Rosenstraße bezogen und darin seine Gesamthaltung zur Politik gegenüber »Mischehen« ausgedrückt habe. Da der Propagandaminister in der Notiz aber die »arischen« und nicht die jüdischen Männer anklagte, ging es weniger um diese beiden Fragen. Der Eintrag von Goebbels bezog sich wohl vielmehr auf die seit 1942 schwelende, nun nach dem Abtransport der meisten ungeschützten Juden wieder aufflammende Diskussion in der NS-Führung über die Zwangsscheidung von »Mischehen«. Goebbels notierte nämlich wenig später, am 21. März 1943, in seinem Tagebuch genau dazu noch etwas, wobei er interessanterweise nichts über einen vorherigen »Vorstoß« in Sachen Abtransport der »Mischehen« und dessen Scheitern erwähnte, was eigentlich eine plausible Begründung für die Wiederaufnahme der Gesetzesdebatte hätte darstellen können. Die von Goebbels geäußerte Überraschung verweist vielmehr darauf, dass innerhalb der NS-Führung im Umfeld der Fabrik-Aktion gar nicht über das Vorgehen gegenüber »Mischehen« gesprochen worden war. Der Propagandaminister schrieb: »Berlin und das Reich sind jetzt zum großen Teil judenfrei gemacht worden. Das hat zwar einige Mühe gekostet, aber wir haben es doch durchgesetzt. Allerdings leben in Berlin noch die Juden aus Mischehen; diese betragen 17000.«[149] Diese Zahl war – aus Unkenntnis oder mit Absicht – stark übertrieben, denn im ganzen Reichsgebiet lebten zu diesem Zeitpunkt 16668 Juden in »Mischehe«, in Ber-

148 Tagebücher Goebbels, Teil II, Bd. 7, S. 528: Eintrag vom 11. 3. 1943.
149 Ebenda, S. 603: Eintrag vom 21. 3. 1943.

lin aber lediglich rund 8800.[150] In Goebbels' Tagebuch hieß es weiter: »Der Führer ist auch außerordentlich betroffen von der Höhe dieser Zahl, die ich auch nicht so enorm eingeschätzt hätte. Der Führer gibt Frick den Auftrag, die Scheidung solcher Ehen zu erleichtern und sie dann schon auszusprechen, wenn nur der Wunsch danach zum Ausdruck kommt.«[151]

Einen Tag vor dieser Notiz des Propagandaministers hatte nämlich Reichsinnenminister Frick Vortrag bei Hitler gehalten, um das Thema der Zwangsscheidung voranzutreiben. Der entsprechende Gesetzentwurf war nach zunächst intensiver Diskussion Ende 1942 auf Eis gelegt worden. Möglicherweise hatte der oben erwähnte Brief Kaltenbrunners vom 8. März 1943 Frick zu seiner Initiative motiviert, von dem er erfahren hatte, dass mit dem längeren Verbleib der »Mischehen« gerechnet werden musste. Auf Fricks Vortrag hin bestimmte Hitler persönlich, dass »Mischehen zwischen Deutschen und Juden auf Antrag des deutschblütigen Teiles oder des Staatsanwaltes ohne weiteres geschieden werden«. Frick schickte daraufhin dem Reichsjustizminister einen entsprechenden Gesetzentwurf seines Ministeriums, der als Vierte Verordnung zum »Gesetz zum Schutze des deutschen Blutes und der deutschen Ehre« veröffentlicht werden sollte.[152] Der Reichsjustizminister behielt sich jedoch vor, den Entwurf gemeinsam mit dem Innenminister vorzulegen, da die Praxis vor allem Sache der Justizbehörden sei.[153] Goebbels urteilte über das geplante Gesetz in seinem Tagebuch: »Ich glaube, daß wir damit eine ganze Reihe dieser Ehen schon beseitigen und die übrigbleibenden jüdischen Partner aus dem Reich evakuieren können.«[154]

An seinem Tagebucheintrag wird noch einmal deutlich, dass Goebbels – und damit stimmte er mit den meisten in der NS-Führung überein – noch zu diesem Zeitpunkt eine Zwangsscheidung von »Mischehen« per Gesetz als unabdingbare Voraussetzung für eine Deportation der jüdischen Partner ansah. Zugleich bestätigt sich, dass diese Gruppe nun in das Visier der Verfolger geraten war.

150 BA Berlin, NS 19, Nr. 1570, unfol.: Inspekteur für Statistik beim RFSS, »Die Endlösung der europäischen Judenfrage«, Stand 1.4.1943 (2. Korherr-Bericht-Kurzfassung), S. 5.

151 Tagebücher Goebbels, Teil II, Bd. 7, S. 603: Eintrag vom 21. 3. 1943.

152 Akten der Parteikanzlei der NSDAP, Teil I, Nr. 030740: Schnellbrief Frick vom 20. 3. 1943 mit Gesetzentwurf.

153 Ebenda, Nr. 03042–44: RJM-Rundschreiben vom 22. 3. 1943 mit geändertem Gesetzentwurf.

154 Tagebücher Goebbels, Teil II, Bd. 7, S. 603: Eintrag vom 21. 3. 1943.

Auf das Wiederaufleben der Diskussion reagierte die katholische Kirche, die schon 1942 gegen ein geplantes Scheidungsgesetz protestiert hatte. Bischof Konrad Graf Preysing schrieb am 16. April 1943 an das deutsche Episkopat, die Konferenz der deutschen Bischöfe: »Es besteht begründete Besorgnis, daß in Kürze die rassische Mischehe – auch die sakramental geschlossene Ehe katholischer Eheleute – auf Grund staatlicher Anordnung getrennt werden soll.« Das Gesetz sehe vor, so warnte Preysing in seinem Schreiben, dass die »arischen« Männer freiwillig die Scheidung einreichen könnten, wenn sie es aber unterließen, dann werde die Scheidung auf Antrag des zuständigen Staatsanwaltes eingeleitet. Der Bischof betonte in seinem Schreiben, dass, wenn diese Befürchtung wahr würde, man ein Hirtenwort in ganz Deutschland gegen das Gesetz verlesen werde.[155]

Im Mai 1943 legte Reichsinnenminister Frick einen nun zusammen mit dem Reichsjustizministerium ausgearbeiteten neuen Entwurf des »Gesetzes über die Scheidung von deutsch-jüdischen Mischehen« vor, der noch Hitlers Zustimmung benötigte. Der Entwurf hielt sich weitestgehend an die im Vorjahr zwischen den Reichsinstanzen ausgearbeitete Kompromisslinie. Man ging inzwischen von 19000 »Mischehen« im Reich aus, von denen 3500 bis 4000 von der radikalen Zwangsscheidung ausgenommen werden sollten. Es war klar, dass nach einer Scheidung die jüdischen Partner deportiert werden würden. Doch auch dieser Entwurf blieb wochenlang liegen. Erst im August 1943 verlangte der Chef der Reichskanzlei, Hans Heinrich Lammers, an den Reichsinnenminister Frick den Gesetzentwurf geschickt hatte, einen Termin bei Hitler. Als dieser aber ablehnte, konnte das Gesetz nicht verabschiedet werden.[156] Der Reichsführer der SS Himmler schilderte dann in seiner berüchtigten Rede in Posen am 6. Oktober 1943 seine Sicht auf die nächsten Verfolgungsschritte im Altreich: »Die Judenfrage in den von uns besetzten Ländern wird bis Ende dieses Jahres erledigt sein. [...] Die Frage der mit nichtjüdischen Teilen verheirateten Juden und die Frage der Halbjuden werden sinngemäß und vernünftig untersucht, entschieden und dann gelöst.«[157] 1944 versuchte die Parteikanzlei das

155 Abdruck, in: Akten deutscher Bischöfe, Bd.VI, Dok. 833, S. 62–63. Vgl. ausführlicher dazu: Leichsenring, Katholiken in der Rosenstraße, S. 46–48.

156 Adam, Judenpolitik, S. 329 u. 343; Hilberg, Vernichtung, Bd. 2, S. 449; Noakes, The Development of Nazi Policy, S. 348.

157 Himmler, Heinrich: Geheimreden 1933 bis 1945, Frankfurt/Main u.a. 1974, S. 170.

Thema der Zwangsscheidung noch einmal zu beleben, doch die Reichskanzlei blockte mit dem Hinweis auf Hitlers Ablehnung von 1943 diesen neuen Versuch ab.[158]

So ergebnislos die Planungen zur Zwangsscheidung auch blieben, so radikal beschränkte das NS-Regime in den Jahren 1943 und 1944 die Lebensmöglichkeiten für die jüdischen Partner in »Mischehen«. Am 1. April 1943, also nach Beendigung der großen Februar/März-Deportationen, lebten im Altreich offiziell nur noch 31910 Juden, davon in Berlin 18500. Ungefähr die Hälfte von ihnen musste nach den NS-Kriterien den »Judenstern« tragen. Sternträger waren vor allem »Geltungsjuden«, die jüdischen Partner in »nichtprivilegierten Mischehen« sowie aus anderen Gründen noch »geschützte« Juden, wie Angestellte jüdischer Einrichtungen oder einige Zwangsarbeiter mit Spezialkenntnissen. Alle Nichtsternträger lebten in »privilegierten Mischehen«. Insgesamt gab es 16668 jüdische Deutsche in »Mischehen« im Altreich, davon 12117 in »privilegierten« und 4551 in »nichtprivilegierten Mischehen«. Beide Gruppen bildeten jetzt 52,2 Prozent der jüdischen Bevölkerung, vor der Fabrik-Aktion waren es 32,7 Prozent gewesen.[159]

Die meisten der Zurückbleibenden sahen ihre Zukunft unter dem NS-Regime mit Schrecken, manche der im Zuge der Fabrik-Aktion zeitweise Inhaftierten waren geradezu traumatisiert. Miriam Rosenberg erinnerte sich: »Nachher, nach der Rosenstraße, da hatten wir nur noch Angst.«[160] In Dresden schrieb am 4. März 1943 Victor Klemperer: »Heute in der Gemeinde, Lebensmittelkarten geholt und Hirschel gesprochen. Er haust dort fast einsam. Ihn und Kahlenberg (nebst Mutter) hat man als einzige Nicht-Mischehe-Geschützten hier gelassen. [...] hier in Dresden befinden sich im ganzen nun noch reichliche 300, von denen 130 Sternträger sind. Auch Hirschel war in düsterer Stimmung. [...] Die nächsten Gefahren, die jetzt über uns beiden schweben, sind a) die Zusammendrängung der Mischehen in dem Proletarier- und

158 Noakes, The Development of Nazi Policy, S. 348.

159 14393 Menschen mussten den »Judenstern« tragen (Berlin 9185), 17517 hingegen nicht (Berlin 9330). Wie oben geschildert, hatten am 31. 12. 1942 im Altreich noch 16760 Juden in »Mischehen« gelebt. Zu den Zahlen vom März 1943: BA, ZwA-DH, R 8150, Nr. 69, Bl. 57: RV-Statistik für März 1943, vom 6. 4. 1943; BA Berlin, NS 19, Nr. 1570, unfol.: 2. Korherr-Bericht (Kurzfassung), Stand 1. 4. 1943, S. 5. Zahl auch bei Hilberg, Vernichtung, Bd. 2, S. 446; Ball-Kaduri, Berlin wird judenfrei, S. 217.

160 Bericht Miriam Rosenberg; Schröder, Hitlers unbeugsame Gegnerinnen, S. 169.

(wahrscheinlich verwanzten) Cityhaus der Sporergasse [...]; b) der Arbeitsdienst für mich, zehn Stunden täglichen Stumpfsinns bei mechanischster Beschäftigung.«[161]

Beide Drohungen sollten nicht nur für Klemperer, sondern für viele in »Mischehen« lebende jüdische Deutsche wahr werden. Alle bereits als Zwangsarbeiter verpflichteten Juden aus »Mischehen« waren durch die Fabrik-Aktion Ende Februar von ihren Industriearbeitsplätzen entfernt worden. Ihr Einsatz sollte reorganisiert werden. Binnen weniger Tage war deshalb entschieden worden, diese »aus dem kriegswichtigen Arbeitseinsatz herausgenommenen, aber nicht evakuierungs-umsiedlungsfähigen Juden« künftig nur noch im unqualifizierten Kolonneneinsatz zu beschäftigen, das hieß mit Eichmanns Worten sie im »geschlossenen jederzeit widerrufbaren Arbeitseinsatz« unterzubringen.[162] Das Reichssicherheitshauptamt hatte offensichtlich die Lektion aus den Konflikten 1941/42 mit Industrie und anderen Instanzen gelernt. Denn mit dieser Reorganisation sollte die Bedingung geschaffen werden, diese Zwangsarbeiter in Zukunft zu jedem Zeitpunkt abtransportieren zu können, ohne dabei rüstungswirtschaftliche Interessen zu verletzen.

Doch nicht nur die ehemaligen Industriearbeiter, sondern alle in »Mischehen« lebenden Juden fasste die Reichsarbeitsverwaltung seit März 1943 im Geschlossenen Einsatz außerhalb der Industrie bei schwerer manueller Arbeit zusammen. Das Berliner Arbeitsamt verpflichtete im Verlauf des März und April jüdische Frauen und Männer aus »Mischehen« zur Arbeit für die Reichsbahn, in Baufirmen, in einer Großwäscherei, bei der städtischen Müllabfuhr und beim Jauchefahren.[163] Unter den Rekrutierten befanden sich auch diejenigen Insassen der Rosenstraße, die nicht für die Tätigkeit bei den jüdischen Einrichtungen ausgewählt worden waren. Nach zehn Tagen Haft in der Rosenstraße wurde z. B. Josef Bik vom »Arbeitsamt für Juden« als Abrissarbeiter vermittelt.[164] Ein anderer Internierter, der vorher im Industriebetrieb

161 Klemperer, Tagebücher 1942–1945, S. 339–340.

162 Geheimes Eichmann-Schreiben (RSHA IV B 4 a) an IdS Nürnberg am 28. 4. 1943; Abdruck bei Kempner, Robert: Eichmann und Komplizen, Zürich 1961, S. 121.

163 Angaben in: Gruner, Geschlossener Arbeitseinsatz, S. 322–323. Gad Beck kam zur Firma Richard Wählich Berlin; Und Gad ging zu David, S. 102. Vgl. Faksimile eines Arbeitsbuches mit dem Eintrag ab 25. März 1943 bei Fa. Wählich; Schröder, Gegnerinnen, zwischen S. 215 u. 216.

164 CJA Berlin, 4.1, Nr. 149, unfol.

Ehrich und Graetz Zwangsarbeit geleistet hatte, musste ab 13. März Abbruch- und Aufräumarbeiten für die Berliner Firma Exner leisten.[165] Der am 8. März aus der Rosenstraße entlassene Alfred Pukacz kam ebenfalls zu diesem Unternehmen.[166] Der am 7. März freigelassene Richard Reibach musste künftig als Abbrucharbeiter Fliegerschäden beseitigen.[167] Den am 6. März aus der Rosenstraße zum Arbeitsamt überwiesenen Bernhard Pukacz rekrutierte die Sonderdienststelle als Bauarbeiter für die Firma Fritz Müller in Berlin-Marienfelde.[168] Der Mann von Clara Byk begann unmittelbar nach der Internierung in der Rosenstraße mit der Schwerstarbeit als Lastenträger auf einem Berliner Bahnhof.[169] Der als »Geltungsjude« internierte Werner Praeger kam am 8. März frei und schuftete ab 18. März als Bahnunterhaltungs- bzw. Gleisbauarbeiter.[170] Minna Bismark, damals Jüdin in geschiedener »privilegierter Mischehe« mit zwei Kindern, begann nach ihrer achttägigen Internierung in der Rosenstraße die Zwangsarbeit ebenfalls bei der Reichsbahn.[171] Miriam Rosenberg musste auf Geheiß des Arbeitsamtes künftig Züge säubern.[172] Erika Lewin leistete nach der Rosenstraße ab dem 15. März Zwangsarbeit in der Brandenburgischen Fahnenfabrik Berlin.[173] Wie Erika Lewin hatten viele der hier genannten zuvor bereits Zwangsarbeit geleistet, bei Siemens, Osram und anderen Industriefirmen. Aufgrund fehlender Ersatzkräfte wurde das neue Prinzip, Juden nur im unqualifizierten Zwangseinsatz außerhalb der Industrie zu beschäftigen, von der Arbeitsverwaltung gleich wieder gebrochen. Als Ersatz für die mit der Fabrik-Aktion abgezogenen Zwangsarbeiterinnen erhielt nach längeren Verhandlungen die IG Farben AG-Aceta-Berlin Anfang Juni 1943 25 jüdische Frauen aus »privilegierten Mischehen« zum Anlernen in der Zwirnerei. Sie sollten »möglichst geschlossen eingesetzt werden«

165 Gespräch mit K. A., in: Zehn Brüder waren wir gewesen. Spuren jüdischen Lebens in Berlin-Neukölln, hrsg. von Dorothea Kolland, Berlin 1988, S. 405–406. Vgl. Faksimile Arbeitsbuch K. A. (bis 27. 2. bei Ehrich & Graetz, ab 13. 3. 1943 bei Fa. Heinrich Exner); Juden in Kreuzberg, S. 167–170.

166 CJA Berlin, 4.1, Nr. 1527, unfol.

167 CJA Berlin, 4.1, Nr. 1631, unfol.

168 CJA Berlin, 4.1, Nr. 1529, unfol.

169 CJA Berlin, 4.1, Nr. 284, unfol.

170 CJA Berlin, 4.1, Nr. 1495, unfol.

171 CJA Berlin, 4.1, Nr. 160, unfol.

172 Schröder, Gegnerinnen, S. 184.

173 Faksimile des Arbeitsbuches in: Schröder, Gegnerinnen, nach S. 96.

und ihre »eigenen Umkleide- und Aufenthaltsräume bekommen«. Weitere stellte das Berliner Arbeitsamt in Aussicht.[174]

In anderen deutschen Städten reorganisierten die Arbeitsämter den Zwangseinsatz seit März 1943 ebenfalls. In Frankfurt am Main leisteten Männer aus »Mischehen« Zwangsarbeit beim Bestattungswesen und bei der Straßenreinigung der Stadt, in Essen für das Stadtreinigungsamt auf einer Müllkippe, in Dresden in einer Kartonagenfabrik und einer Reinigungsfirma.[175] Auch hier weiteten die Arbeitsämter den Zwangseinsatz aus und zogen bisher nichtbetroffene Juden ein. Victor Klemperer, der zuvor noch als zwangsarbeitsuntauglich gegolten hatte, musste ab Mitte April 1943 in Dresden in einer Teefabrik arbeiten. Klemperer hinterließ in seinen Tagebucheinträgen eine der intensivsten Schilderungen des Zwangsarbeitsalltags dieser Periode.[176] Doch nicht nur härteste manuelle Zwangsarbeit bestimmte den Alltag der in »Mischehen« lebenden Juden nach der Fabrik-Aktion. Denn sie und ihre Partner wurden 1943 immer stärker in den nach der letzten Deportationswelle weitgehend leer geräumten »Judenhäusern« zusammengedrängt, wenn sie nicht bereits dort wohnten. Das war z. B. der Fall in Hamburg, Halle/Saale und Bremen, aber auch in Frankfurt/Main. Auf Anweisung der Gestapo fand eine solche Konzentration während des Jahres 1944 in ganz Oberhessen statt.[177] Die Gemeindeverwaltung des Reichsgaues Wien forderte in der ersten Junihälfte 1944 von »Mischehepaaren« die »Zusammensiedlung« innerhalb von acht Tagen.[178] Reichsweit wies die Gestapo jüdische »Mischehe-Partner« schon bei geringstem Anlass, mancherorts auch unter Vorwänden, vermehrt in Arbeitserziehungslager ein. Viele wurden dort ermordet oder starben aufgrund der KZ-ähnlichen Zwangsarbeitsbedingungen.[179]

174 Gruner, Geschlossener Arbeitseinsatz, S. 325.

175 Angaben in: ebenda, S. 323–324.

176 Klemperer, Tagebücher 1942–1945, S. 353: Eintrag v. 18. 4. 1943.

177 Gruner, Geschlossener Arbeitseinsatz, S. 325–326; sowie Dokumente Frankfurter Juden, XIII 6, S. 495: Bericht des Gestapobeauftragten vom 16. 4. 1943; Kingreen, Gewaltsam verschleppt aus Oberhessen, S. 47.

178 Nachdem diese Frist ohne große Ergebnisse verstrichen war, ordnete der städtische Beigeordnete für das Wohnungs- und Siedlungswesen am 19. 6. 1944 das erneut an, nun mit einer Frist von 14 Tagen, die später noch einmal bis zum 23. 7. 1944 verlängert wurde; Dokumentationsarchiv des österreichischen Widerstandes Wien, Bestand Foto, Nr. 4282, unfol.: Verfügung Gemeindeverwaltung Wien vom 19. 6. 1944 sowie handschriftliche Notizen auf der Verfügung.

179 Gruner, Geschlossener Arbeitseinsatz, S. 325–326.

Der psychische Druck, der auf den in Deutschland lebenden jüdischen Deutschen lastete, war groß. Erna Becker schrieb Ende Mai 1943 in ihr Tagebuch: »Seit meinem Aufenthalt in der Großen Hamburger Straße werde ich ein Gefühl der Unsicherheit nicht mehr los, ich lebe in einer ständigen Katastrophenangst. Was steht wohl alles noch bevor? Trennung von der Familie, Verschleppung nach Theresienstadt?«[180] Für viele jüdische Partner aus »Mischehen« wurden auch diese Befürchtungen in den letzten beiden Kriegsjahren wahr. Nur wenn die »deutschblütigen« Partner dem massiven ideologischen und sozialen Druck, sich scheiden zu lassen, standhielten, konnten sie ihre Ehegatten künftig noch vor der Deportation retten. Denn am 18. Dezember 1943 befahl auf Anweisung Himmlers der Gestapochef Heinrich Müller kategorisch die Deportation aller derjenigen Juden aus »Mischehen« nach Theresienstadt, deren Ehepartner verstorben waren bzw. sich hatten scheiden lassen: »Ausgenommen bleiben zunächst die jüdischen Ehegatten: a) deren Söhne im Feld gefallen sind, oder b) wo mit Rücksicht auf die vorhandenen Kinder zu erwarten ist, daß dadurch eine gewisse Unruhe hervorgerufen werden würde.«[181]

Infolge dieses Erlasses begannen im Januar 1944 im Reich die Deportationen von Juden auch aus »privilegierten Mischehen«, die nicht mehr bestanden.[182] In Berlin wurden jetzt Frauen und Männer verhaftet und nach Theresienstadt deportiert, deren Partner bereits im Ersten Weltkrieg gefallen oder lange zuvor gestorben waren.[183] Ursula von Kardorff schrieb in ihrem Tagebuch zum 13. Januar 1944: »Eben angstvoller Anruf von Jutta Sorge. Vielleicht wird ihre Mutter abgeholt. Immer wieder heißt es, die Versippten kämen auch an die Reihe. Den Geschiedenen geht es bereits so.«[184] Der Vater von Anneliese Bach,

180 »Ich fürchte die Menschen mehr als die Bomben«, S. 47.

181 Zit. nach Stoltzfus, Protest, S. 230. Bei Stoltzfus an anderer Stelle unter dem 22. 12. 1943 angeführt (in der Fußnote richtig unter 18. 12.); ders., Aufstand, S. 327 sowie S. 453, Anm. 79. Vgl. zum Erlass auch Lozowick, Hitler's Bureaucrats, S. 113. Die RSHA-Anordnung steht im Widerspruch zu Stoltzfus' Aussage, 1942 habe man nach Ende der Zwangsscheidungsdiskussion Menschen dieser Gruppe einzeln weiter deportiert; ebenda, S. 227.

182 Kingreen, Gewaltsam verschleppt aus Oberhessen, S. 46. Im Tagebuch der Jüdischen Gemeinde Mainz heißt es, dass alle in Deutschland lebenden jüdischen Witwen verhaftet und nach Theresienstadt gebracht werden; Tagebuch einer Jüdischen Gemeinde 1941 bis 1943, S. 105: Eintrag am 7. 1. 1944.

183 Z. B. Henriette Bruns, Emma Fischer, Ella Buchholz, Fritz Block; CJA Berlin, 4.1, Nr. 257; sowie ebenda, Nr. 379, 261 und 179.

184 Kardorff, Berliner Aufzeichnungen (1992), S. 149. Vgl. Hinweis auf Originaltagebuch am 10. 1. 1944; ebenda, S. 150, Anm. 2.

der schon in der Rosenstraße interniert gewesen war, wurde am 7. Januar 1944 erneut abgeholt und verstarb noch am selben Tag im Sammellager Große Hamburger Straße.[185] Fritz Block, damals 68 Jahre alt, hatte mit einer Belgierin in einer »privilegierten Mischehe« gelebt. Da seine Frau 1940 gestorben war, fiel Block jetzt unter die geänderten Richtlinien. Er wurde im Januar 1944 nach Theresienstadt deportiert.[186] Bevor diese neue RSHA-Anordnung erlassen wurde, welche die Gruppe der vorerst noch vor der Deportation geschützten Menschen weiter reduzierte, hatte es im Laufe des Herbstes 1943 in Berlin meist einmal im Monat einen Transport von 50 Personen nach Theresienstadt gegeben. Nach der Verhaftungswelle deportierte die Berliner Gestapo erstmals wieder in einem Großtransport am 10. Januar 1944 über 350 Menschen in das dortige Ghetto.[187] Nach der Ankunft in Theresienstadt transportierte man diese dann zumindest von dort nicht weiter nach Auschwitz, im Gegensatz zu vielen anderen 1942 dorthin Verschleppten, was für die immer noch privilegierte Behandlung dieser Opfergruppe spricht.

In der Folgezeit wurden einzeln weitere in »privilegierter Mischehe« lebende, zuvor in der Rosenstraße internierte Jüdinnen und Juden verhaftet und nach Theresienstadt deportiert, wie Käte Bandow im März 1944. Ihr »arischer« Mann war 1939 gestorben.[188] Minna Bismark, ihre Ehe war 1920 geschieden worden, kam erst im Juni 1944 in das Berliner Gestapo-Lager Schulstraße, von dort dann nach Theresienstadt.[189] Im Laufe des Jahres 1944 sollen in Berlin immer dann, wenn die »arischen« Partner einer »Mischehe« starben, die jüdischen Partner gleich abgeholt worden sein.[190] Auf die noch intakten »Mischehen« wurde der Druck enorm verschärft. Viele der nichtjüdischen Partner presste der NS-Staat im Herbst 1944 nach einer zweiten kleineren Fabrik-Aktion, mit welcher diese als »jüdisch Versippte« zusammen mit »jüdischen Mischlingen« aus ihren bisherigen Arbeitsstätten entfernt worden waren, in den Zwangseinsatz meist außerhalb ihres Wohnortes.

185 CJA Berlin, 4.1, Nr. 56, unfol.: Schreiben vom 2. 8. 1946.
186 CJA Berlin, 4.1, Nr. 179, unfol.
187 354 nach Gedenkbuch Berlins, S. 1422; 351 bei Gruner, Judenverfolgung, S. 101. Vgl. zur Ankunft am 11. 1. 1943 mit 352 Personen; Theresienstädter Gedenkbuch, S. 85.
188 CJA Berlin, 4.1, Nr. 81, unfol.
189 CJA Berlin, 4.1, Nr. 160, unfol.
190 AS LG Berlin, 3 P (K) Ks 1/71 gegen Bovensiepen, Bd. II, Bl. 184: Vernehmung Erwin Sartorius vom 22. 3. 1965, S. 1.

Sie mussten fortan unter sehr unterschiedlichen Bedingungen, in diversen Arbeitslagern über das Deutsche Reich verstreut, Zwangsarbeit leisten.[191]

Wenige Monate vor Kriegsende begann der letzte Verfolgungsakt. Am 15. Januar 1945 bestimmte das Reichssicherheitshauptamt in Berlin: »Alle in Mischehen lebenden arbeitsfähigen Staatsangehörigen und staatenlosen Juden/Jüdinnen (auch Geltungsjuden) sind ungeachtet z. Z. bestehender Arbeitsverhältnisse möglichst bis zum 15. 2. 1945 in Sammeltransporten dem Altersghetto Theresienstadt zum geschlossenen Arbeitseinsatz zu überstellen.«[192] Die Betroffenen wurden über die Vertrauensleute der Rest-Reichsvereinigung aufgefordert, sich z. B. am 12. Februar im Stuttgarter Bezirk, am 13. Februar in Mannheim und Bielefeld, am 14. Februar in Frankfurt am Main, Bremen, Hamburg und Leipzig zum Transport zu stellen. Durch die Gestellungsbefehle gewarnt, entzogen sich viele Opfer der Deportation.[193] Victor Klemperer konnte zu seinem Glück in der berüchtigten Dresdner Bombennacht aus der Stadt flüchten.[194] Andernorts mangelte es der Gestapo an ausreichend Transportkapazitäten, um alle bereits Festgenommenen zu deportieren, z. B. in Berlin.[195]

Das Ghetto Theresienstadt erreichten dessen ungeachtet im Februar 1945 diverse kleinere und größere Transporte. Am 12. Februar wurden 55 Menschen aus Leipzig, am 14. Februar 14 Personen aus München, am 15. Februar 56 aus Dresden, am 17. Februar 144 aus Mannheim eingeliefert.[196] Am 18. Februar trafen 195 Juden aus Frankfurt am Main in Theresienstadt ein, und zwar in einem Sammeltransport mit 616 Insassen, in dem sich Menschen aus Leipzig, Halle/Saale, Koblenz, Wies-

191 Zum Zwangseinsatz der »jüdisch Versippten« im Rahmen des Zwangseinsatzes der »Mischlinge« vgl. ausführlich Gruner, Die NS-Führung und die Zwangsarbeit für sogenannte jüdische Mischlinge, S. 67–79. Der Text erweitert und bearbeitet als Kapitel 3 in ders., Jewish Forced Labor under the Nazis.

192 Sauer, Dokumente, Teil II, S. 383, Dok. Nr. 550 a): RSHA-Erlass vom 15. 1. 1945 in Verfügung Sipo Baden-Elsass vom 26. 1. 1945; vgl. Buchholz, Judenhäuser, S. 278: Vfg. der Stapostelle Hannover am 8. 2. 1945. In Frankfurt/Main hieß es zur Tarnung: »Diese Aufforderung ist nicht als eine der früher üblichen Evakuierungen zu betrachten«; Dokumente Frankfurter Juden, XIV 13, S. 531: RV-Vertrauensmann am 8. 2. 1945.

193 Gruner, Geschlossener Arbeitseinsatz, S. 328–329.

194 Klemperer, Tagebücher 1942–1945, S. 657: Eintrag vom 13. 2. 1945.

195 Z. B. in Hannover und Berlin; LBI/A New York, Ludwig Misch Coll., Meine Beschäftigung während des Krieges, S. 5.

196 Theresienstädter Gedenkbuch, S. 89.

baden, Darmstadt, Gießen, Hanau, Offenbach befanden.[197] Am selben Tag erreichten Theresienstadt 58 Menschen aus Stuttgart, am 20. Februar 10 aus Dortmund und 58 aus Münster, am 22. Februar 52 aus München und 21 aus Aussig. Am 23. Februar wurden aus München noch einmal 31 Personen eingeliefert. Größere Transporte erreichten das Ghetto am 23. Februar aus Hamburg mit 294 Menschen sowie am 25. Februar aus Hannover mit 220 Personen. Es folgten noch weitere kleinere Transporte.[198] Die aufgrund des Kriegschaos nur noch bedingt durchführbare Aktion brach das RSHA schließlich Ende März 1945 ab.[199]

Bis Ende Februar 1945 waren binnen zwei Wochen mit über einem Dutzend Transporten 1629 jüdische Deutsche aus »Mischehen« und »Mischlinge« in das Ghetto Theresienstadt deportiert worden. Das Reichssicherheitshauptamt hatte also die lange diskutierte Deportation der Juden aus »Mischehen« doch noch in Angriff genommen. Jetzt, wo sich der Krieg dem Ende zuneigte, nahm man keine Rücksicht mehr auf die »arischen Angehörigen«, die zudem zum Teil weit weg von ihren Angehörigen im Zwangseinsatz standen. Ein Gesetz zur Zwangsscheidung als Voraussetzung für die Deportation zu verabschieden, hielt die NS-Führung ganz offensichtlich jetzt nicht mehr für notwendig. Die Theresienstadt-Transporte der deutschen Juden aus »Mischehen« vom Februar und März 1945 stellten die umfangreichste Deportation im Reich seit Sommer 1943 dar, doch erfassten sie aufgrund des fortgeschrittenen Kriegsverlaufs glücklicherweise nur noch einen Teil der potenziellen Opfer in Deutschland.

Ende Februar 1945 zählte man in der Reichshauptstadt offiziell noch 4814 jüdische Deutsche, die in »Mischehen« lebten, also nur etwas mehr als die Hälfte von 1942.[200] Obwohl die Gestapo die letzte große Transportaktion gerade in Berlin nicht umfassend realisieren konnte, hatte

197 Vermerk Sondereinsatz Theresienstadt vom 18. 2. 1945 in: Eschwege, Kennzeichen J, S. 238.

198 Theresienstädter Gedenkbuch, S. 89.

199 Gruner, Geschlossener Arbeitseinsatz, S. 329.

200 Das waren 1465 männliche Juden in »einfacher Mischehe«, 1230 männliche Juden in »privilegierter Mischehe« sowie 2119 Jüdinnen in »Mischehe«; Hinzu kamen 162 sog. Volljuden, 821 sog. Geltungsjuden, 37 Geltungsjuden in »einfacher Mischehe«, 71 Geltungsjuden in »privilegierter Mischehe« und 68 Geltungsjüdinnen in Mischehe, insgesamt ca. 6000 Menschen; Faksimile Statistik v. 28. 2. 1945 in: Hartung von Doetinchem, Zerstörte Fortschritte, S. 195. Am 31. März 1945 wurden 5990 Jüdinnen und Juden (in »Mischehe« lebende Juden sowie so genannte »Geltungsjuden«) offiziell in der Reichshauptstadt registriert; vgl. Gedenkbuch Berlins, S. 408.

sie bis dahin schon viele einzelne Juden aus nicht mehr bestehenden »Mischehen« deportiert. Außerdem hatten sich wohl weitere Menschen von ihnen vor der immer stärker werdenden Verfolgung in die Illegalität geflüchtet. Nach der Befreiung 1945 schätzte die Jüdische Gemeinde, dass von einstmals 160 000 jüdischen Einwohnern nur noch 8000 in Berlin lebten; davon über 4000 »Mischehe«-Partner, 1900 jüdische Überlebende, die aus Lagern und Ghettos (besonders Theresienstadt) zurückgekehrt waren, und 1400 Menschen, die in der Stadt versteckt überlebt hatten.[201]

201 Weltlinger, Siegmund: »Hast du es schon vergessen?« Erlebnisbericht über die Verfolgung, Frankfurt/M. 1954, S. 7.

Zusammenfassung

Am 27. Februar 1943 verhaftete die Gestapo über zehntausend jüdische Deutsche, Männer und Frauen, Alte und Kinder. Diese Großaktion stellte neben den Ausweisungen polnischer Staatsangehöriger Ende Oktober 1938 und den Massenverhaftungen während des Pogroms im November 1938 die drittgrößte antijüdische Razzia im Reichsgebiet überhaupt dar. Wegen ihres Umfanges sowie wegen der von der Gestapo und SS ausgeübten Brutalität blieb sie bis heute in das Gedächtnis vieler Überlebender förmlich eingebrannt als der »Tag des großen Infernos«. In Berlin wurden dabei auch zweitausend Menschen in einem gesonderten Sammellager bis zu zwei Wochen festgehalten, die nach der NS-Rassegesetzgebung in so genannter Mischehe lebten. Vor ihrer Internierungsstätte in der Rosenstraße versammelten sich bald viele nichtjüdische Angehörige, die einen Abtransport ihrer Ehepartner, Eltern oder Geschwister befürchteten. Ihr Protest gilt heute als das Beispiel für erfolgreichen Widerstand gegen die antijüdische Politik des NS-Staates. Die Analyse der Geschehnisse vor, während und nach der Fabrik-Aktion machte jedoch andere Gründe für die Ereignisse sichtbar. Nicht die Deportation der Insassen der Rosenstraße stellte das Ziel der vom Reichssicherheitshauptamt beaufsichtigten Internierung in der Rosenstraße dar, sondern die Überprüfung ihres »Rassestatus« sowie die Rekrutierung von Ersatzpersonal für jüdische Einrichtungen Berlins, damit deren nicht in einer »Mischehe« lebende Mitarbeiter deportiert werden konnten.

Die Vorbereitungen für diese Großaktion begannen im Spätherbst 1942. Nach einer Verschiebung fiel die Entscheidung in der NS-Führung über den konkreten Termin Mitte Februar 1943. Am 20. Februar informierte das Reichssicherheitshauptamt die Gestapostellen in Regionen, in denen noch eine größere Anzahl von jüdischen Deutschen lebte, über neue Richtlinien zum Kreis der nach Auschwitz bzw. Theresienstadt zu Deportierenden. In die Transporte sollten nun ausnahmslos alle Juden einbezogen werden, die nicht in einer »Mischehe« lebten.

Wenige Tage später erhielten die Gestapostellen genaue Anweisungen aus Berlin, wie diese »Großaktion« durchzuführen war, die diese an die Polizeibehörden in ihrem Bezirk weiterleiteten. Auch die Arbeitsämter wurden informiert. Die Großrazzia beschränkte sich entgegen einer verbreiteten Annahme also nicht auf Berlin.[1] Im ganzen »Altreich« wurden dann am 27. Februar 1943 Jüdinnen und Juden festgenommen und dann in zweckentfremdeten Synagogen, Kasernen, Gasthäusern, Schlachthöfen oder Zwangsarbeitslagern gesammelt. Deportationen in das Vernichtungslager Auschwitz erfolgten Ende Februar/Anfang März 1943 aus west- und ostdeutschen Städten. Allein in der ersten Märzwoche deportierte die Gestapo knapp 11000 Menschen nach Auschwitz, davon ein Drittel aus dem Reich und zwei Drittel aus Berlin.

Dauerte die Aktion in den meisten Orten im Reich nur ein bis zwei Tage, wurde in Berlin, wo noch weit über 10000 Zwangsarbeiter und deren Angehörige lebten, eine Woche benötigt. Die Staatspolizeileitstelle Berlin, die die Großrazzia hier organisierte, hatte am Abend des 26. Februar 1943 die vom Abtransport ihre Zwangsarbeiter betroffenen Firmen, am Morgen des 27. Februar, des Tages der Razzia, die Reviere der Berliner Schutzpolizei informiert. Aufgrund der enormen Zahl für den Abtransport vorgesehener Juden führte die Gestapo in der Reichshauptstadt die Razzia mit Hilfe der Waffen-SS durch. Die Gestapo war für die Auswahl der Abzuholenden verantwortlich, die SS für das Absichern der Verhaftungen und des Transports. Seit dem Arbeitsbeginn am frühen Morgen des Sonnabends erschienen Gestapobeamte in weit mehr als einhundert Berliner Firmen und riegelten überfallartig die jeweiligen Werksgelände ab. Man lud die jüdischen Zwangsarbeiter auf Lastwagen und fuhr die oft nur mit ihren dünnen Arbeitskitteln Bekleideten in der schneidenden Februarkälte ab. Wegen des im Februar 1943 erstmalig von der Gestapo gewählten Vorgehens, die Opfer an ihren Zwangsarbeitsplätzen festzunehmen, wurde noch während des Krieges bzw. kurz danach von Überlebenden für diese Großrazzia der Begriff »Fabrik-Aktion« geprägt, den wir bis heute benutzen. Viele Opfer wur-

1 Die Beschränkung auf Berlin bei Avraham Barkai, Vom Boykott zur »Entjudung«. Der wirtschaftliche Existenzkampf der Juden im Dritten Reich 1933–1943, Frankfurt/Main 1988, S. 181; Das Dritte Reich im Überblick, S. 275; Helmut Krausnick, Judenverfolgung, in: Anatomie des SS-Staates, 4. Aufl., München 1984, Bd. 2, S. 359; Ulrich Herbert, Arbeit und Vernichtung. Ökonomisches Interesse und Primat der »Weltanschauung« im Nationalsozialismus, in: ders. (Hrsg.), Europa und der »Reichseinsatz«. Ausländische Zivilarbeiter, Kriegsgefangene und KZ-Häftlinge in Deutschland 1938–1945, Essen 1991, S. 384–426, hier S. 407.

den an diesem Tag von Gestapo und Schutzpolizei aber auch in ihren Wohnungen, auf der Straße und auf Behörden festgenommen.

Um ungefähr 8000 bis 9000 Personen bis zu ihrer Deportation unterzubringen, nutzte die Berliner Gestapo zwei Kasernengebäude, ein ehemaliges Vergnügungslokal sowie mehrere Häuser der Jüdischen Gemeinde. Diese Sammelstellen waren bald überfüllt. Es herrschten dort extrem schlechte sanitäre Verhältnisse. Angestellte und Mitarbeiter der Jüdischen Gemeinde wurden von der Gestapo gezwungen, Hilfsdienste zu leisten, und versuchten, die schlimmsten Härten zu mildern. Noch Tage nach der Großrazzia jagten Gestapo und Schutzpolizei bisher nicht Erfasste bzw. vor der Aktion Geflüchtete. Aus Furcht vor der Verschleppung begingen viele Menschen Selbstmord. Entgegen den Anordnungen des RSHA prügelten SS-Männer auf die jüdischen Opfer bei der Abholung in den Firmen, bei der Einlieferung in die Sammelstätten und beim Verladen zur Deportation ein.

Die Großrazzia vom Februar 1943 bildete den Auftakt zur letzten umfassenden Deportationswelle in Deutschland. Massentransporte hatte es seit mehreren Jahren gegeben. Schon im Herbst 1939, bald nach der Besetzung Polens, hatte Hitler entschieden, die jüdische Bevölkerung aus Deutschland zu entfernen und in das okkupierte Gebiet »umzusiedeln«. Die Organisation der Deportationen steuerte das Reichssicherheitshauptamt zentral in Berlin. Erste Teil-Aktionen hatten in Pommern im Februar/März 1940 und in Baden/Saarpfalz im Oktober 1940 stattgefunden. Bei den seit Herbst 1941 dann in mehreren Regionen durchgeführten Massentransporten waren Zwangsarbeiter in kriegswichtigen Betrieben zunächst aus ökonomischen Gründen ausgeklammert worden. Hitler drängte 1942 jedoch mehrere Male selbst darauf, diese jüdischen Deutschen aus der Rüstung zu entfernen. Vorbereitet seit Ende 1942, zielte die Großrazzia Ende Februar 1943 deshalb zuallererst auf die noch weit über zehntausend jüdischen Zwangsarbeiterinnen und Zwangsarbeiter in der kriegswichtigen Industrie, aber eben nicht nur.[2] Mit der Razzia verschleppte die Gestapo auch viele Angestellte jüdischer Institutionen und Einrichtungen sowie deren Angehörige entweder nach Auschwitz oder nach Theresienstadt. Hatte die Gestapo wegen des Umfangs der geplanten Transporte in Berlin vor der

2 Vgl. erstere Auffassung in Enzyklopädie des Holocaust. Die Verfolgung und Ermordung der europäischen Juden, hrsg. von Israel Gutman, dt. Ausgabe hrsg. von Eberhard Jäckel u.a., München 1995, Bd. I, S. 342; Herbert, Arbeit und Vernichtung, S. 407.

Razzia noch Angestellte der Jüdischen Gemeinde bzw. Mitarbeiter der »Reichsvereinigung der Juden in Deutschland« und ihre Angehörigen als »geschützt« eingestuft, weil sie deren Hilfe benötigte, hob sie diesen Schutz nach wenigen Tagen auf, als die meisten Auschwitz-Transporte Berlin verlassen hatten.

Wie bereits seit dem Beginn der Deportationen aus dem »Großdeutschen Reich« blieb auch von den Massentransporten Ende Februar/Anfang März 1943 eine Gruppe ausgeklammert: die in »Mischehen« lebenden Juden. Zwar hatten Heydrich und das RSHA 1942 auf eine radikale Einbeziehung der Juden in »Mischehen« in die antijüdischen Maßnahmen gedrängt, doch herrschte in der NS-Führung Konsens, dass hierfür eine Zwangsscheidung per Gesetz notwendig sei. Nach monatelanger Diskussion vertagten Ende 1942 die beteiligten Ministerien die Fertigstellung des Gesetzes. Damit fehlte die von der NS-Führung als entscheidend angesehene Voraussetzung für eine Deportation der »Mischehe-Partner«.

Im Gegensatz zur bisher in der Öffentlichkeit und in der Wissenschaft verbreiteten Auffassung, dass geplant war, im Zuge der Fabrik-Aktion diese Gruppe nach Auschwitz zu deportieren[3], zeigen alle heute verfügbaren Dokumente, dass das Reichssicherheitshauptamt diejenigen jüdischen Deutschen, die in »Mischehen« lebten, zu diesem Zeitpunkt nicht abtransportieren wollte. In den Richtlinien des RSHA vom 20. Februar 1943 für die Deportation der Juden blieben daher »Mischehen« explizit ausgenommen, und zwar sowohl von den Transporten nach Auschwitz als auch von den Transporten nach Theresienstadt. Nach den neuen Richtlinien konnte jetzt lediglich eine einzige kleine Gruppe, für die man keine Scheidung benötigte, nämlich Juden aus aufgelösten »nichtprivilegierten Mischehen«, erstmals deportiert werden. Diese Richtlinien blieben nachweisbar zumindest bis zum 5. März 1943 unverändert, erst dann wurden sie erweitert – doch nicht auf Juden in »Mischehen«, sondern auf ausländische Juden.

Wenige Tage nach der Übermittlung der Richtlinien verschickten Gestapostellen konkrete Anweisungen des RSHA zur Durchführung der Großrazzia, in denen man deshalb von »Teilevakuierung« sprach. Das Betreff des entsprechenden Erlasses der Gestapo Frankfurt/Oder

3 Vgl. die These vom geplanten Abtransport bei Stoltzfus, Protest, S. 227. Vgl. ders., Aufstand, S. 13; ders., »Third Reich History«, S. 676. Vgl. dieselbe These auch bei Simon, Die Zeit des Nationalsozialismus, S. 210.

vom 24. Februar 1943 hieß: »Evakuierung bezw. Entfernung von Juden aus Betrieben«. Mit der Aktion sollten alle jüdischen Deutschen von ihren Zwangsarbeitsplätzen in der Industrie entfernt werden. Während die einen aber deportiert werden sollten, sollten die anderen, die »Mischehepartner«, aus den Betrieben entfernt, jedoch nach Hause entlassen werden. Im Falle einer Deportation der »Mischehen« hätte ein einfacher Titel wie »Evakuierung der Juden« genügt. Ihre Entfernung aus der Industrie diente der Reorganisation ihres Zwangseinsatzes.

Die grundlegenden Entscheidungen über Massentransporte fällte Hitler meist selbst, wohl in Absprache mit Himmler. Um die Deportation von Zehntausenden jüdischen Deutschen ohne Schaden für die Kriegswirtschaft durchzuführen, musste sie zentral geplant und organisiert werden. Das RSHA in Berlin legte Umfang, Termin, Opferkreis, Ort und Zielgebiet jedes einzelnen Deportationszuges im Reichsgebiet fest.[4] Die lokale Gestapo führte diese Anordnungen aus. Sie konnte lediglich bei der Auswahl über die Rückstellung einzelner Personen selbst bestimmen, außerdem die Unterbringung und den Transport vor der Deportation beeinflussen, nicht aber die generellen Anordnungen aus Berlin ignorieren, unterlaufen oder verändern. Als es einzelne solche Vorkommnisse im Herbst 1941 gab, führte das prompt zu Reaktionen aus Berlin. Die Internierung ungefähr eines Viertels der Berliner Juden aus »Mischehen« in der Rosenstraße während der Fabrik-Aktion zum Zweck einer Deportation hätte deshalb allein vom RSHA veranlasst oder im Einvernehmen mit diesem von der Berliner Staatspolizeileitstelle organisiert worden sein können. Doch eine solch radikale und abrupte Änderung in der zentralen Politik gegenüber den »Mischehen« lässt sich nicht belegen. Die Richtlinien und Anweisungen des RSHA vom Februar widersprechen dem ebenso wie zwei interne Schreiben Kaltenbrunners von Anfang März 1943. Überall im Reich wurden deshalb folgerichtig während der Fabrik-Aktion die jüdischen Partner aus »Mischehen« entlassen. Und nicht nur in Deutschland, sondern auch in Frankreich, den Niederlanden und Belgien blieben 1943 »Mischehen« von den Deportationen ausgenommen.

4 Nathan Stoltzfus behauptet dagegen, die RSHA-Deportationsdirektiven »wurden von mittleren und höheren Beamten in der Dienststelle Eichmanns verfaßt und dann von ihren Vorgesetzten zum Zwecke der Täuschung manipuliert und verletzt«; Stoltzfus, »Third Reich History«, S. 678.

Wenn also alle Dokumente gegen einen generellen reichsweiten Abtransport dieser Gruppe sprechen, bliebe als einzige vorstellbare Möglichkeit eine Berliner Sonderaktion. Handelte es sich also um eine lokale Initiative, um die allgemeine Deportation der Partner aus »Mischehen« einzuleiten? Für eine solche Interpretation der Ereignisse spricht kein einziges der überlieferten zeitgenössischen Dokumente, sondern das stützen allein lange nach den Ereignissen gemachte Aussagen von Zeitzeugen. Gegen diese Version stehen auch die historischen Fakten: Da die jüdischen »Mischehepartner« nicht zur Deportation vorgesehen waren, wurden sie in sämtlichen Sammellagern der Großrazzia noch am 27. bzw. 28. Februar aussortiert und dann aufwendig mit Lastwagen in ein Verwaltungsgebäude der Jüdischen Gemeinde in der Rosenstraße in Berlin-Mitte gebracht. Es wurden keineswegs alle 8800 Berliner Juden aus »Mischehen« in der Rosenstraße konzentriert, sondern mit ungefähr 2000 »nur« ein Viertel dieser Zahl, und zwar sowohl aus »nichtprivilegierten« als auch aus »privilegierten Mischehen«. Die Gestapo hielt sie gerade in der Mitte Berlins fest und nicht an einem abgelegenen Ortsteil, obwohl man doch stets die Unruhe in der »arischen« Verwandtschaft fürchtete. Diese Überlegung teilt auch ein Zeitzeuge: »Über den Protest in der Rosenstraße ist ja viel spekuliert worden. [...] Ich muß da ein großes Fragezeichen dahinter setzen. Also ich kann mir vorstellen, wenn man uns damals nicht in die Große Hamburger Straße und nachher in die Rosenstraße, sondern uns in Lager außerhalb von Berlin untergebracht hätte, dann ... «[5]

Das separate Lager in der Rosenstraße hatte die Gestapo bereits zu Beginn der Operation eigens für in »Mischehen« lebende jüdische Zwangsarbeiter eingerichtet. Wozu hielt sie dort 2000 Menschen tagelang fest? Einmal, um zu überprüfen, ob die in den Sammellagern von den Festgenommenen vorgebrachten Angaben über den vor der Deportation schützenden »Mischehestatus« wirklich stimmten, zum anderen, um aus dem Kreise der »Mischehen« neue Mitarbeiter für die jüdischen Einrichtungen zu rekrutieren. Beides erklärt, warum die Internierung gerade hier und nicht in einer abgelegenen, besser zu bewachenden Kaserne stattfand. In der Rosenstraße 2–4, einem Verwaltungsgebäude der Jüdischen Gemeinde, verfügte man über Mitglieder-

5 Interview mit Herrn und Frau B. auf http://www.rosenstrasse-protest.de/interviews/interview_b_b.html.

unterlagen und die künftigen Arbeitsplätze lagen in Gehweite. Nach den aktuellen RSHA-Richtlinien überprüften die Gestapobeamten in der Rosenstraße »mit merkwürdiger Korrektheit«, wie Zeitzeugen bestätigen, beigebrachte Papiere auf den »Rassestatus« und holte sich bei den Meldestellen der Polizei Auskunft, wer mit »arischen Angehörigen« zusammenlebte, um zu entscheiden, wer von der Deportation ausgenommen bleiben musste. In den anderen, völlig überfüllten Sammellagern hatten hierfür die Zeit und das Personal gefehlt.

Dass von Beginn an geplant war, die Mehrzahl der Überprüften aus der Rosenstraße zu entlassen, darauf verweisen nicht nur erste Freilassungen seit dem 1. März 1943, sondern auch die dabei ausgegebenen, von der Gestapo eigens vorbereiteten und vordatierten Entlassungsformulare. Insgesamt zog sich der Prozess der Entlassung allerdings mindestens bis zum 12. März 1943 hin. In Einzelfällen resultierte das aus dem Fehlen von Papieren, meist aber hing die lange Aufenthaltsdauer mit dem zweiten Ziel der Internierung zusammen: Das Reichssicherheitshauptamt beabsichtigte, den temporären Schutz vor dem Abtransport, den alle Berliner Mitarbeiter der Reichsvereinigung und der Jüdischen Gemeinde während der Fabrik-Aktion genossen, rasch aufzuheben und sie in ihrer Mehrheit zu deportieren. Das RSHA verfolgte hierfür den perfiden Plan, die zur Deportation vorgesehenen Mitarbeiter jüdischer Einrichtungen durch Menschen aus der Rosenstraße zu ersetzen.

Vor der Fabrik-Aktion beschäftigten in Berlin jüdische Einrichtungen noch ca. 1000 Angestellte und Arbeiter. Die meisten von ihnen sollten nun nach den neuen RSHA-Richtlinien deportiert werden. Damit aber die jüdischen Einrichtungen notwendige Funktionen, wie Wohlfahrt, Krankenpflege und Verwaltung – wenn auch in reduziertem Umfang –, weiter ausüben konnten, benötigte man rasch sowohl Hilfskräfte als auch qualifiziertes Ersatzpersonal. Wegen der Großrazzia waren die Karteien der Jüdischen Gemeinde überholt, auch das Arbeitsamt verfügte nicht über Qualifikationsnachweise. Um geeignete Kandidaten zu finden, schien die kurzfristigste Lösung für das RSHA, die aus den Betrieben entfernten Zwangsarbeiter aus »Mischehen« festzuhalten. Wie hier anhand von Dokumenten der Reichsvereinigung und Zeitzeugenaussagen gezeigt werden konnte, suchte die Gestapo deshalb im Lager Rosenstraße nach körperlich geeigneten Insassen für Hilfs- und Transportaufgaben sowie nach Insassen mit Spezialkenntnissen für die Steuer-, Grundstücks- und Archivabteilungen der Jüdischen Gemeinde sowie für das Jüdische Krankenhaus. Zuerst wurden offenbar die meisten nicht für diese Zwecke Benötigten mit der Auflage entlassen, sich beim Arbeitsamt zur Zwangsarbeit zu melden. Bis zum 6. März wählte die Gestapo dann im Sammellager Rosenstraße viele Ersatzkräfte aus.

Am 9. März 1943 erstattete Kurt Levy von der Reichsvereinigung dem Reichssicherheitshauptamt und nicht der Berliner Gestapo, über die »Durchführung der Abwanderung von Mitarbeitern der RV und der Auswahl der Ersatzkräfte für die RV« Bericht. Insgesamt habe die Gestapo 320 ausgewählte Personen am 9. März von der Rosenstraße zur Jüdischen Gemeinde in der Oranienburger Straße geschickt, wo weitere Prüfungen stattfänden. In der Folge wurden dann über 200 jüdische »Mischehepartner« sowie einige »Geltungsjuden« aus der Rosenstraße, und zwar aufgrund der geforderten Qualifikationen und Verwaltungsaufgaben meist Männer, in den jüdischen Einrichtungen neu angestellt. Sie ersetzten ca. 450 zur Deportation vorgesehene Mitarbeiter der Reichsvereinigung, der Jüdischen Gemeinde und ihres Krankenhauses, die ab dem 9. März entlassen und verhaftet wurden. Die Gestapo deportierte sie und ihre jüdischen Angehörigen am 12. März nach Auschwitz bzw. am 17. März nach Theresienstadt.

Ein solcher Personal-Austausch mit anschließender Deportation der früheren Mitarbeiter fand auch in anderen Städten in freilich kleinerem Umfang statt. Wie in Hamburg handelte es sich dabei immer nur um wenige zu besetzende Stellen, weshalb man für den Austausch nicht eigens Festnahmen organisierte. In Berlin aber lebte einerseits fast die Hälfte aller »Mischehen«, andererseits residierten hier die größten jüdischen Einrichtungen, die auch nach der Fabrik-Aktion Tausende nicht zu deportierende Juden betreuen und versorgen mussten. Dieser Umstand begründete den außerordentlichen Aufwand in der Rosenstraße, der auf eine direkte Anweisung aus dem RSHA zurückging und unter dessen Kontrolle geschah.

Entgegen den bisherigen Annahmen hat Ende Februar 1943 also kein Plan existiert, die Insassen der Rosenstraße zu deportieren. Die Deportation der Juden aus »Mischehen« sollte weder in Berlin ihren Anfang nehmen, noch war Goebbels für deren Internierung in der Rosenstraße verantwortlich, wie behauptet worden ist.[6] Ein solcher Plan war von der NS-Führung wegen der befürchteten Unruhe in der Bevölkerung und

6 Vgl. diese Thesen bei Stoltzfus, Aufstand, S. 350.

der fehlenden Voraussetzung der gesetzlichen Zwangsscheidung schon lange vorher vertagt worden. Die Opfer konnten aber von den wirklichen Plänen der Verfolger nichts wissen. Alle Umstände, die Großrazzia, die harsche Behandlung der Gefangenen und die katastrophale Unterbringung ließen damals die Zeitgenossen anderes vermuten. Denn auch im Lager Rosenstraße wurden die jüdischen »Mischehepartner« und die »Geltungsjuden« von der dort herrschenden Gestapo brutal behandelt. Sie mussten tagelang in völlig überfüllten Räumen zubringen, konnten oft kaum einen Platz zum Schlafen finden. Hinzu kam die Angst vor dem ungewissen Schicksal. Zwar hatte die Gestapo bereits bei der Selektion in den Sammelstätten einigen späteren Rosenstraße-Insassen versichert, dass sie wieder freigelassen würden. Doch konnte man dem Glauben schenken?

Die gleiche Unsicherheit und Angst herrschte bei den Familien, die bald von der Internierung der Angehörigen erfahren hatten. Sie kamen in die Rosenstraße, um persönlich Kontakt herzustellen und Informationen über das künftige Schicksal der Internierten zu erlangen. Doch das Gebäude war von Schutzpolizei abgeriegelt, sodass sich bald viele Menschen in der kleinen Straße versammelten und die weitere Entwicklung abwarteten. Die meisten kamen auch an den folgenden Tagen wieder. Einige brachten Kleidung und Lebensmittel, andere warteten auf neue Nachrichten. Jeden Tag versammelte sich eine auffällige Menschenmenge. Die Zahlenangaben der Überlebenden hierzu schwanken erheblich. Nach Betrachtung aller Umstände erscheinen diejenigen, die von 150 bis 200 ausgehen, sehr viel realistischer als jene, die von bis zu 6000 Menschen berichten.

Ein Vergleich der Zeitzeugenberichte relativiert auch unsere bisherige Vorstellung von einer lautstarken und machtvollen Demonstration der Angehörigen vor dem Lager Rosenstraße. Einige erst Jahrzehnte nach den Ereignissen getroffene Aussagen von Zeitzeugen haben dieses Bild geprägt, manche von ihnen waren im Krieg noch Kinder. Es haben sich weit weniger Menschen als oft behauptet, am »stummen Protest« in der Rosenstraße – wie ihn Inge Unikower wohl treffend charakterisierte – beteiligt. Es gab Rufe nach der Freilassung der Insassen, doch in der Form wahrscheinlich weniger provokativ als bisher angenommen. In jedem Fall zeigten die tagelang vor dem Gebäude Ausharrenden großen Mut, denn sie wurden mehrmals von der Polizei vertrieben und kamen immer wieder.

Da keine Deportation der Insassen geplant war, konnte ein Protest diese nicht stoppen.[7] Auch eine erst jüngst stärker ins Blickfeld gerückte Intervention der katholischen Kirche von Anfang März konnte diesen Effekt also nicht bewirken.[8] Bisher hieß es stets, wegen des Protestes habe die NS-Führung den Plan, die Juden aus »Mischehen« nach Auschwitz zu deportieren, am 6. März 1943 aufgegeben. Goebbels habe persönlich an diesem Tag interveniert.[9] Er habe sich damit gegen die radikale RSHA-Politik gewandt.[10] Der vage Tagebucheintrag des Propagandaministers, der als einziger Beleg für die Verschonung der Menschen aus der Rosenstraße herhalten muss, bezieht sich jedoch auf den 5. März. Die Entlassungen in der Rosenstraße hatten aber schon Tage zuvor begonnen und zogen sich noch tagelang hin. Und noch am 6. März verließ ein Transport der Fabrik-Aktion die Reichshauptstadt Richtung Auschwitz, mitsamt 25 Insassen aus der Rosenstraße. Weder gab es eine Entlassung aller Insassen an diesem 6. März 1943, noch verfügte Goebbels trotz seiner Stellung im NS-Herrschaftsgefüge über die alleinige Autorität, Deportationsvorhaben zu blockieren. Zudem zeigte sich Goebbels nur Tage später in seinem Tagebuch ganz überrascht, wie viele »Mischehen« noch in Berlin lebten, das wäre kaum der Fall gewesen, wenn er sich in den Tagen der Fabrik-Aktion intensiver mit dieser Frage beschäftigt gehabt hätte.

Der Protest bzw. die »Mischehefrage« führte im Frühjahr 1943 weder zu paralysierenden Kämpfen zwischen den Machtzentren des Reiches, noch zu großen Kontroversen innerhalb der NS-Führung.[11] Man war sich seit 1942 darüber einig, dass langfristig auch die Juden in »Mischehen« in die Deportation einbezogen werden würden. Wegen der befürchteten Unruhe bei der »arischen« Verwandtschaft herrschte allerdings auf Ministerialebene Konsens, dass eine Zwangsscheidung der »Mischehen« per Gesetz die Voraussetzung für einen Abtransport bilden müsse. Hitler, Frick und Goebbels blieben bei dieser Bedingung

7 Die Meinung vom Deportationsstopp bei Stolzfus, Aufstand, S. 32, 267, 318; Jochheim, Frauenprotest 1993, S. 133; Grunewald-Rampe, S. 148.

8 Vgl. auch Büttner, Die anderen Christen, S. 134–135; Leichsenring, Katholiken in der Rosenstraße, S. 46.

9 Jochheim, Frauenprotest, S. 133.

10 Stoltzfus, Protest, S. 227–228. Wieder an anderer Stelle spricht Stoltzfus von einem Konflikt zwischen NS-Führung und Bürokraten bzw. Gestapobeamten; ders., Protest, S. 239.

11 Vgl. diese Meinungen bei Stoltzfus, »Third Reich History«, S. 677; sowie ders., Aufstand, S. 363.

auch im Frühjahr 1943, wie das Wiederaufflammen der Diskussion über das Zwangsscheidungsgesetz Mitte März beweist. Generell gilt für das NS-Regime zumindest in Deutschland, dass eher das sorgfältige und pragmatische Abwägen vor den Entscheidungen in der antijüdischen Politik dominierte als ein brachiales Vorgehen mit dem Risiko, getroffene Entscheidungen zurücknehmen zu müssen, so auch im Falle der »Mischehen«.

Die Frage, warum der tagelange Protest in der Rosenstraße von den Machthabern geduldet und nicht mit Gewalt aufgelöst wurde, ist kaum allein mit ihrer Furcht vor Unruhe bei den »arischen« Angehörigen zu erklären. Womöglich irritierte der tagelange Auflauf die NS-Führung, wenn man Goebbels' Tagebuch so interpretieren will, doch verhinderte der Protest weder spätere Deportationen der jüdischen »Mischehepartner«[12] noch eine radikale Verschärfung der Politik gegenüber dieser Gruppe seit dem Frühjahr 1943. Denn nach dem Abtransport der meisten nicht mehr durch Ausnahmekategorien »geschützten« Juden konzentrierte sich die NS-Führung rasch auf die zurückbleibenden »Mischehen«. Es gab jedoch keine Milderung der Politik, wie man aufgrund eines erfolgreichen Protestes annehmen müsste, sondern eine Verschärfung.

Noch im März 1943 nahm die NS-Führung die seit Ende 1942 ruhende Diskussion eines Gesetzes zur Zwangsscheidung auf höchster Ebene wieder auf. Zwangsarbeit und Ghettoisierung prägten nun den Alltag der meisten »Mischehen« im ganzen Land. Diese Gruppe durfte von den Arbeitsämtern nur noch mit schwersten manuellen Handarbeiten zwangsbeschäftigt werden, auf Weisung des RSHA jedoch nicht mehr in der Industrie, um Interventionen von Betrieben oder Arbeitsämtern bei künftigen Deportationen auszuschließen. In einigen Städten griff die lokale Gestapo zu einer verschärften Kriminalisierung der Gruppe der jüdischen Partner aus »Mischehen«. Dutzende Menschen wurden unter kleinsten Vorwänden bzw. nach Denunziationen verhaftet und in Gefängnisse, Arbeitserziehungslager und auch Konzentrationslager eingewiesen. Als eine solche Praxis vor Ort über Einzelfälle hinausging, wie in Hessen, wurde sie vom RSHA in Berlin im Mai 1943 gestoppt. Bis dahin hatte Berlin ein solches Vorgehen toleriert, denn in den Anweisungen zur Fabrik-Aktion stand auch, dass »freches

12 Vgl. diese These bei Stoltzfus, »Third Reich History«, S. 681.

Benehmen« bei der Entlassung aus den Betrieben mit Schutzhaft geahndet werden konnte.

Schutzhaft bedeutete in der Regel die Einweisung in ein Konzentrationslager. Die vom RSHA zu genehmigende Einlieferung Einzelner in ein Konzentrationslager war im NS-Staat aber formal und faktisch etwas grundsätzlich anderes als die Deportation in das Vernichtungslager Auschwitz-Birkenau. Am 6. März 1943 waren mit dem fünften Berliner Transport auch 25 Männer aus der Rosenstraße nach Auschwitz gebracht worden. Dieser Fall wird oft als Beweis für die Existenz eines Deportationsplanes gewertet. Die 25 Männer hatte die Gestapo allerdings im Unterschied zu den anderen über 600 Transportopfern als Schutzhäftlinge klassifiziert. Sie unterlagen deshalb in Auschwitz nicht dem Selektionsprozess zwischen Vernichtung und Arbeit, sondern wurden gleich in das Konzentrationslager als Häftlinge eingewiesen und kehrten nach zwei Wochen Zwangsarbeit nach Berlin zurück, von wo sie in ein Arbeitserziehungslager eingeliefert wurden. Der Fall der 25 Schutzhäftlinge aus der Rosenstraße zieht als Beleg für eine Deportationsabsicht auch noch aus einem anderen Grund nicht, denn Auschwitz ist als Deportationsziel für die Gruppe der »Mischehen« in höchstem Maße unwahrscheinlich. Wenn überhaupt, kam für sie eigentlich nur Theresienstadt, das Ghetto für alle »privilegierten« Gruppen, in Frage. Doch auch für dieses Ziel blieb eine gesetzliche Zwangsscheidung der »Mischehen« Voraussetzung, die trotz Bemühungen des Reichsinnenministers Frick bis Ende 1943 von Hitler nicht befürwortet wurde. Deshalb deportierte die Gestapo Anfang 1944 nach einem Befehl Himmlers zunächst alle jüdischen Partner aus bereits aufgelösten »Mischehen«. Das Ziel dieser Transporte hieß nicht Auschwitz, sondern Theresienstadt. Erst gegen Ende des Krieges gab die NS-Führung das Zwangsscheidungsparadigma auf. Im Februar und März 1945 deportierte die Gestapo 1600 jüdische »Mischehepartner« aus ganz Deutschland in das Ghetto Theresienstadt.

Weder damalige Dokumente noch die weitere historische Entwicklung stützen also die Annahme, dass Proteste wie in der Rosenstraße die Deportationsplanungen der NS-Führung verändert oder deren Realisierung behindert hätten.[13] Die Geschichte vom Erfolg des Protes-

13 Vgl. grundlegend die Kritik an Stoltzfus schon bei Dipper, Schwierigkeiten mit der Resistenz, S. 409–416.

tes der nichtjüdischen Angehörigen und der Rettung der Juden in der Rosenstraße vor dem Abtransport nach Auschwitz ist gleichwohl inzwischen ins kollektive Gedächtnis der Deutschen eingeschrieben. Die bereits kurz nach dem Krieg entstandene Legende fußte auf Berichten von Überlebenden und ihren subjektiven Eindrücken. In den 1960er Jahren war sie bereits so wirkungsmächtig, dass sie die Geschichtsschreibung zu bestimmen begann und die individuelle Erinnerung mancher Zeitzeugen beeinflusste. Paradoxerweise verschwand das einzigartige Beispiel für eine mutige individuelle Opposition zur gleichen Zeit aus der deutschen Diskussion um den Widerstand gegen die NS-Diktatur. Das Interesse an der Geschichte des Protestes in der Rosenstraße belebte sich erst wieder Ende der 1980er Jahre in beiden deutschen Staaten und erfuhr eine Konjunktur nach deren Wiedervereinigung. Letzteres hatte politisch sicher viel mit dem öffentlichen Bedürfnis nach Neubestimmung und Legitimierung Deutschlands zu tun, wissenschaftsgeschichtlich aber auch mit der nun erstarkenden Frauen- und Friedensforschung sowie den sich ausdifferenzierenden Widerstands- und Holocauststudien. Gerade für Widerstand und Verfolgung im »Dritten Reich« bilden die Ereignisse in der Rosenstraße eine der wenigen symbolträchtigen Schnittstellen.

Befördert durch Margarethe von Trottas Spielfilm »Rosenstraße« entwickelte sich in den deutschen Medien seit dem Jahr 2002 ein öffentlicher Disput um Erinnerung, Gedächtnis und Geschichte. Der Protest in der Rosenstraße wurde dabei meist aus der Perspektive der Überlebenden betrachtet, ähnlich wie in der bisherigen Forschung. Doch stärken Zeitzeugen – wie wir gesehen haben – keineswegs immer die traditionelle Interpretation der Ereignisse. Es wurde in den Medien des Öfteren die Meinung vertreten, eine Darstellung, die den Erfolg des Protestes bezweifelt, stelle den Mut der Protestierenden in Frage.[14] Das ist aus zwei Gründen falsch: 1. Die Courage der einzelnen Beteiligten wird überhaupt nicht bestritten. 2. Die Frage nach dem Erfolg oder Misserfolg der beteiligten Menschen ist völlig irrelevant für die Bewertung der Ereignisse und ihre Charakterisierung als Widerstand.[15]

14 Margarethe von Trottas Film »Rosenstraße«: Widerstand verhöhnt und entwertet? Interview mit Gisela Mießner: Jeannette Winkelhage, Junge Welt online, 26. 9. 2003; ZDF Sendung Aspekte 14. 3. 2003 (www.zdfde/ZDFde/inhalt/21/aspekte); »Vor acht Jahren wäre der Film anders geworden«. Regisseurin Margarethe von Trotta im Gespräch. Die Welt vom 24. 9. 2003, online.

15 Vgl. zur Fragwürdigkeit von Erfolg als Kriterium: Steinbach, Widerstand, S. 51.

Auch die Protestaktion selbst wird durch eine Relativierung des Erfolges überhaupt nicht entwertet, wie beklagt worden ist.[16] Im Gegenteil, die vor dem Gebäude in der Rosenstraße Versammelten ahnten von den wirklichen Plänen der Gestapo nichts. Angesichts der mit großer Brutalität durchgeführten Großrazzia mussten sie eine Deportation ihrer Angehörigen befürchten, wogegen sie mutig protestierten. Der Protest in der Rosenstraße wurde übrigens in Spanien sehr passend mit dem jahrelangen heroischen Protest der Mütter vom Plaza de Mayo in Buenos Aires verglichen, die sich seit dem Ende der 1970er Jahre dort wöchentlich versammelten und gemeinsam öffentlich Auskunft über ihre während der argentinischen Militärdiktatur verschwundenen Söhne, Töchter und Angehörigen verlangten.[17]

Ein Problem stellen lediglich die Schlussfolgerungen dar, die heute aus dem angenommenen Erfolg des Protestes in der Rosenstraße von Forschung und Öffentlichkeit gezogen werden: Hätten mehr Menschen so protestiert, hätte man die NS-Judenverfolgung bzw. -vernichtung aufhalten können! Doch in der Rosenstraße leisteten Menschen in der allerletzten Phase der Massendeportationen Widerstand. Sie wollten ihre jüdischen Angehörigen retten, die Teil einer »privilegierten« Gruppe waren. Die Mehrheit der deutschen Juden hatte der NS-Staat zu diesem Zeitpunkt längst deportiert. Auf den Mordfeldern und in den Vernichtungsstätten waren bereits Millionen Menschen von SS, Polizei und Wehrmacht getötet worden. Angesichts des fortgeschrittenen Standes des Völkermordes steht die Annahme auf tönernen Füßen, man hätte nur Goebbels oder Hitler beeindrucken müssen, um den Lauf der Verfolgungspolitik zu ändern. Auch im Ausland stellt man heute die Frage, ob die Deutschen den Genozid hätten verhindern können, wenn mehr Deutsche protestiert hätten.[18]

Eine reale Chance, den Prozess der Judenverfolgung aufzuhalten, der schließlich in den Massenmord mündete, bestand nur an seinem Beginn. Schon 1933 hätte sich eine breite Opposition formieren müssen, als der NS-Staat die ersten antijüdischen Maßnahmen einleitete und die ersten diskriminierenden Gesetze erließ, um die deutschen Juden zu vertreiben. Notwendig wäre ein frühes und breites Engagement in

16 Z. B. von Ulrich Kurzer in: Freitag 10 vom 28. 2. 2003.

17 »Las mujeres que se rebelaron contra Hitler« von Araceli Viceconte, in: www.Clarín.com vom 21. 9. 2003.

18 Ebenda.

allen Schichten der Gesellschaft, ganz besonders unter den Eliten, gewesen. Das ist eine Tatsache, die sich aus der Weise herleitet, wie das NS-System sich nach 1933 entwickelte, aber wohl für jede gefährdete Gesellschaft gilt. In den 1930er Jahren ergaben sich für den Einzelnen in Deutschland viele Möglichkeiten, für Diskriminierte und Verfolgte einzutreten, denn die NS-Judenverfolgung bestand nicht in einer geradlinig von oben nach unten durchgesetzten Politik.[19]

Die Forschung des letzten Jahrzehnts hat gezeigt, dass die politischen, sozialen und ökonomischen Verhältnisse im NS-Staat eher so zu verstehen sind, dass innerhalb des Führerstaates viele Instanzen über politischen Spielraum verfügten. Für die Ausgrenzung und Verfolgung der jüdischen Deutschen zeichneten eben nicht nur die Partei, SA, SS und Gestapo, sondern unzählige zentrale und lokale Behörden verantwortlich. Nicht selten musste die NS-Führung aus ökonomischen Gründen oder außenpolitischen Rücksichten während der 1930er Jahre sogar lokale Initiativen bremsen. Diese Tatsachen eröffneten den handelnden Personen auf allen Ebenen Raum, Verfolgung auch zu blockieren. Doch nur wenige nutzten solche Chancen zugunsten der verfolgten jüdischen Deutschen. Mit zunehmender Dauer der NS-Diktatur und wachsender Radikalisierung der Verfolgung verengten sich die Spielräume, ohne je ganz zu verschwinden.[20]

Wenn man nach Würdigung aller Umstände in der historischen Analyse nun zu der Auffassung gelangt, dass die NS-Verantwortlichen Ende Februar 1943 nicht beabsichtigten, die Insassen der Rosenstraße zu deportieren, und daher auch der Protest nicht zu ihrer Freilassung geführt hat, so resultiert daraus in keinem Fall der Schluss, dass Widerstand oder öffentlicher Protest im »Dritten Reich« zwecklos gewesen wäre.[21] Allerdings taugt das Beispiel Rosenstraße als Lehrmaterial für heute

19 Das ist aber keinesfalls ein Beweis für einen chaotischen Charakter der Herrschaftsausübung im Dritten Reich, wie Stoltzfus in seiner Kritik an Dipper behauptet: Stoltzfus, »Third Reich History«, S. 673 u. 678.

20 Vgl. dazu die Aufsätze in: Wolf Gruner/Armin Nolzen (Hrsg.), Beiträge zur Geschichte des Nationalsozialismus, Bd. 17: Bürokratien: Initiative und Effizienz, Berlin 2001; sowie Wolf Gruner, Öffentliche Wohlfahrt und Judenverfolgung. Wechselwirkungen lokaler und zentraler Politik im NS-Staat (1933–1942), München 2002.

21 So unterstellte Moeller, dass »Wer den möglichen Erfolg eines öffentlichen Protestes [...] rundheraus abstreitet, nähert sich wieder dem ›Man konnte ja doch nichts machen‹-Standpunkt an, mit dem man lange Jahre nur allzu gut gelebt hatte«; Moeller, Protest, S. 56. Vgl. Kritik an Moeller in »Mythenzerstörung« von Christian Esch, Berliner Zeitung online, 19. 9. 2003.

nur bedingt, wenn man dabei allein auf die angenommene Wirkung der Ereignisse blickt. Statt einer Geschichte vom Erfolg zu erliegen, scheint es für Forschung und Öffentlichkeit ertragreicher, dem individuellen Handeln der Menschen seit dem Beginn der NS-Diktatur mehr Aufmerksamkeit zu widmen, ob als Planer, Mitgestalter oder Verweigerer antijüdischer Maßnahmen oder als von diesen betroffene Opfer. Diese Sicht dürfte einerseits die Motive und Interessen der handelnden Menschen in allen Bereichen der NS-Gesellschaft erhellen, andererseits unser Wissen über unbekannte Formen der Opposition von Nichtjuden und Juden gegen die NS-Judenverfolgung erheblich erweitern.

Leider wird gerade der so lange vernachlässigte Widerstand der jüdischen Deutschen gegen ihre Verfolgung meist auf die soziale, wirtschaftliche oder kulturelle Selbstbehauptung in jüdischen Institutionen, die individuelle Teilnahme am organisierten Widerstand oder die Bildung von aktiven Widerstandsgruppen reduziert.[22] Nur über die Vorstellung eines organisierten Widerstandes scheint es manchem möglich, mit dem verbreiteten Klischee zu brechen, die Juden hätten sich wie Schafe zur Schlachtbank führen lassen. Demgegenüber sind die vielen Taten, mit denen sich einzelne jüdische Deutsche den NS-Verfolgungsmaßnahmen widersetzten, kaum bekannt. Nichtsdestotrotz handelte es sich dabei um ein Massenphänomen! Ungezählte Verfolgte entzogen sich der Zwangsarbeit, entkamen aus Lagern, verbargen sich vor der Deportation in der Illegalität. Allein während der Fabrik-Aktion flüchteten – wie hier beschrieben – mehrere tausend von der Gestapo zur Deportation vorgesehene Menschen. Das war eine unerhörte, bisher viel zu wenig gewürdigte Massenaktion der Opfer, die in den meisten Fällen durch die Warnungen und Hilfe von Nichtjuden erst ermöglicht wurde. Diese Beispiele von unglaublichem Mut müssen intensiver erforscht und beschrieben werden.

In der Rosenstraße bewirkte das einzigartige Verhalten vieler Frauen und Männer zwar nicht die Freilassung ihrer Angehörigen, doch schmälert dieser Befund – das sei nochmals betont – weder ihren Mut noch die Größe ihres Handelns. Ein öffentlicher Protest in der NS-Zeit, egal wie viele Menschen an ihm teilnahmen, ist ein bleibendes Zeugnis

22 Vgl. zuletzt zusammenfassend mit diesem Tenor: Tuchel, Johannes: Widerstand von Juden im nationalsozialistischen Deutschland. Rahmenbedingungen und weiterführende Fragen, in: Kosmala, Beate/Schoppmann, Claudia: Überleben im Untergrund. Hilfe für Juden in Deutschland 1941–1945, Berlin 2002, S. 257–272.

für Zivilcourage. Ein messbarer Erfolg wird für diese Bewertung gar nicht benötigt, wie alle heute gewürdigten großen Widerstandsakte gegen den Nationalsozialismus zeigen: das Attentat Georg Elsers, die Flugblattaktion der Weißen Rose, der Aufstand vom 20. Juli 1944. Sie alle hatten damals keinen direkten »Erfolg« und dienen uns dennoch heute als leuchtende Beispiele für individuellen Mut und gemeinsame Zivilcourage in einer Diktatur. Ein Hinterfragen der Ereignisse in der Rosenstraße stellt also keineswegs eine Diskreditierung der damals opponierenden Menschen dar.

Nur eines verliert dadurch an Kontur, die – ungewollt – ins Apologetische changierende Geschichte vom erfolgreichen Widerstand von Nichtjuden gegen die Deportationen der jüdischen Deutschen. Den hat es trotzdem auf andere Weise gegeben, meist aber weniger spektakulär als im Fall der Rosenstraße. Viele nichtjüdische Berliner aus allen Schichten warnten die von der Fabrik-Aktion bedrohten jüdischen Zwangsarbeiter. Tausende nichtjüdische Deutsche halfen im Verborgenen den Untergetauchten mit Obdach, Lebensmitteln oder falschen Papieren, sodass ein Teil es schaffte, bis zum Kriegsende der Deportation zu entkommen und zu überleben. Der Historiker Arno Lustiger, selbst Überlebender des Holocaust, forderte daher völlig zu Recht in seiner Gedenkansprache für die Opfer des Nationalsozialismus am 60. Jahrestag der Befreiung von Auschwitz vor dem Deutschen Bundestag, in der Allee der Gerechten in Jerusalem noch weitere Bäume zu pflanzen, einen als Ehrung für die Retter von untergetauchten jüdischen Deutschen und einen für die mutigen Angehörigen von der Rosenstraße.[23] Doch noch wichtiger, als Bäume in Israel zu pflanzen, ist für die Zukunft, die Geschichten der nichtjüdischen Helfer und der widerständischen jüdischen Deutschen dem Vergessen in Deutschland zu entreißen und den Nachgeborenen zu erzählen.

23 Ansprache vom 27.1. 2005 im Bundestag, in: Bulletin der Bundesregierung Nr. 07/2 vom 27.1. 2005, S. 7.

Anhang

Abkürzungsverzeichnis

BdS	Befehlshaber der Sicherheitspolizei und des SD
BLHA	Brandenburgisches Landeshauptarchiv
BVP	Bevollmächtigter für den Vierjahrsplan
LA	Landesarchiv
JKV	Jüdische Kultusvereinigung
NSDAP	Nationalsozialistische Deutsche Arbeiterpartei
OdF	Opfer des Faschismus
OFP	Oberfinanzpräsident
RSHA	Reichssicherheitshauptamt
SD	Sicherheitsdienst der SS
StadtA	Stadtarchiv
RV	Reichsvereinigung der Juden in Deutschland

Quellen- und Literaturverzeichnis

1. Unveröffentliche Quellen

Archivbestände

Archiv der Staatsanwaltschaft im Landgericht Berlin
3 P Ks 1/71 gegen Otto Bovensiepen
Js 9/65 Bovensiepen-Verfahren

Archiv der Stiftung »Neue Synagoge Berlin – Centrum Judaicum« (CJA) Berlin

Bestand 1	75 A Be 2 Berlin
Bestand 4.1	Opfer des Faschismus (OdF)
Sammlung	Ausstellung Juden in Berlin 1933–1945
Bestand	Diverses

Bundesarchiv (BA) Berlin

R 3	Reichsministerium für Rüstung und Kriegsproduktion
R 0701 (fr. Potsdam, jetzt R 43 II)	Reichskanzlei

R 30	Reichsprotektor in Böhmen und Mähren
R 70	Polizeidienststellen in Böhmen und Mähren
Zsg. 138	Zeitgeschichtliche Sammlung
NS 19	Persönlicher Stab des Reichsführers SS

Bundesarchiv-Militärarchiv Freiburg i. Br.

RW 20–3	Rüstungsinspektion Wehrbezirk III Berlin
RW 21–5	Rüstungskommando IV Berlin

Bundesarchiv, Zwischenarchiv Dahlwitz-Hoppegarten (ZwA-DH)

R 8150 (früher 75 C Re 1)	Reichvereinigung der Juden in Deutschland

Brandenburgisches Landeshauptarchiv (BLHA) Potsdam

Pr.Br. Rep. 41	Großräschen

Dokumentationsarchiv des österreichischen Widerstandes Wien

Bestand	Foto

Landesarchiv (LAB) Berlin

B Rep. 142/7	Deutscher Gemeindetag
B Rep. 239	Magistrat der Stadt Berlin
B Rep. 057-01	Generalstaatsanwaltschaft beim Kammergericht/ Arbeitsgruppe RSHA
B Rep. 020	Der Polizeipräsident in Berlin

Leo Baeck Institute/Archive (LBI/A) New York
Microfilms
AR Numbers
Memoire Collection

Polizeiarchiv Dortmund
B 1802

United States Holocaust Memorial Museum/Archives (USHMM)

RG 11.01 M.04	Sonderarchiv Moskau

Yad Vashem Archives (YV) Jerusalem

01	Collection of Testimonies
08	Collection of Documents on the Destruction of German Jewry
051	Collection of Nazi-Documents
R 2	NSDAP Gauleitung Wien/Rassepolitisches Amt

Interviews

Interview des Autors mit Margarete S. am 25. 3. 1990.
Interview des Autors mit Walter Besser am 2. 4. 1990.
Telefongespräch mit Ruth Recknagel am 4. 4. 2002.
Auskunft Werner Goldberg am 30. 4. 2004.

2. Veröffentlichte Quellen

Zeitungen und Zeitschriften

Berliner Allgemeine Zeitung 1943, Berliner Börsen-Zeitung, Ausgabe für Groß-Berlin 1943, Berliner Illustrirte Nachtausgabe 1943, Berliner Illustrirte Zeitung 1943, Berliner Lokal-Anzeiger 1943, Berliner Morgenpost 1943, Berliner Volks-Zeitung 1943, Berliner Zeitung 1995–1999, 2002–2005, Charlottenburger Zeitung 1943, Das Reich. Deutsche Wochenzeitung 1943, Das Schwarze Korps 1943, Der Angriff, Reichsausgabe aus Berlin 1943, Der Spiegel 1993 u. 2003, Der Stürmer 1943, Der Tagesspiegel 1993 und 1999, Der Westen. Berliner Tageszeitung 1943, Deutsche Allgemeine Zeitung, Berliner Ausgabe 1943, Die Neue Zeitung. Eine amerikanische Zeitung für die deutsche Bevölkerung 1946–1947, Die Welt 2002–2003, Die Woche 1943, Die Zeit 1989 u. 2003, Die Zeitung (London) 1943, Financial Times 2004, Frankfurter Allgemeine Zeitung 2003, Frankfurter Rundschau 1998, Junge Welt 2003, Neue Zürcher Zeitung 2003, Neues Deutschland 1964, Sie. Die Wochenzeitung für Frauenrecht und Menschenrecht, 1945–1946, Süddeutsche Zeitung 2003, The Forward 2004, The Washington Post 2003, Völkischer Beobachter, Berliner Ausgabe 1943

Memoiren, Erinnerungsberichte und Tagebücher

Andreas-Friedrich, Ruth: Berlin underground, 1938–1945, New York 1947.
Andreas-Friedrich, Ruth: Berlin underground, 1938–1945, London 1948.
Andreas-Friedrich, Ruth: Der Schattenmann, Frankfurt/Main 1947.
Andreas-Friedrich, Ruth: Der Schattenmann, Frankfurt/Main 1983.
Andreas-Friedrich, Ruth: Schauplatz Berlin. Ein deutsches Tagebuch, München 1962.
Degen, Michael: Nicht alle waren Mörder. Eine Kindheit in Berlin, München 2001.
Die Tagebücher von Joseph Goebbels. Hrsg. v. Elke Fröhlich im Auftrag des Instituts für Zeitgeschichte und mit Unterstützung des Staatlichen Archivdienstes Russlands, Teil II: Diktate 1941–1945, Bd. 7: Januar – März 1943, München u. a. 1993.
Edel, Peter: Wenn es ans Leben geht, Bd. 1, 2. Aufl., Berlin (DDR) 1979.
Frankenthal, Hans: Verweigerte Rückkehr. Erfahrungen nach dem Judenmord. Unter Mitarbeit von Andreas Plake u. a., 2. Aufl. Frankfurt am Main 1999.

Grossmann, Kurt R.: Die unbesungenen Helden. Menschen in Deutschlands dunklen Tagen, Berlin 1961.

Hahn, Lilly: »... bis alles in Scherben fällt«. Tagebuchblätter 1933–1945, Köln 1979.

Henschel, Hildegard: Aus der Arbeit der Jüdischen Gemeinde Berlin während der Jahre 1941–1943. Gemeindearbeit und Evakuierung von Berlin 16. Oktober 1941–16. Juni 1943, in: Zeitschrift für die Geschichte der Juden 9 (1972), H. 1/2, S. 33–52.

Herzberg, Wolfgang: Überleben heißt Erinnern. Lebensgeschichten deutscher Juden, Berlin – Weimar 1990.

Hiob, Hanne/Koller, Gerd (Hrsg.): »Wir verreisen ...« In die Vernichtung. Briefe 1937–1944, eingel. und mit Erläuterungen von Kurt Pätzold und Erika Schwarz, Hamburg 1993.

»Ich fürchte die Menschen mehr als die Bomben. Aus den Tagebüchern von drei Berliner Frauen 1938–1946. Hrsg. von Angela Martin und Claudia Schoppmann im Auftrag der Berliner Geschichtswerkstatt e.V., Berlin 1996.

Kardorff, Ursula von: Berliner Aufzeichnungen. Aus den Jahren 1942–1945, München 1964.

Kardorff, Ursula von: Berliner Aufzeichnungen 1942–1945. Unter Verwendung der Original-Tagebücher neu hrsg. und kommentiert von Peter Hartl, München 1992.

Klemperer, Victor: Ich will Zeugnis ablegen bis zum letzten. Tagebücher 1933–1945, Bd. II: 1942–1945, hrsg. v. Walter Nowojski u. Mitarb. v. Hadwig Klemperer, 2. Aufl., Berlin 1995.

Kroh, Ferdinand: David kämpft. Vom jüdischen Widerstand gegen Hitler, Reinbek bei Hamburg 1988.

Lustiger, Arno: Ansprache zum Tag des Gedenkens an die Opfer des Nationalsozialismus im Bundestag, in: Bulletin der Bundesregierung Nr. 07/2 vom 27.1.2005, S. 1–13.

Messerschmidt, Hans-Peter: Wie ein Optimist das sogenannte Tausendjährige Reich überlebte, Typoskript, Berlin 1993.

Munding, Friedrich: Daß ich nur noch selten schreibe. Briefe aus Berlin 1940–1943, hrsg. von Walter Trapp, Berlin 1985.

Richarz, Monika (Hrsg.): Jüdisches Leben in Deutschland, Bd. 3: Selbstzeugnisse zur Sozialgeschichte 1918–1945, Stuttgart 1982.

Riesenburger, Martin: Das Licht verlöschte nicht. Ein Zeugnis aus dunkler Nacht des Faschismus, 2. erw. Aufl. (Originalausgabe 1960), Berlin (DDR) 1984.

Schäfer, Hans Dieter (Hrsg.): Berlin im Zweiten Weltkrieg. Der Untergang der Reichshauptstadt in Augenzeugenberichten, München 1985.

Schoenberner, Mira/Schoenberner, Gerhard: Zeugen sagen aus. Berichte und Dokumente über die Judenverfolgung im »Dritten Reich«, Berlin (DDR) 1988.

Schönhaus, Cioma: Der Passfälscher. Die unglaubliche Geschichte eines jun-

gen Grafikers, der im Untergrund gegen die Nazis kämpfte, Frankfurt am Main 2004.
Schwersenz, Jizchak: Die versteckte Gruppe. Ein jüdischer Lehrer erinnert sich an Deutschland, Berlin 1988.
Speer, Albert: Der Sklavenstaat. Meine Auseinandersetzungen mit der SS, Stuttgart 1981.
Und Gad ging zu David. Die Erinnerungen des Gad Beck 1923 bis 1945, hrsg. von Frank Heibert, Berlin 1995.
Ullstein, Heinz: Spielplatz meines Lebens. Erinnerungen, München 1961.
Unikower, Inge: Die Suche nach dem gelobten Land. Die fragwürdigen Abenteuer des kleinen Gerschon, Berlin 1978.
Weltlinger, Siegmund: »Hast du es schon vergessen?« Erlebnisbericht über die Verfolgung, Frankfurt/M. 1954.
Wolf, Karla: Ich blieb zurück. Die Überlebensgeschichte der Tochter einer christlichen Mutter und eines jüdischen Vaters im Nazideutschland und ihr Neuanfang in Israel, Heppenheim 1990.

Zeitgenössische Literatur, Dokumenten- und Quelleneditionen

Akten der Parteikanzlei der NSDAP, hrsg. vom Institut für Zeitgeschichte, München u. a. 1983.
Akten deutscher Bischöfe über die Lage der Kirche 1933–1945. Bd.VI: 1943–1945, bearb. von Ludwig Volk, Mainz 1985.
Aus Nachbarn wurden Juden. Ausgrenzung und Selbstbehauptung 1933–1942 (Begleitbuch zur gleichnamigen Ausstellung), hg. von Hazel Rosenstrauch, Berlin 1988.
Boelcke, Willi (Hrsg.): Deutschlands Rüstung im Zweiten Weltkrieg. Hitlers Konferenzen mit Albert Speer 1942–1945, Frankfurt/Main 1969.
Der Dienstkalender Heinrich Himmlers 1941/42. Im Auftrag der Forschungsstelle für Zeitgeschichte in Hamburg bearbeitet, komm. und eingel. von Peter Witte u. a., Hamburg 1999.
Der Prozeß gegen die Hauptkriegsverbrecher vor dem Internationalen Militärgerichtshof, 14. November 1945–1. Oktober 1946, 46 Bde., Nürnberg 1948.
Deutscher Bundestag, 13. Wahlperiode (Protokolle), Bonn 1998.
Die zwei Stellvertreter Eichmanns in Berlin und Paris. Die Deportierung der Juden aus Griechenland und Bulgarien. Institute of Documentation for the Investigation of Nazi War Crimes, Dokumentensammlung zusammengestellt von Toviyya Friedman, Haifa 1999.
Dokumente zur Geschichte der Frankfurter Juden, hrsg. von der Kommission zur Erforschung der Geschichte der Frankfurter Juden, Frankfurt am Main 1963.
Dokumentensammlung über die Deportierung der Juden aus Norwegen nach Auschwitz, Institute of Documentation for the Investigation of Nazi War Crimes, zusammengestellt von Toviyya Friedman, Haifa 1994.

Dokumenty i Materialy, Tom I: Obozy, Bearb. N. Blumental, Lodz 1946.

Domarus, Max: Hitler. Reden und Proklamationen 1932–1945. Kommentiert von einem deutschen Zeitgenossen, Bd. II, 2. Halbband 1941–1945, München 1965.

Eschwege, Helmut (Hrsg.): Kennzeichen J. Bilder, Dokumente, Berichte zur Geschichte der Verbrechen des Hitlerfaschismus an den deutschen Juden 1933–1945, 2. durchgesehene und erw. Aufl., Berlin (DDR) 1981.

Gedenkbuch Berlins der jüdischen Opfer des Nationalsozialismus. »Ihre Namen mögen nie vergessen werden!«, Hrsg. Freie Universität Berlin, Zentralinstitut für sozialwissenschaftliche Forschung, Geleitworte Ulrich Roloff-Momin/Jerzy Kanal, hrsg. i. A. des Senators für Kulturelle Angelegenheiten, Berlin 1995.

Goebbels Reden, Bd. 2: 1939–1945, hrsg. von Helmut Heiber, Bindlach 1991.

Himmler, Heinrich: Geheimreden 1933 bis 1945, Frankfurt/Main u. a. 1974.

Juden in Berlin 1671–1945. Ein Lesebuch, mit Beiträgen von Annegret Ehmann u. a., Berlin 1988.

Jüdische Geschichte in Berlin. Bilder und Dokumente. Hrsg. v. Reinhard Rürup, Berlin 1995.

Justiz und NS-Verbrechen. Sammlung Deutscher Strafurteile wegen Nationalsozialistischer Tötungsverbrechen 1945–1966, Red. Fritz Bauer, Band VI, Amsterdam 1971.

Klarsfeld, Serge: Die Endlösung der Judenfrage in Frankreich. Deutsche Dokumente 1941–1944, Paris 1977.

Kulka, Otto Dov/Jäckel, Eberhard (Hrsg.): Die Juden in den geheimen NS-Stimmungsberichten 1933–1945, Düsseldorf 2004.

Longerich, Peter (Hrsg.): Die Ermordung der europäischen Juden. Eine umfassende Dokumentation des Holocaust 1941–1945, München – Zürich 1989.

Nazi Conspiracy and Aggression, Office of United States Chief of Counsel for Prosecution of Axus Criminality, Washington 1946, Vol. VII.

Pätzold, Kurt/Schwarz, Erika: »Auschwitz war für mich nur ein Bahnhof« Franz Novak – Der Transportoffizier Adolf Eichmanns, Berlin 1994.

Poliakov, Léon/Wulf, Josef: Das Dritte Reich und seine Diener. Dokumente, Berlin (DDR) 1975.

Sauer, Paul (Bearb.): Dokumente über die Verfolgung der jüdischen Bürger in Baden-Württemberg durch das nationalsozialistische Regime 1933–1943, Teil II, Stuttgart 1966.

Scherls Straßenführer durch Berlin, Berlin 1930.

»Schon damals fingen viele an zu schweigen ...« Quellensammlung zur Geschichte Charlottenburgs von 1933–1945, Berlin 1986.

Stasiewski, Bernhard: Adolf Kardinal Bertram. Sein Leben und Wirken auf dem Hintergrund der Geschichte seiner Zeit, Teil 2: Schrifttum, Köln u. a. 1994.

Statistik des Deutschen Reiches. Neue Folge. Band 451: Volks-, Berufs- und Betriebszählung vom 16. Juni 1933. Heft 3: Die Bevölkerung des Deutschen Reichs nach der Religionszugehörigkeit. Berlin 1936.

Tagebuch einer Jüdischen Gemeinde 1941 bis 1943. Im Auftrag der Jüdischen Gemeinde Mainz hrsg. u. kommentiert v. Anton M. Keim, Mainz 1968.

Theresienstädter Gedenkbuch. Die Opfer der Judentransporte aus Deutschland nach Theresienstadt 1942–1945, hrsg. vom Institut Theresienstädter Initiative, Prag 2000.

Topographie des Terrors. Gestapo, SS und Reichssicherheitshauptamt auf dem »Prinz-Albrecht-Gelände«. Eine Dokumentation, hrsg. v. Reinhard Rürup, Berlin 1989.

3. Sekundärliteratur

Adler, H. G.: Der verwaltete Mensch. Studien zur Deportation der Juden aus Deutschland, Tübingen 1974.

Aly, Götz: »Endlösung«. Völkerverschiebung und der Mord an den europäischen Juden, Frankfurt/Main 1995.

Anatomie des SS-Staates. Hrsg. von Hans Buchheim, Martin Broszat, Hans-Adolf Jacobsen, Helmut Krausnick, Bd. 2, 4. Aufl., München 1984.

Ämter, Abkürzungen, Aktionen des NS-Staates. Handbuch für die Benutzung von Quellen der nationalsozialistischen Zeit. Amtsbezeichnungen, Ränge und Verwaltungsgliederungen, Abkürzungen und nichtmilitärische Tarnbezeichnungen. Im Auftrag des Instituts für Zeitgeschichte bearb. von Heinz Boberach, Rolf Thommes und Hermann Weiß, München 1997.

Bajohr, Frank: Von der langsamen Entwicklung eines schlechten Gewissens. Die deutsche Bevölkerung und die Deportationen (1941–1945), in: Beiträge zur Geschichte des Nationalsozialismus, Bd. 20, Deportationen der Juden aus Deutschland. Pläne, Praxis und Reaktionen, hrsg. von Birthe Kundrus und Beate Meyer, Göttingen 2004.

Barkai, Avraham: Vom Boykott zur »Entjudung«. Der wirtschaftliche Existenzkampf der Juden im Dritten Reich 1933–1943, Frankfurt/Main 1988.

Ball-Kaduri, Kurt Jakob: Berlin is »purged« of Jews. The Jews in Berlin 1943, in: Yad Vashem Studies V, Jerusalem 1963, S. 271–316.

Ball-Kaduri, Kurt Jakob: Berlin wird judenfrei. Die Juden in Berlin in den Jahren 1942/1943, in: Jahrbuch für die Geschichte Mittel- und Osteuropas, Bd. 22, Berlin 1973, S. 196–241.

Beiträge zur Geschichte des Nationalsozialismus, Bd. 20: Deportationen der Juden aus Deutschland. Pläne, Praxis und Reaktionen, hrsg. von Birthe Kundrus und Beate Meyer, Göttingen 2004.

Benz, Wolfgang (Hrsg.): Dimension des Völkermords. Die Zahl der jüdischen Opfer des Nationalsozialismus, München 1991.

Benz, Wolfgang (Hrsg.): Überleben im Dritten Reich: Juden im Untergrund und ihre Helfer. München 2003.

Benz, Wolfgang: Überleben im Untergrund, in: ders. (Hrsg.): Die Juden in Deutschland 1933–1945. Leben unter nationalsozialistischer Herrschaft, München 1988, S. 690–700.

Berschel, Holger: Bürokratie und Terror. Das Judenreferat der Gestapo Düsseldorf 1935–1945, Essen 2001.

Black, Peter: Ernst Kaltenbrunner. Vasall Himmlers. Eine SS-Karriere, Paderborn u. a. 1991.

Blau, Bruno: Die Mischehe im Nazireich, in: Judaica. Bd. 4, Zürich 1948, H. 1, S. 46–57.

Browning, Christopher: Die Entfesselung der »Endlösung«. Nationalsozialistische Judenpolitik 1939–1942, München 2003.

Buch der Erinnerung. Die ins Baltikum deportierten deutschen, österreichischen und tschechoslowakischen Juden. Bearb. von Wolfgang Scheffler und Diana Schulle, Band I und II, München 2003.

Buchholz, Marlis: Die hannoverschen Judenhäuser. Zur Situation der Juden in der Zeit der Ghettoisierung und Verfolgung 1941 bis 1945, Hildesheim 1987.

Büttner, Ursula: Die anderen Christen. Ihr Einsatz für verfolgte Juden und »Nichtarier« im nationalsozialistischen Deutschland, in: Kosmala, Beate/Schoppmann, Claudia: Überleben im Untergrund. Hilfe für Juden in Deutschland 1941–1945, Berlin 2002, S. 127–150. (Solidarität und Hilfe für Juden während der NS-Zeit, Bd. 5)

Czech, Danuta: Kalendarium der Ereignisse im Konzentrationslager Auschwitz-Birkenau 1939–1945. Mit e. Vorwort von Walter Laqueur, Deutsch v. Jochen August u. a., Reinbek bei Hamburg 1989.

Das Dritte Reich im Überblick. Chronik, Ereignisse, Zusammenhänge. Hrsg. v. Martin Broszat/Norbert Frei, überarb. Neuausg., München – Zürich 1989.

Demps, Laurenz: Die Luftangriffe auf Berlin, in: Jahrbuch des Märkischen Museums, 4 (1978), S. 53.

Diana Schulle, »Gebt unsere Männer frei!«, in: Beate Meyer/Hermann Simon (Hrsg.): Juden in Berlin 1938–1945. Begleitband zur gleichnamigen Ausstellung in der Stiftung »Neue Synagoge Berlin – Centrum Judaicum« Mai bis August 2000, Berlin 2000, S. 159–168.

Die Grunewald-Rampe. Die Deportation der Berliner Juden, hrsg. von der Landesbildstelle Berlin, 2. korr. Auflage, Berlin 1993.

Dipper, Christof: Schwierigkeiten mit der Resistenz, in: Geschichte und Gesellschaft, 22 (1996), S. 410–416.

Eichler, Volker: Das »Judenreferat« der Gestapo, in: Kingreen, Monica (Hrsg.): »Nach der Kristallnacht«. Jüdisches Leben und antijüdische Politik 1938–1945 in Frankfurt am Main, Frankfurt am Main – New York 1999, S. 237–258.

Elkin, Rivka: Das jüdische Krankenhaus in Berlin zwischen 1938 und 1945, Berlin 1993.

Enzyklopädie des Nationalsozialismus, hrsg. von Wolfgang Benz u. a., Stuttgart 1997.

Franz, Eckart G./Pingel-Rollmann, Heinrich: Hakenkreuz und Judenstern. Das Schicksal der Darmstädter Juden unter der Terror-Herrschaft des NS-Regimes, in: Juden als Darmstädter Bürger, hrsg. v. Eckhart G. Franz, Darmstadt 1984, S. 157–189.

Girod, Regina/Lidschun, Reiner/Pfeiffer, Otto: Nachbarn. Juden in Friedrichshain. Hrsg. Kulturring in Berlin e.V., Berlin 2000.

Goldhagen, Daniel J.: Hitlers willige Vollstrecker. Ganz gewöhnliche Deutsche und der Holocaust, München 1996.

Gruner, Wolf: Armut und Verfolgung: Die Reichsvereinigung, die jüdische Bevölkerung und die antijüdische Politik im NS-Staat 1939 bis 1945, in: Juden und Armut in Mittel- und Osteuropa. Hrsg. im Auftrag des Simon-Dubnow-Instituts für jüdische Geschichte und Kultur von Stefi Jersch-Wenzel in Verbindung mit François Guesnet u. a., Köln u. a. 2000, S. 405–433.

Gruner, Wolf: Der Geschlossene Arbeitseinsatz deutscher Juden. Zur Zwangsarbeit als Element der Verfolgung 1938 bis 1943, Berlin 1997.

Gruner, Wolf: Die Fabrik-Aktion und die Ereignisse in der Berliner Rosenstraße. Fakten und Fiktionen um den 27. Februar 1943 – 60 Jahre danach, in: Jahrbuch für Antisemitismusforschung, 11 (2002), S. 137–177.

Gruner, Wolf: Die NS-Führung und die Zwangsarbeit für sogenannte jüdische Mischlinge. Ein Einblick in Planung und Praxis antijüdischer Politik in den Jahren 1942 bis 1944, in: Rassismus, Faschismus, Antifaschismus: Forschungen und Betrachtungen gewidmet Kurt Pätzold zum 70. Geburtstag, hrsg. von Manfred Weißbecker und Reinhard Kühnl, Köln 2000, S. 63–79.

Gruner, Wolf: Die Reichshauptstadt und die Verfolgung der Berliner Juden 1933–1945, in: Jüdische Geschichte in Berlin. Essays und Studien. Hrsg. von Reinhard Rürup, Berlin 1995, S. 229–266.

Gruner, Wolf: Ein Historikerstreit? Die Internierung der Juden aus »Mischehen« in der Rosenstraße 1943 – Das Ereignis, seine Diskussion und seine Geschichte, in: Zeitschrift für Geschichtswissenschaft, 52 (2004), H. 1, S. 5–22.

Gruner, Wolf: Jewish Forced Labor under the Nazis. Economic Needs and Racial Aims 1938–1943/44. A Comparative View, New York – Oxford 2005.

Gruner, Wolf: Judenverfolgung in Berlin 1933–1945. Eine Chronologie der Behördenmaßnahmen in der Reichshauptstadt, Berlin 1996.

Gruner, Wolf: Öffentliche Wohlfahrt und Judenverfolgung. Wechselwirkungen lokaler und zentraler Politik im NS-Staat (1933–1942), München 2002.

Gruner, Wolf: Von der Kollektivausweisung zur Deportation der Juden aus Deutschland. Neue Perspektiven und Dokumente (1938–1945), in: Beiträge zur Geschichte des Nationalsozialismus, Band 20: Die Deportation der Juden aus Deutschland. Pläne, Praxis, Reaktionen 1938–1945, Göttingen 2004, S. 21–62.

Gryglewski, Markus: Zur Geschichte der nationalsozialistischen Judenverfolgung in Dresden 1933–1945, in: Haase, Norbert/Jersch-Wenzel, Stefi/Simon, Hermann (Hg.): Fotografien und Dokumente zur nationalsozialistischen Judenverfolgung in Dresden 1933–1945, Leipzig 1998, S. 87–150.

Gugel, Günther: Wir werden nicht weichen, Tübingen 1996.

Hafner, Georg M./Schapira, Esther: Die Akte Alois Brunner. Warum einer der größten Naziverbrecher noch immer auf freiem Fuß ist, Frankfurt/M. 2000.

Harmann-Schütz, Irmgard/Blome-Drees, Franz: Die Geschichte der Juden in Sundern. Eine geschuldete Erinnerung an die Familie Klein, Sundern 1988.

Hartung von Doetinchem, Dagmar: Zerstörte Fortschritte. Das Jüdische Krankenhaus in Berlin 1756–1861–1914–1989, in: dies./Wienau, Rolf (Hrsg.): Zerstörte Fortschritte, Berlin 1989, S. 75–215.

Helas, Horst: Juden in Berlin-Mitte. Biografien, Orte, Begegnungen. Hrsg. vom Verein zur Vorbereitung einer Stiftung Scheunenviertel Berlin e.V., Berlin 2000.

Herbert, Ulrich: Arbeit und Vernichtung. Ökonomisches Interesse und Primat der »Weltanschauung« im Nationalsozialismus, in: ders. (Hrsg.): Europa und der »Reichseinsatz«. Ausländische Zivilarbeiter, Kriegsgefangene und KZ-Häftlinge in Deutschland 1938–1945, Essen 1991, S. 384–426.

Hilberg, Raul: The Destruction of the European Jews, London 1961.

Hilberg, Raul: Die Vernichtung der europäischen Juden. Durchges. und erw. Aufl., Frankfurt/Main 1990.

Hilberg, Raul: Täter, Opfer, Zuschauer. Die Vernichtung der Juden 1933–1945, Frankfurt/Main 1992.

Hürten, Heinz: Deutsche Katholiken 1918–1945, Paderborn 1992.

Jah, Akim: Zeitzeugen und Historiker zwischen Akten und Erinnerung – Anmerkungen zur Tagung »Protest in der Rosenstraße« am 29. und 30. 4. 2004, in: Bulletin für Faschismus- und Weltkriegsforschung. Wissenschaftliche Halbjahresschrift, Heft 24/2005, S. 110–123.

Jochheim, Gernot/Rösler, Johannes: Die Rosenstraße. Gestern – heute, Berlin 1997.

Jochheim, Gernot: Protest in der Rosenstraße, Stuttgart – Wien 1990 (erw. Neuausgaben: Frauenprotest in der Rosenstraße. »Gebt uns unsere Männer wieder«, Berlin 1993 und Frauenprotest in der Rosenstraße Berlin 1943. Berichte, Dokumente, Hintergründe, Berlin 2001).

Johnson, Eric A.: Der nationalsozialistische Terror. Gestapo, Juden und gewöhnliche Deutsche, Berlin 2001.

Jonca, Karol: Die Deportation und Vernichtung der schlesischen Juden, in: Die Normalität des Verbrechens. Bilanz und Pespektiven der Forschung zu nationalsozialistischen Gewaltverbrechen. Festschrift für Wolfgang Scheffler zum 65. Geburtstag. Hrsg. v. Helge Grabitz u. a., Berlin 1994, S. 150–169.

Juden in Trier. Katalog einer Ausstellung von Stadtarchiv und Stadtbibliothek März – November 1988, bearbeitet von Reiner Nolden, Trier 1988.

Jüdisches Leben in Pankow. Eine zeitgeschichtliche Dokumentation, hg. vom Bund der Antifaschisten Berlin-Pankow e.V., Redaktion Inge Lammel, Berlin 1993.

Kaplan, Marion: Der Mut zum Überleben. Jüdische Frauen und ihre Familien in Nazideutschland, Berlin 2001.

Kasten, Bernd: »Gute Franzosen«. Die französische Polizei und die deutsche Besatzungsmacht im besetzten Frankreich 1940–1944, Sigmaringen 1993.

Keil, Heinz: Dokumentation über die Verfolgungen der jüdischen Bürger von Ulm/Donau. Hergestellt im Auftrage der Stadt Ulm, Ulm 1961.

Kempner, Robert M.W.: Die Ermordung von 35000 Berliner Juden. Der Judenmordprozeß in Berlin schreibt Geschichte, in: Gegenwart und Rückblick. Festschrift, Berlin 1970, S. 180–205.

Kempner, Robert: Eichmann und Komplizen, Zürich 1961.

Kershaw, Ian: Hitler. 1936–1945, Stuttgart 2000.

Kingreen, Monica: Gewaltsam verschleppt aus Frankfurt. Die Deportationen der Juden in den Jahren 1941–1945, in: dies. (Hrsg.): »Nach der Kristallnacht«. Jüdisches Leben und antijüdische Politik 1938–1945 in Frankfurt am Main, Frankfurt am Main – New York 1999, S. 357–402.

Kingreen, Monica: Gewaltsam verschleppt aus Oberhessen. Die Deportationen der Juden im September 1942 und in den Jahren 1943–1945, in: Mitteilungen des Oberhessischen Geschichtsvereins, NF 85 (2000), S. 5–95.

Kingreen, Monica: »Die Aktion zur kalten Erledigung der Mischehen« – die reichsweit singuläre systematische Verschleppung und Ermordung jüdischer Mischehepartner im NSDAP-Gau Hessen-Nassau 1942/1943, in: Gottwaldt/Alfred/Kampe, Norbert/Klein, Peter: NS-Gewaltherrschaft. Beiträge zur historischen und juristischen Aufarbeitung, Berlin 2005, S. 187–201.

Klarsfeld, Serge: Vichy – Auschwitz. Die Zusammenarbeit der deutschen und französischen Behörden bei der »Endlösung der Judenfrage« in Frankreich, Nördlingen 1989.

Koonz, Claudia: Mothers in the Fatherland. Women, the Family, and Nazi Politics, London 1986.

Kroh, Ferdinand: David kämpft. Vom jüdischen Widerstand gegen Hitler, Reinbek bei Hamburg 1988.

Kwiet, Konrad/Eschwege, Helmut: Selbstbehauptung und Widerstand. Deutsche Juden im Kampf um Existenz und Menschenwürde 1933–1945, Hamburg 1984.

Kwiet, Konrad: Nach dem Pogrom: Stufen der Ausgrenzung, in: Benz, Wolfgang (Hrsg.): Die Juden in Deutschland 1933–1945. Leben unter nationalsozialistischer Herrschaft, München 1988, S. 545–659.

Leichsenring, Jana: Katholiken in der Rosenstraße: Das »Hilfswerk beim Bischöflichen Ordinariat Berlin« und die »Mischehen«, in: ZfG 52 (2004) H. 1, S. 37–49.

Leichsenring, Jana (Hrsg.): Frauen und Widerstand, Münster 2003.

Leugers, Antonia (Hg.): Berlin, Rosenstraße 2–4. Protest in der NS-Diktatur. Neue Forschungen zum Frauenprotest in der Rosenstraße 1943, Annweiler 2005.

Löwenthal, Richard/von zur Mühlen, Patrick (Hrsg.): Widerstand und Verweigerung in Deutschland 1933 bis 1945, Berlin – Bonn 1982.

Longerich, Peter: Politik der Vernichtung. Eine Gesamtdarstellung der nationalsozialistischen Judenverfolgung, München 1998.

Lorenz, Ina: Das Leben der Hamburger Juden im Zeichen der »Endlösung« (1942–1945), in: Verdrängung und Vernichtung der Juden unter dem Nationalsozialismus, Hamburg 1992, S. 207–247.

Lozowick, Yaacov: Hitler's Bureaucrats. The Nazi Security Police and the Banality of Evil, London – New York 2000.

Maier, Dieter: Arbeitseinsatz und Deportation. Die Mitwirkung der Arbeitsverwaltung bei der nationalsozialistischen Judenverfolgung in den Jahren 1938–1945, Berlin 1994.

Meyer, Ahlrich: Die deutsche Besatzung in Frankreich 1940–1944. Widerstandsbekämpfung und Judenverfolgung, Darmstadt 2000.

Meyer, Beate: »Jüdische Mischlinge«. Rassenpolitik und Verfolgungserfahrung 1933–1945, Hamburg 1999.

Meyer, Beate: Die Inhaftierung der »jüdisch Versippten« in der Berliner Rosenstraße im Spiegel staatsanwaltlicher Zeugenvernehmungen in der DDR, in: Jahrbuch für Antisemitismusforschung 11/2002, S. 178–197.

Meyer, Beate: Gratwanderung zwischen Verantwortung und Verstrickung. Die Reichsvereinigung der Juden in Deutschland und die Jüdische Gemeinde zu Berlin 1938–1945, in: Meyer, Beate/Simon, Hermann (Hrsg.): Juden in Berlin 1938–1945. Begleitband zur gleichnamigen Ausstellung in der Stiftung »Neue Synagoge Berlin – Centrum Judaicum« Mai bis August 2000, Berlin 2000, S. 291–337.

Meynert, Joachim: Was vor der »Endlösung« geschah. Antisemitische Ausgrenzung und Verfolgung in Minden-Ravensberg 1933–1945, Münster 1988.

Milton, Sybil: The Camera as Weapon: Documentary Photography and the Holocaust, in: Simon Wiesenthal Center Annual, Vol. 1, 1984, S. 45–68.

Milton, Sybil: Women and the Holocaust. The Case of German and German-Jewish Women, in: When Biology became Destiny. Women in Weimar and Nazi-Germany, ed. by Renate Bridenthal u. a., New York 1984, S. 297–333.

Moeller, Felix: Der Protest in der Rosenstraße. Eine Woche im Berlin des Jahres 1943, in: Thilo Wydra (Hg.), Rosenstraße. Ein Film von Margarethe von Trotta. Die Geschichte. Die Hintergründe. Die Regisseurin, Berlin 2003, S. 25–60.

Müller, Roland: Stuttgart zur Zeit des Nationalsozialismus, Stuttgart 1988.

Naarmann, Margit: Die Paderborner Juden 1802–1945. Emanzipation, Integration und Vernichtung. Ein Beitrag zur Geschichte der Juden in Westfalen im 19. und 20. Jahrhundert, Paderborn 1988.

Noakes, Jeremy: The Development of Nazi Policy towards the German-Jewish »Mischlinge« 1933–1945, in: Leo Baeck Institute Yearbook XXXIV 1989, S. 291–354.

Owings, Alison: Frauen. German Women recall the Third Reich, 2. paperback printing, New Brunswick 1995.

Pätzold, Kurt: Faschismus, Rassenwahn, Judenverfolgung. Eine Studie zur politischen Strategie und Taktik des faschistischen Imperialismus 1933–1935, Berlin 1975.

Peitsch, Helmut: »Deutschlands Gedächtnis an seine dunkelste Zeit«. Zur Funktion der Autobiographik in den Westzonen Deutschlands und den Westsektoren von Berlin 1945 bis 1949, Berlin 1990.

Phayer, Michael: Protestant and Catholic Women in Nazi Germany, Wayne State University Press, Detroit 1990.

Roik-Bogner, Christine: »Gesondert von den übrigen Dienststellen ...« – Arbeitsamt Berlin, Zentralstelle für Juden, Fontanepromenade 15, in: Juden in Kreuzberg. Fundstücke, Fragmente, Erinnerungen, Berlin 1991, S. 252–266.

Sandvoß, Hans-Rainer: Widerstand 1933–1945. Mitte/Tiergarten, Berlin 1994.

Sauer, Paul: Die Schicksale der jüdischen Bürger Baden-Württembergs während der nationalsozialistischen Verfolgungszeit 1933–1945, Stuttgart 1969.

Scheffler, Wolfgang: Judenverfolgung im Dritten Reich 1933–1945, Frankfurt/Main u. a. 1965.

Schmädeke, Jürgen/Steinbach, Peter (Hrsg.): Der Widerstand gegen den Nationalsozialismus. Die deutsche Gesellschaft und der Widerstand gegen Hitler, 3. Aufl., Neuausg., München u. a. 1994.

Schoppmann, Claudia: Die »Fabrikaktion« in Berlin. Hilfe für untergetauchte Juden als Form humanitären Widerstandes, in: Zeitschrift für Geschichtswissenschaft, 53 (2005), H. 2, S. 138–148.

Schoppmann, Claudia: Im Untergrund. Jüdische Frauen in Deutschland 1941–1945, in: Distel, Barbara (Hrsg.): Frauen im Holocaust, Gerlingen 2001, S. 189–217.

Schröder, Nina: Hitlers unbeugsame Gegnerinnen. Der Frauenaufstand in der Rosenstraße (Orig.-Ausgabe München 1998), München 2001.

Schulle, Diana: »Gebt unsere Männer frei!«, in: Meyer, Beate/Simon, Hermann (Hrsg.): Juden in Berlin 1938–1945. Begleitband zur gleichnamigen Ausstellung in der Stiftung »Neue Synagoge Berlin – Centrum Judaicum« Mai bis August 2000, Berlin 2000, S. 159–168.

Schulte, Jan Erik: Zwangsarbeit und Vernichtung: Das Wirtschaftsimperium der SS. Oswald Pohl und das SS-Wirtschafts-Verwaltungshauptamt 1933–1945, Paderborn 2001.

Semelin, Jacques: Ohne Waffen gegen Hitler. Eine Studie zum zivilen Widerstand in Europa, Frankfurt/Main 1995.

Siegel, Tilla: Industrielle Rationalisierung unter dem Nationalsozialismus, Frankfurt/Main – New York 1991.

Simon, Hermann: Die Berliner Juden unter dem Nationalsozialismus, in: Der Bär von Berlin. Jahrbuch 1995 des Vereins für die Geschichte Berlins, Bonn 1995, S. 137–150.

Simon, Hermann: Die Zeit des Nationalsozialismus (1933–1945), in: Nachama, Andreas/Schoeps, Julius H./Simon, Hermann (Hrsg.): Juden in Berlin, Berlin 2001, S. 181–220.

Stasiewski, Bernhard: Adolf Kardinal Bertram. Sein Leben und Wirken auf dem Hintergrund der Geschichte seiner Zeit, Teil 1: Beiträge, Köln u. a. 1992.

Steinbach, Peter: Widerstand im Widerstreit. Der Widerstand gegen den Nationalsozialismus in der Erinnerung der Deutschen. Ausgewählte Studien, 2. wesentl. erw. Aufl., Paderborn u. a. 2001.

Stoltzfus, Nathan: »Third Reich History as if the People mattered«. Eine Entgegnung auf Christof Dipper, in: Geschichte und Gesellschaft 26 (2000), S. 672–684.

Stoltzfus, Nathan: Der »Versuch, in der Wahrheit zu leben« und die Rettung von jüdischen Angehörigen durch deutsche Frauen im »Dritten Reich«, in: Jana Leichsenring (Hg.), Frauen und Widerstand, Münster 2003, S. 74–88.

Stoltzfus, Nathan: Widerstand des Herzens. Der Aufstand der Berliner Frauen in der Rosenstraße – 1943, München – Wien 1999 (Originalausg. New York – London 1996, Paperback-Ausg. 2001).

Stoltzfus, Nathan: Widerstand des Herzens. Der Protest in der Rosenstraße und die deutsch-jüdische Mischehe, in: Geschichte und Gesellschaft 21 (1995), S. 218–247.

Tröster, Helga: Geschichte und Schicksal der Juden in Schmallenberg, in: Schmallenberger Heimatblätter, 55. Ausgabe, Jge. 1983–1985, S. 51–102.

Tuchel, Johannes: Gestapa und Reichssicherheitshauptamt. Die Berliner Zentralinstitutionen der Gestapo, in: Paul, Gerhard/Mallmann, Klaus-Michael (Hrsg.): Die Gestapo. Mythos und Realität, Darmstadt 1995, S. 84–100.

Tuchel, Johannes: Widerstand von Juden im nationalsozialistischen Deutschland. Rahmenbedingungen und weiterführende Fragen, in: Kosmala, Beate/ Schoppmann, Claudia: Überleben im Untergrund. Hilfe für Juden in Deutschland 1941–1945, Berlin 2002, S. 257–272.

Weisberg, Richard H.: Vichy Law and the Holocaust in France, 2. printing, New York 1998.

Weisenborn, Günther: Der lautlose Aufstand. Bericht über die Widerstandsbewegung des deutschen Volkes 1933–1945, 4. verbesserte Auflage, Frankfurt/ Main 1974.

Wickert, Christl: Widerstand und Dissens von Frauen, in: dies. (Hrsg.): Frauen gegen die Diktatur – Widerstand und Verfolgung im nationalsozialistischen Deutschland, Berlin 1995, S. 18–31.

Widerstand und Exil 1933–1945, hrsg. von der Bundeszentrale für Politische Bildung Bonn, Red.: Otto R. Romberg u. a., 3. Aufl. Bonn 1989 (Originalausgabe 1985).

Wildt, Michael: Generation des Unbedingten. Das Führungskorps des Reichssicherheitshauptamtes, Hamburg 2002.

Willems, Susanne: »Der entsiedelte Jude«. Albert Speers Wohnungsmarktpolitik für den Berliner Hauptstadtbau, Berlin 2002.

Witte, Peter: Two Decisions Concerning the »Final Solution to the Jewish Question«: Deportations to Lodz and Mass Murder in Chelmno, in: Holocaust and Genocide Studies 9 (1995), S. 318–345.

Zahn, Christine: »Nicht mitgehen, sondern weggehen!« Chug Chaluzi – eine jüdische Jugendgruppe im Untergrund, in: Vathke, Werner/Löhken, Wilfried: Juden im Widerstand. Drei Gruppen zwischen Überlebenskampf und politischer Aktion 1939–1945, Berlin 1993, S. 159–205.

Zahn, Christine: Jüdische Zwangsarbeiterinnen im »Siemenslager«. Kommandantenstr. 58/59, in: Juden in Kreuzberg. Fundstücke, Fragmente, Erinnerungen; hrsg. von der Geschichtswerkstatt, Berlin 1991, S. 167–170.

Zehn Brüder waren wir gewesen. Spuren jüdischen Lebens in Berlin-Neukölln, hrsg. von Dorothea Kolland, Berlin 1988.

Zimmermann, Michael: Die Gestapo und die regionale Organisation der Judendeportationen. Das Beispiel der Stapo-Leitstelle Düsseldorf, in: Gerhard Paul/Klaus-Michael Mallmann (Hg.): Die Gestapo. Mythos und Realität, Darmstadt 1995, S. 357–372.

Zivier, Georg: Deutschland und seine Juden. Ein Buch gegen Vorurteile. Zeichnungen von Wilhelm M. Busch, Hamburg 1971.

Personenregister